U0556435

管理学文库

董事高管责任保险

理论研究与中国实践

胡国柳 胡珺 赵阳 宛晴 著

中国人民大学出版社
·北京·

图书在版编目（CIP）数据

董事高管责任保险：理论研究与中国实践/胡国柳
等著. -- 北京：中国人民大学出版社，2024.12.
（管理学文库）. -- ISBN 978-7-300-33623-7

Ⅰ.F279.246

中国国家版本馆 CIP 数据核字第 2025DG4095 号

管理学文库

董事高管责任保险：理论研究与中国实践

胡国柳　胡　珺　赵　阳　宛　晴　著

Dongshi Gaoguan Zeren Baoxian：Lilun Yanjiu yu Zhongguo Shijian

出版发行	中国人民大学出版社			
社　　址	北京中关村大街 31 号		**邮政编码**	100080
电　　话	010 - 62511242（总编室）		010 - 62511770（质管部）	
	010 - 82501766（邮购部）		010 - 62514148（门市部）	
	010 - 62515195（发行公司）		010 - 62515275（盗版举报）	
网　　址	http://www.crup.com.cn			
经　　销	新华书店			
印　　刷	固安县铭成印刷有限公司			
开　　本	720 mm×1000 mm　1/16		**版　　次**	2024 年 12 月第 1 版
印　　张	22 插页 2		**印　　次**	2024 年 12 月第 1 次印刷
字　　数	315 000		**定　　价**	92.00 元

序

　　如何解决两权分离企业的委托代理冲突，实现公司所有者与管理者的激励约束相容，一直都是公司治理实践中的经典与热点问题。董事高管责任保险是 20 世纪 30 年代美国大萧条背景下资本市场的金融创新，旨在"兜底"公司管理层勤勉履职但决策失误可能招致的个人财产风险，以期激励管理层为实现公司价值最大化大胆创新、果敢决策。经过近百年的推陈出新与完善，董事高管责任保险在西方资本市场中已经得到普遍应用，上市公司投保率近 100%。我国于 2018 年修订《上市公司治理准则》，其中第二十四条规定"经股东大会批准，上市公司可以为董事购买责任保险"。尽管 2002 年时任万科董事长王石就率先认购了中国首份董事高管责任保险，但作为"舶来品"，该险种在中国资本市场并没有受到追捧，投保率增长缓慢。

　　近年来，瑞幸咖啡、康美药业、大智慧等公司因司法案件而遭受高额判罚，加之我国《公司法》《证券法》等法律法规的修订，这些因素共同强化了中国上市公司董事高管的风险防范意识。由此，也激发了理论界和实务工作者关于董事高管责任保险的热烈讨论。《董事高管责任保险：理论研究与中国实践》一书，正是源于上述背景，对董事高管责任保险的公司治理角色进行学术探讨。本书不仅系统梳理了董事高管责任保险作用于公司治理的理论基础，还结合中国资本市场的实际情况，对其实践效果进行了全面的理论分析和科学论证。通过本书，读者可以更加深入地理解董事高管责任保险的内涵与价值，及其在中国制度背景下重要的公司治理作用。

本书具有较高的理论启发性和实践借鉴价值。作者不仅系统梳理了国内外有关董事高管责任保险的研究动态，还介绍了多起董事高管责任保险在中国具体实践的典型案例，这些都有助于深化科研和实务工作者对该责任保险的理解认知。同时，本书还采用中国上市公司的大样本数据，从企业会计行为、企业财务决策、利益相关者决策和企业价值等多个维度，系统探究了中国上市公司认购董事高管责任保险的经济后果及其传导路径，这些研究不仅有助于厘清董事高管责任保险在中国资本市场中发挥的治理功能，还可以为科研和实务工作者进一步深化董事高管责任保险的相关讨论提供文献线索和证据支持。

本书是胡国柳教授在董事高管责任保险领域长期研究的总结概括，全面呈现了十余年来他与研究团队在该领域取得的丰硕成果。我相信本书的出版，能够为理解董事高管责任保险在中国上市公司中的治理角色提供系统科学的专业见解。诚挚地希望本书能够为更多的学术研究者和企业管理者提供宝贵的知识资源和实践参考，更期待本书能够吸引更多学者、业界人士及社会各界关注并参与到这一重要领域的研究与实践中来，共同推动我国公司治理水平的提升和资本市场的健康发展。

是为序。

王化成

2024 年 8 月

前　言

　　2020 年 4 月 2 日，瑞幸咖啡虚假交易 22 亿元曝光后引起轩然大波，瑞幸咖啡股价暴跌 80％。2022 年 2 月 4 日，美国证券交易委员会宣告对瑞幸咖啡处以 1.875 亿美元（约合人民币 12 亿元）的罚款。瑞幸咖啡财务造假事件带来的高额罚款将一种专业的小众险种——董事高管责任保险引入了大众视野。董事高管责任保险（以下简称"董责险"或"D&O 保险"），是指公司购买或者公司与董事、高级管理人员共同出资购买，对被保险董事及高级管理人员在参与公司经营管理的过程中，因被指控工作疏忽或行为不当（其中不包括恶意、违背忠诚义务、信息披露中故意的虚假或误导性陈述、违反法律的行为）而追究其个人赔偿责任时，由保险人代为赔偿该董事或高级管理人员进行责任抗辩时所支出的相关法律费用，并承担其他相应民事赔偿责任的保险。该保险能够在一定程度上免除董事及高管人员任职的后顾之忧，为管理层的决策失误提供风险补偿和财富兜底。瑞幸咖啡在涉入财务造假事件时，便向相关的保险公司提出了董责险的理赔申请，这意味着，他们在公司的经营过程中因失察但并非故意行为而面临的高额赔款可由保险公司进行赔付。2024 年 6 月仲裁结果公布，保险公司共赔付瑞幸咖啡 700 多万美元。此事件后，中国多家 A 股上市公司宣布，将为公司董事及高级管理人员购买董责险。

无独有偶，2021 年 11 月中国首例证券集体诉讼案——康美药业案的"天价"罚款，引起了理论和实务界关于董责险的热烈讨论。根据广州市中级人民法院的判决结果，康美药业因年报虚假陈述侵权赔偿证券投资者损失 24.59 亿元，时任公司董事、监事和高级管理人员（以下简称"董监高"）的 13 名个人按过错程度分别承担 20％、10％、5％ 的连带清偿责任，包括 5 名曾任或在任的独立董事。康美药业案增强了董监高的危机意识，一时间引发了上市公司独立董事（以下简称"独董"）离职潮。该案发生后，一些上市公司的独董纷纷要求为其购买董责险，董责险成为我国资本市场关注的热点。

两起财务造假事件引起了我国资本市场对董责险的广泛关注，但事实上，董责险并非一种新鲜险种，在西方资本市场中已得到普遍应用。根据统计数据，美国、加拿大和欧洲国家资本市场中，超过 90％ 的上市公司购买了董责险，董责险已成为上市公司风险管理的一种标配。相比之下，该险种在中国资本市场中应用程度较低，2002 年时任万科董事长王石认购了中国首份董责险，但 20 余年后，中国 A 股市场董责险的投保率仍然较低。

为何董责险在中国资本市场会出现"水土不服"的现象？是由于中国的资本市场环境还未孕育出适合董责险的土壤，还是由于上市公司决策者对董责险的公司治理效应存在理解偏差？回答好这些基础理论问题，有助于揭开董责险这一专业险种的神秘面纱，从而更好地服务中国资本市场实践。此外，2023 年 4 月，《国务院办公厅关于上市公司独立董事制度改革的意见》（国办发〔2023〕9 号）指出，鼓励上市公司为独立董事投保董事责任保险，支持保险公司开展符合上市公司需求的相关责任保险业务，降低独立董事正常履职的风险。该意见进一步提高了业界和学界对董责险的讨论热度和重视程度。基于此，本书以中国沪深 A 股上市公司为研究对象，聚焦企业会计行为、企业财务决策、利益相关者决策、企业价值效应等多个维度，系统探究中国上市公司认购董责险的经济后果及传导路径，以厘清董责险在中国资本市场中发挥的治理功能，为上市公司是否应该引入董责险提供有益的决策参考。

　　本书对于上述问题的研究得到了国家自然科学基金项目"中国上市公司 D&O 保险需求动因及其治理效应研究"（项目编号：71562010）、财政部会计名家培养工程项目（2019）的资助，相关成果也陆续在《管理世界》《会计研究》《中国软科学》等重要期刊上发表。本书的内容汇集了课题组全体成员的辛勤劳动成果，由于时间、能力、数据、工具所限，书中可能仍存在疏漏和错误，真诚地期望各位专家和读者批评指正。

胡国柳

2024 年 8 月

目　录

第1章

绪　论

1.1　研究背景

　　董事高管责任保险全称为"董事及高级管理人员责任保险"（directors' and officers' liability insurance），简称"董责险"或"D&O保险"，主要是指由企业或企业与董事及高级管理人员共同出资购买，对董事及高级管理人员在履职过程中因被指控工作疏忽或行为不当（违反公司章程、法律法规，违背信托义务，信息披露中故意虚假或误导性陈述的除外）而追究其个人赔偿责任时，由保险机构负责民事赔偿责任及相关法律费用的一种特殊职业责任保险。

　　董责险起源于欧美市场，准确地讲发端于20世纪30年代的美国。彼时，美国股市陷入大崩盘危机，表现出对完善证券市场监管制度的强烈需求。此后，美国联邦政府设立了美国证券交易委员会，并分别于1933年和1934年通过了《证券法》和《证券交易法》，确立了民事赔偿制度，意味着股东诉讼成为可能，美国上市公司董事及高管人员需要承担的经营风险陡然增加。

　　基于上述背景，英国劳合社（Lloyd's）于1934年在美国推出了董事和高管人员职业责任保险，开启了该险种的先河。20世纪80年代，随着华尔街财务丑闻的曝光，欧美国家的公司管理者面临着前所未有的详尽调查和责任风险，以此为契机，董责险逐渐在欧美、日本等发达资本市场中盛行，得到了证券界的青睐，该险种也成了保险公司的一项重要业务。据美国Tillinghast-Tower Perrin公司2000年度调查报告显示，此时美国上市公司购买董责险的比例超过了96%，加拿大上市公司购买董责险的比例超过 90％。

就我国而言，2002 年《上市公司治理准则》颁布，明确规定上市公司高管负有民事赔偿责任，此后董责险才逐渐进入我国上市公司视野，至今已有 20 余年。但 2002—2019 年期间，投保董责险的 A 股上市公司总数不超过 400 家。这意味着，在 2020 年之前董责险并未得到国内上市公司的足够青睐。2020 年后，受瑞幸咖啡、康美药业等案件的影响，董责险逐渐被关注，多家上市公司相继投保。赖黎等（2019）学者认为，国内的董责险合同多是直译国外的合同条款，表述十分模糊生涩，且董责险的边界不明晰，这显然难以适应我国特定的资本市场环境。那么，董责险是否在我国资本市场中存在"水土不服"现象，进而难以发挥积极作用呢？

目前国内学者对董责险的相关研究已经积累了一定的成果，但关于董责险的公司治理角色与经济后果，还存在较大争议。有学者研究发现，董责险能够为公司带来积极效应，比如公司购买董责险有助于提高企业的风险承担水平（胡国柳和胡珺，2017），降低公司股价崩盘风险（张春鹏等，2022），提高企业的绿色创新水平（高凯等，2022）及企业对外直接投资倾向和投资规模（陈红等，2021）等；但也有学者认为，董责险的引入会给企业带来消极影响，比如降低企业在员工权益、渠道成员、环境保护等方面的责任履行，即抑制企业社会责任履行（苏昕等，2022）、增加公司商誉泡沫（钱淑琼和陶晓慧，2022）、加剧企业融资约束，尤其是在股权集中度较高以及独立董事占比较低的企业（张晓琳等，2020）。

董责险发挥不同治理效应的原因，可能在于其具有区别于其他形式公司保险的特点，主要体现在以下三个方面：第一，董责险主要涉及在公司经营过程中，董事高管履行勤勉义务但由于个人决策失误而导致投资者利益受损时，针对投资者的问责、索赔而为公司及董事高管提供财产风险庇护。然而董责险内涵中"勤勉义务"过于晦涩，这导致除非公司董事高管触犯公司法律法规，保险公司都需提供风险庇护义务。第二，董责险尽管与其他公司保险品种类似，即都为索赔性保单形式，但其生效期限涵盖整个投保期间而不随时间变化。也就是说，虽然索赔诉讼发生于保险期限之后，但只要导致发生该索赔的事件在保险期间内，公司就有权力要求保险公司提供风险庇护。第三，董责险不存在标准化的保单格式。由于公司在治理过程中其面临的宏观环境、行业环境与微观环境均具备各自的风险特征，保险公司在承保过程中不能以标准化格式对投保公司提供保险协议。公司经营的历史证据往往是保险公司评估其发生索赔风险的依据，保险公司可在此基础上针对不同公司风险特征制定相关的保费、保额政策。

上述有关董责险经济特性的描述，意味着董责险能够在较高水平上为公司董事及高级管理人员的决策失误损失兜底，激励董事与高管人员进行高效的经营决策，也意味着董责险可能会加剧管理层的机会主义行为和道德风险，诱发管理层的自利行为，是影响公司治理的一把双刃剑。从积极方面看，董责险具有监督激励效应。董责险能够转移管理层经营决策过程中的执业风险，保护其在决策失误时免遭索赔，从而激励管理层以公司和股东利益最大化进行决策，改善公司治理水平（袁蓉丽等，2018），还可以将第三方保险机构引入公司治理，对管理层的自利行为进行有效约束，完善公司治理机制（许荣和王杰，2012；周冬华等，2022）。从消极方面看，董责险会产生过度庇护效应。董责险将管理层可能面临的诉讼风险转移至第三方，这会降低法律的威慑效果，诱导管理层的自利性行为，如盈余管理、财务报告重述、过度投资等。

董责险引入我国资本市场已有 20 余年，但其仍处于发展初期，且学界对该保险机制的公司治理角色及经济后果的研究成果还比较有限。通过企业战略决策、并购行为、投资者风险溢价及公司价值等多视角来考察责任保险的公司治理效应，对于解剖董责险对中国资本市场的功能发展尤为重要。因此，本书旨在填补相关理论在该研究方向上的空缺，以期系统揭示董责险在中国上市公司中的治理角色与效应。具体地，本书将在回顾已有相关文献的基础上，围绕如下几大问题展开系统研究：第一，董责险如何影响企业会计行为，包括研发会计政策选择、审计服务需求和内部控制；第二，董责险如何影响企业财务决策，包括资本结构动态调整、创新、风险承担与差异化战略；第三，董责险如何影响利益相关者决策，包括银行信贷决策、债券信用评级、事务所审计费用和投资者风险溢价；第四，董责险的企业价值效应，包括其对股价崩盘风险和企业价值的影响。对上述董责险相关问题的探讨，有助于进一步明晰董责险的公司治理作用，为缓和管理者的代理冲突提供新的工具。

1.2　研究目的与意义

1.2.1　研究目的

本书通过对董责险如何影响企业会计行为、企业财务决策、利益相关者决策及企业价值效应等内容展开研究，期望能达到如下三个目的：

一是对董责险典型案例进行分析，通过解剖董责险在我国的诉讼和赔付案例，明晰目前保险合同的具体内容，理解董责险转移企业风险的内在机制。这些是董责险在我国资本市场发展道路上尚需探讨的重要方向，也是推动我国董责险发展急需解决的关键性问题。

从董责险合同的具体内容设计来看，对于董事及高管人员违反勤勉忠实义务的"不当行为"界定是一个难点，因为通常情况下，管理层进行不当决策时，其主观心理状态既可能是故意的也可能是过失的，难以观察到管理者究竟是基于何种心理状态进行了不当决策。因而，本书期望在结合我国文化背景、制度环境以及相关法律法规基础上，揭示现有董责险在合同设计过程中可能存在的不足，从而设计出更符合中国制度环境下的董责险保单。从受保公司究竟通过何种途径利用董责险来达到企业风险转移来看，对该机制的探讨有利于揭示董责险在资本市场上发挥治理效应的"黑箱"。如在瑞幸咖啡财务造假案例中，瑞幸咖啡是如何利用董责险来获得第三方保险公司兜底赔付的，承保的保险公司是否要对此买单，这些均是本书在进行案例分析时重点关注的问题。

二是在将董责险治理效应区分为监督激励效应和过度庇护效应的基础上，探讨董责险对企业会计行为、企业财务决策、利益相关者决策等的影响及其企业价值效应等，进一步完善董责险在中国制度背景及市场环境下，对企业经营决策及企业价值的影响差异研究。

董责险在我国 A 股市场中的受重视程度较低且处于初级发展阶段，再加上我国独具特色的制度、经济与文化背景，决定了在探讨董责险时与国外学者不同。比如，Chung and Wynn（2008）发现董责险会造成管理层的道德风险问题及浓厚的机会主义色彩，减少了管理层预期应承担的法律责任，盈余稳健性更低；而凌士显（2019）则以 2004—2017 年中国沪深 A 股上市公司作为研究样本，从是否引入董责险、引入董责险的时间长度以及保险金额三个维度考察了董责险对上市公司会计稳健性的影响，结果发现董责险的引入能够显著提升上市公司会计稳健性，且引入时间越长、保险金额越高，会计稳健性也越高，说明了董责险的外部监督效应。学者对于上述问题的研究结果表明，即便针对同样的企业决策行为，董责险在不同市场中所发挥的主导效应也存在差异。因此，不同市场环境及制度背景的特殊性是我们在探讨与研究董责险的不同经济后果影响时不能忽略的因素。

三是验证在不同内外部环境条件的调节作用下，董责险对企业会计行为（会计政策选择、审计需求和内部控制）、企业财务决策（资本结构调整、创新、风险承担和战略选择）、利益相关者决策（银行信贷决策、债券信用评级、事务所审计费用和投资者风险溢价）等因素的影响差异，及董责险的企业价值效应差异，以进一步填充董责险相关的公司治理理论领域的研究。

董责险引入我国资本市场已有 20 多年，但随着近年来上市公司财务丑闻的频繁曝光，投资者的维权意识不断提高，公司管理者与投资者间的利益冲突愈发严重，董责险的治理效应才逐渐受到公司实务界的重视，与董责险相关的研究也逐渐增多。最初，保险公司推出董责险的根本目的是要降低公司董事及高管人员的执业风险，以激励董事及高级管理人员积极进取，但目前从国内外学者的研究来看，学界在董责险与企业战略选择、投资者风险溢价、财务困境风险等多方面因素之间关系的探讨仍比较有限。此外，进一步明晰其他因素（如企业所处的内部市场环境、企业自身的特性、利益相关者特征）在董责险发挥作用过程中扮演的角色，对于理解董责险的功能非常重要。因此，本书期望通过借鉴已有理论，联系我国实践，深化对董责险治理效应的理解。

1.2.2　研究意义

董责险的经济后果研究是近年来学术界探讨的热点与重点话题。尽管发端于欧美等成熟资本市场的董责险治理理论日臻完善，但是否适用于尚处于经济转轨时期的中国资本市场背景仍值得进一步研究与探讨。本书以企业会计行为、企业财务决策、利益相关者决策及企业价值效应等多个视角为切入点，研究董责险的治理效应，探讨董责险在中国资本市场下的适应程度，符合中国资本市场目前的基本行情，具有很强的理论意义与实践价值。

本书的理论意义主要体现在以下两个方面：

（1）从企业会计行为、企业财务决策、利益相关者行为及企业价值效应等多视角分析董责险的治理效应，有助于深化对董责险治理效应的理解。以往研究多从单一视角（如仅从企业的会计信息质量或投资效率等角度）分析董责险的治理效应，并没有全面考虑企业在中国市场环境下的各种经济行为和市场反应。本书从企业引入董责险的三大动因（管理者风险厌恶假说、股东利益保护假说和企业财务成本假说）出发，沿着监督激励效应和过度庇护效应路径，探讨董责险对企业产生的不同经济后果及不同效应，将学界以前尚未涉及的层面纳入本书逻辑框架之中，有助于深化董责险相关研究。

（2）将董责险纳入企业会计行为、企业财务决策、利益相关者决策及企业价值效应等因素的研究框架之中，有助于丰富各经济因素变量的相关研究内容。以企业风险承担为例，已有文献从公司治理和管理层激励等出发，分别考察了大股东持股（Faccio et al.，2011）、机构持股（朱玉杰和倪骁然，2014）、民营化（余明桂等，2013）、银行关联（翟胜宝等，2015）、总经理与董事间的老乡关系（陆瑶和胡江燕，2014）等因素对企业风险承担的影响。但鲜有文献从保险视角出发探讨企业风险承担水平的影响因素。本书深入剖析董责险与企业风险承担水平的关系及路径，有助于增进对企业风险承担驱动因素的认识。

本文的实践价值主要体现在以下三个方面：

（1）有助于加强投资者对董责险作用机理的认知与理解，以正确应对被保险企业的各种经济行为决策。本书深入分析了上市公司购买董责险带来的监督激励效应和过度庇护效应，进而探讨董责险对企业会计行为、企业财务决策、利益相关者决策的影响及董责险的企业价值效应，系统揭示董责险对企业治理的影响及经济后果，研究成果将为投资者正确应对公司购买董责险提供有益启示。

（2）有助于加强企业对董责险作用机理的认知与理解，从而完善高管行为的激励机制。企业通过购买董责险为管理者决策失误损失进行兜底，在保障股东利益的前提下，鼓励董事及高管人员实施以公司利益最大化为目标的积极行为，并为管理层提供充分施展才能而无后顾之忧的平台，同时作为第三方的保险公司还可以扮演监督机构的角色，规范公司董事和高管人员的经营决策行为。但董责险为董事及高管人员带来的过度庇护，可能会降低相关法律的震慑效果，诱发管理层的自利行为。因此，本书对董责险"是过是功"进行的探讨，有助于深化对管理者激励机制的认识，帮助企业完善激励及保障机制，优化公司治理框架，促进企业价值提升。

（3）有助于监管部门规范董责险的发展。董责险参与公司治理的"双刃剑"角色可能会影响我国上市公司和资本市场的长期健康发展。因此，如何采取有效的措施确保董责险的积极作用并约束其可能的负面影响是摆在监管部门面前的难题。本书围绕经济后果展开研究，从企业会计行为、企业财务决策、利益相关者决策及企业价值效应等维度，辨析董责险所发挥的公司治理效应中到底是积极的监督激励效应占主导，还是消极的过度庇护效应占主导。本书从不同研究视角得出的结论有助于监管部门有针对性地制定监督政策以规范董责险市场应用，抑制其负面影响，提高董责险在我国的适应度。

1.3 研究思路与内容

1.3.1 研究思路

本书总体的研究思路主要是基于金融保险学、行为经济学和投资心理学中的重要理论框架，分析董责险对企业及企业利益相关者的不同经济决策、企业价值等因素的影响和作用机制，以及不同内外部因素对董责险与企业经济决策等变量之间的影响差异，以期能进一步拓宽和丰富公司治理理论的相关研究范畴。遵循此基本思路，本书将解决三大问题：（1）通过对国内外与董责险相关的文献进行回顾、分析我国实务中典型的董责险案例，归纳总结我国上市公司认购董责险的需求动因及我国董责险发展缓慢的原因；（2）实证检验董责险分别对企业会计行为、企业财务决策、利益相关者决策等因素产生了怎样的影响，具体的作用路径是什么；（3）分析哪些因素会调节董责险与重要经济后果变量的关系，即该影响因素发生变化时，董责险与经济后果变量的关系会产生怎样的异质效果。本书将围绕上述问题的提出与解决展开研究。

首先，采用规范分析方法，从总体上论述国内外董责险的发展现状和趋势、与董责险有关的典型案例，并对国内外有关董责险的文献进行回顾，梳理董责险的需求动因，揭示现有董责险设计过程中可能存在的不足，总结出学界有关董责险发挥公司治理效应的观点。

其次，通过对上述内容的分析，梳理本书展开研究的理论基础，从理论上探讨董责险与企业会计行为、企业财务决策、利益相关者决策及企业价值效应等因素的关系，并进一步探讨董责险对不同经济后果因素的作用机制，分析董责险的监督激励效应与过度庇护效应在其中扮演怎样的角色、董责险能否发挥应有的治理作用。在此基础上，判断其他经济变量（调节变量）是否会在董责险经济后果的研究中产生异质性。

再次，通过对董责险及各经济后果变量的文献回顾与理论分析，结合我国独特的制度背景与市场环境，提出符合我国理论与实践的研究假设。针对不同的经济后果因素，选择合理的时间跨度和上市公司作为研究区间与样本，结合各变量衡量标准，选择有效可靠的董责险及各经济后果变量衡量指标，设计合理的计量模型对提出的研究假设进行检验。

最后，通过实证分析方法，综合运用参数检验、回归分析等方法对研究样本进行检验，得出研究结论，提出符合现阶段我国资本市场实际情况的政策和建议，并指出本书在讨论董责险不同经济后果的研究中尚存的局限性和仍有待进一步研究与解决的问题，以此为导向对未来可展开的研究进行简单的讨论与设想。

1.3.2 研究内容

基于上述研究思路与方法，本书安排了八个章节对董责险进行理论分析与实证检验，内容框架归纳如下。

第 1 章为绪论。首先介绍全书的研究背景，分析当前的研究现状并提出问题，为全书展开对董责险的相关研究提供铺垫。具体分为四节，分别为研究背景、研究目的与意义、研究思路与内容和研究贡献。

第 2 章为制度背景。重点对本书的研究主题——董责险进行详细介绍，归纳国内外董责险的发展趋势，并对实务界董责险的典型案例进行解读。

第 3 章为理论基础与文献综述。归纳总结与关键变量相关的重要理论，并分别对董责险相关的国内外既有文献进行回顾和简单评述。

第 4 章为董事高管责任保险与企业会计行为。主要介绍董责险对企业会计行为的影响，具体分为四节，包括董责险与企业研发会计政策选择、审计需求和内部控制等。

第 5 章为董事高管责任保险与企业财务决策。主要介绍董责险对资本结构调整、创新、风险承担和战略选择等财务决策的影响。共五节，包括对关键变量详细的逻辑归纳与推理、研究假设、实证分析及稳健性检验等。

第 6 章为董事高管责任保险与利益相关者决策。主要介绍董责险对银行信贷决策、债券信用评级、事务所审计费用和投资者风险溢价等利益相关者决策的影响。共五节，包括对关键变量详细的逻辑归纳与推理、研究假设、实证分析及稳健性检验等。

第 7 章为董事高管责任保险的企业价值效应。主要介绍董责险对企业股价崩盘风险和企业价值的影响。共三节，包括对关键变量详细的逻辑归纳与推理、研究假设、实证分析及稳健性检验等。

第 8 章为研究结论、政策启示与研究展望。首先，归纳总结全书研究问题并提出相应的研究结论。其次，通过对结论的简单分析，结合中国制度背景与资本市场实践，提出有理有据的政策建议。最后，讨论本书的一些局限，并提出将来可以进一步展开研究的方向。

本书的逻辑框架如图1-1所示。

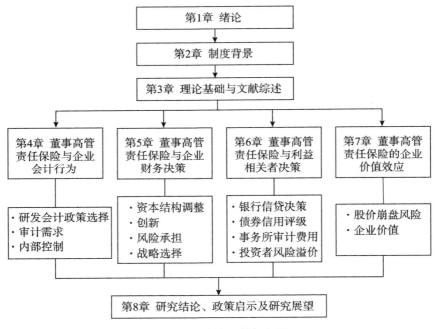

图1-1　本书逻辑框架图

1.4　研究贡献

关于董责险的公司治理角色与经济后果，国内外相关理论和实证研究的观点均存在较大争议。理解这些争议背后的深层次原因，以全面揭示董责险在中国上市公司中的治理效应，是本书开展系列研究的重要出发点。本书围绕企业会计行为、企业财务决策、利益相关者决策和董责险的企业价值效应四个重要维度，对中国上市公司认购董责险的治理效应和经济后果展开深入探究，对董责险的公司治理角色进行了更为系统和全面的诠释。结合主要研究结论，本书的研究贡献可以归纳为以下几个方面：

第一，基于中国制度背景与资本市场特征，揭示董责险在中国上市公司中的治理角色和经济后果，为现存有关董责险的争议观点，提供系统性的理论诠释与经验佐证。董责险源起并兴盛于欧美资本市场，围绕董责险公司治理角色的理论和实证研究也大都以欧美上市公司为对象。近年来虽然有一些学者围绕董责险在中国上市公司中的治理角色进行了研究探索，但远不够系统深入。更为重要的是，无论以欧美资本市场还是中国资本市场为对象的研究，关于董责险的公司治理角色在观点上都存在较大争议。本书聚焦公司会计行为和财务决策，从会计政策选择、审计师选择、内部控制以及资本结构、研发创新、风险承担和战略选择等不同维度，揭示了董责险在中国上市公司中的治理角色。本书的研究表明，整体而言董责险内含的财务风险兜底功能，能够对公司管理层的果敢决策产生激励效应，但这种激励效应对公司会计行为和财务决策的影响却有所差异，表现为公司会计政策选择会更为激进，内部控制有效性也会相对降低。但董责险会对公司的财务决策产生明显激励作用，表现为公司风险承担和研发创新水平都会显著提升。这些研究发现为董责险的公司治理角色提供了更为全面的诠释，说明董责险于公司治理可能是"双刃剑"，扮演的公司治理角色不能一概而论。

第二，基于银行、券商、审计师和投资者等多维视角，揭示上市公司认购董责险如何影响不同利益相关者的理性与决策，有助于更为全面和深入地理解董责险在资本市场的溢出效应。由于董责险内含的财务风险兜底作用会影响公司会计和财务行为，这很可能对公司利益相关者的决策产生溢出影响。值得注意的是，公司不同利益相关者与上市公司会计行为或财务决策利益关联的程度是不尽相同的，这很可能导致他们对待董责险的态度存在差异。从国内外相关研究来看，学者们有关董责险的争议性观点也很可能是出于不同相关利益者维度考虑导致。因此，本书聚焦银行、券商、审计师和投资者这四类上市公司重要相关利益者，探究和揭示公司认购董责险在资本市场的溢出影响。与预期相一致，本书的研究表明，不同利益相关者对待董责险的反应确实存在很大差异。具体而言，商业银行和债券评级机构对公司认购董责险的行为更为认可，表现为它们会给予投保公司更大的信贷支持力度和更高的债券信用评级；但相反，审计师与投资者表现得更为谨慎，认为认购董责险可能导致公司更高的会计或财务风险，因而会要求更高的审计费用和风险报酬。总体来讲，上述研究发现从利益相关者角度揭示了公司引入董责险可能在资本市场产生的不同溢出影响，为理解董责险的溢出效应提供了更为系统且全面的经验佐证。

第三，聚焦上市公司财务绩效和资本市场定价效率，揭示上市公司认购董责险的经济后果和传导机制，深化对董责险微观经济影响的理解。上市公司认购董责险虽然有助于激励管理层勤勉果敢决策，但正如本书所发现的，董责险对公司会计政策和财务行为层面的影响是否都表现为积极的是存在差异的，不同利益相关者对于公司认购董责险的反应也不尽相同。因此，很有必要围绕董责险在公司层面可能产生的最终微观经济影响展开讨论与探究。本书通过聚焦上市公司的财务绩效和资本市场定价效率两个维度，发现上市公司认购董责险最终会有助于提升财务绩效，并降低在资本市场的股价崩盘风险，这说明尽管董责险对公司会计行为和财务决策，以及对资本市场公司相关利益者的影响不尽相同，但总体而言，董责险在公司层面的微观经济影响是相对更为积极的。结合目前我国资本市场上市公司中董责险较低的投保率，上述研究发现具有重要启示意义，上市公司可以积极为董事和高管认购董责险，以发挥这一金融保险创新的价值创造作用。同时，考虑到董责险也可能导致公司在会计政策选择中的激进行为，公司可以辅以更高质量的外部监督，如聘请国内八大或国际四大会计师事务所进行审计等与董责险形成互补，以尽可能深化董责险的积极经济影响。

第 2 章

制度背景

2.1　基本概念及内涵

2.1.1　基本概念

董责险的英文全称是"directors' and officers' liability insurance"，其中"officers"一词在美国公司法中所指的范围较广，公司所有高级管理人员都属于"officers"的范畴，因此，早期国内学者将其译为"董事及高管责任保险"（谈萧，2011）。通常而言，董责险是指由公司单独出资，或者公司与董事、高级管理人员共同出资购买，对被保险人在履行公司管理职责过程中，因被指控工作疏忽（negligence）或行为不当（misconduct）而被追究其个人赔偿责任时，由保险公司代为偿付，并承担相关的法律诉讼费用的保险。

2.1.2　分类

根据投保人、保险责任、保险范围以及被保险人与公司关系的不同，董责险主要分为以下几类：（1）根据投保人的不同，可以划分为公司承担全部或者部分保险费的保险和完全由董事个人出资购买的保险（刘剑刃，2007；张逢占，2017）；（2）根据保险人承担责任的基础不同，可以划分为索赔型责任保险与事故型责任保险（杨健，2008；谈萧，2011）；（3）根据保险人承担的保险责任范围的级别不同，可以划分为董事责任基本保险和董事责任溢额保险（孙宏涛，2013）；
（4）根据公司董事高管人员与公司关系的不同，可以划分为内部董事
责任保险和外部董事责任保险（谢朝斌，2004）。

2.1.3　特征

董责险具有以下特征：

第一，针对性。针对性体现在董责险主要保障管理层在正常履职
过程中的过失或不当行为引起的法律责任导致的个人财产损失，并排
除不诚信、误导性陈述等主观故意的行为。在实践中，针对性体现在
董责险保单有很多关于除外责任的表述，例如：（1）公司对其董事或
高管人员提出的索赔；（2）对董事或高管人员职务行为之外的索赔；
（3）有预谋的欺诈和不诚实行为；（4）不与保险人委派的法律顾问合
作；（5）不履行告知义务、陈述不实或者增加保险单上的索赔额。

第二，灵活性。灵活性体现在董责险的被保险人范围完全取决于
保险合同当事人的约定，董事长、常务董事、外部董事、董事会秘
书、总经理等履行公司职责的人员都可以成为被保险人。此外，被保
险人范围还可以扩充到兼任、前任、继任的董事和高管。

第三，独立性。独立性体现在企业为管理者购买董责险的同时也
引入了保险公司作为独立的第三方。为减少自身的赔偿和补偿金额，
保险公司会通过内部机制和外部渠道影响投保人的行为。在董责险的
投保和保险过程中，保险公司借助事前尽职调查和风险评估、事中持
续监督和风险控制以及事后损失控制和风险管理，有效监督和制约投
保人的机会主义行为（李从刚和许荣，2020）。

2.1.4　性质

董责险不仅具备传统财产保险的一般性质，还具有责任保险、职
业保险的独特性质。

第一，董责险具备财产保险的特征。财产保险是指当保险事故发

生时，保险人按照保险合同约定对因保险事故造成的实际损失承担赔偿责任。财产保险的价值在于填补被保险人因保险事故的发生而遭受的实际损害。就董责险而言，保险公司依据保险合同的规定代为赔偿相应的法律诉讼费用和民事赔偿金额以减少董事高管的个人财产损失，体现出风险补偿的特性。

第二，董责险具备责任保险的特征。责任保险是以被保险人对第三人依法应承担的民事赔偿责任为保险标的的保险，它不仅直接保障了被保险人的利益，而且保障第三者的利益（樊启荣和刘玉林，2014）。董责险的标的是董事及高管在履行职责时因疏忽、过失给公司股东或债权人等第三人造成损害而产生的民事赔偿责任。董责险不仅分散被保险人（董事及高管）面临的民事赔偿责任，又能弥补公司股东或债权人等第三人的损失，具有责任保险的性质。

第三，董责险具备职业责任保险的特征。职业责任保险是指承保专业技术人员由于工作疏忽或过失造成合同对方或其他利益相关者遭受人身伤害或财产损失，依法应承担民事赔偿责任的保险。区别于一般责任保险，职业责任保险的被保险人一般是专业技术服务人员且其职业领域具有高风险，董责险的被保险人符合职业责任保险的被保险人要求。一方面，董事及高管一般具备较强的专业素养和经营管理、战略决策及资本运作的才能；另一方面，董事和高管面临较高的经营风险，其在正常履职过程中经常引起股东及利益相关者的诉讼并要求其承担巨额赔偿。

2.2 董事高管责任保险的历史演进

保险学是一门具有悠久历史的学科，最早源自欧美海上贸易的发展。随着现代保险业的发展，责任保险开始出现并逐渐在保险业务中占据举足轻重的地位。董责险隶属于责任保险的范畴，在国外已有悠久的历史，但在我国的起步较晚，发展也较为缓慢。本部分梳理了董责险的发展历史和趋势，以便读者更好地理解董责险的实践。

2.2.1　董事高管责任保险的起源及其在世界各国的发展

董责险是责任保险的一种，也是现代保险领域中的新兴险种。20世纪30年代初，美国因股市大崩溃产生了对完善证券市场监管制度的强烈要求。美国1933年制定了《证券法》，1934年制定了《证券交易法》，同年美国证券交易委员会（SEC）成立，资本市场更加直接地受到法律和监管的约束，美国上市公司董事和高管需要承担的执业风险陡然增加。在这种背景下，英国劳合社在1934年推出了董责险，开创了这一险种的先河。20世纪80年代以来，董责险在西方发达国家逐渐受到证券界的青睐，并成为保险公司的一项重要业务。

从理论研究和实践经验来看，董责险的发展大多以法系为基础划分。本部分主要梳理了董责险在英美法系（美国、英国和加拿大）和大陆法系（德国、法国和日本）的演进过程。

1. 董责险在英美法系国家的发展

英美法系是以英国普通法为基础发展起来的法律的总称，其产生于英国，后扩大到包括美国、加拿大、澳大利亚等许多国家和地区。准确来讲，董责险起源于英美法系国家，第三方承保人的出现有效提升了管理层的执业积极性与潜在创造力。本部分选取美国、英国及加拿大为代表，来阐述董责险在英美法系国家的发展历程。

（1）美国。自20世纪60年代中期起，美国各州证券法律制度和诉讼法律制度不断完善，董责险得到了较快发展。1967年，特拉华州首先规定公司有权为董事和高管购买董责险，董责险首次取得合法地位。20世纪70年代到80年代中期，随着董责险承保范围的不断扩大及保费的不断下跌，董责险得到了快速发展。20世纪80年代中期，针对董事和高管的诉讼案件激增，保险公司支付给被保险人的抗辩费用和赔偿金急剧增长，保险公司纷纷提高此险种的费率，甚至拒绝了个别高风险公司的投保。同时，由于保险费高涨等问题，上市公司投保此险种的数量也大幅下降，从而形成了美国历史上的首次董责险危机，大量保险公司退出董责险市场。

20 世纪 90 年代，随着新成立保险公司和再保险公司加入董责险的市场，以及保险产品自身的完善，美国董责险市场开始复苏。Till-inghast-Tower Perrin 公司 2000 年的一份调查报告显示，在接受调查的 2 059 家美国和加拿大公司中，96％的美国公司和 88％的加拿大公司购买了董责险，其中的科技类、生物类和银行类公司的购买率更是高达 100％（马璐瑶，2002）。

21 世纪，受安然造假、世通公司会计丑闻等事件的影响，董责险市场再次遭受巨大的冲击。安然事件中安然管理层因疏于职守、虚报账目、误导投资人以及牟取私利等被投资者提起诉讼，保险公司也因此支付大额赔款。随后，针对安然、世通等公司的财务造假事件，美国国会出台了《萨班斯-奥克斯利法案》，对 1933 年的《证券法》和1934 年的《证券交易法》作了较大修订，在会计职业监管、公司治理、证券市场监管等方面提出许多新要求。由于董责险索赔数量及数额的剧增，加之新法律对董事责任的加强，2002 年后各保险公司将董责险的费率提高了 100％，甚至对于一些高风险保单不予续保。但随着更多保险公司参与到董责险市场中，2005 年之后，市场费率便开始下滑。

时至今日，董责险在美国已经发展成为一个庞大和完善的体系化险种，美国董责险市场也是世界范围内发展最为成熟、最为成功的市场。当前世界上处于全球领先地位的董责险承保人主要是美国的保险公司，比如美国国际集团（AIG）、美国丘博保险集团（Chubb）等。美国保险公司已经发展了董事个人责任险、公司补偿保险、董事补偿保险、雇佣行为责任保险等险种，并逐步向混合型和综合型的方向发展。

（2）英国。尽管英国劳合社于 1934 年签发了世界上第一张董责险保单，但是在 1980 年以前，该险种的销售对象主要是那些在美国注册的公司。在英国，大多数保险公司和保险经纪人并没有意识到董责险的重要性，主要原因在于 20 世纪 80 年代前的《英国公司法》对董事职责和义务的规定并不像美国那样严格，因而董事的经营责任风险相对较小，大部分公司对董责险的需求并不迫切。

1985 年，《英国公司法》作出修订，其中第 310 条规定公司董事及高管因未能履行其义务而承担责任后，任何对该责任进行豁免或者补偿的条款或者合同都是无效的；1989 年，《英国公司法》的第 301 条规定指出公司可以行使以下权力——购买和维持担保董事、监事或者会计监察人责任的保险。但是公司为董事及高管购买责任保险有程序性条件的要求：一是公司章程具有明确的授权；二是投保或续签董责险合同应在董事会报告和公司年报中予以披露。从某种意义上讲，1989 年《英国公司法》第 301 条的规定为董责险制度在英国的实施扫清了法律障碍。

从市场规模来看，1989 年，英国董责险的市场规模为 2 500 万英镑，1991 年达到了 5 000 万英镑，1997 年上升到 1 亿英镑。尽管英国的董责险市场已经较为成熟，但依旧有较大的发展潜力。此外，英国的养老金信托机构和非营利组织对董责险的需求也在逐渐增大（Youngman，1999）。到了 21 世纪，英国的董事责任保险市场已成为欧洲最成熟的市场之一。2006 年 11 月，英国议会通过了历史上最长的一部成文法《2006 年公司法》，通过基本法律将董责险制度予以法典化，更进一步推动了董责险的发展。目前，由于英国法律对董事职责的强化以及公司治理结构的完善，董事和高级职员对董责险的需求不断增长，尤其是在上市公司中。

（3）加拿大。20 世纪 80 年代到 90 年代末，加拿大相关法律规定利益相关者可以对公司违反《税收征收法》以及未按期向职工支付工资等情形提起诉讼，可以提起诉讼的主体包括公司现在和过去的股东及雇员、证券监管机构、政府机关、供应商等。这标志着加拿大的董事和高管遭受索赔诉讼的风险不断增大，实际发生的索赔诉讼数量也在不断增加。2001 年，《商业公司法》进行修订时提出了"公司有权为董事和高管购买董责险"。对于上述人员在正常履职过程中因不当行为所导致的赔偿责任应由保险人承担，大大减轻了董事和高管的个人财产损失。这一相关立法的保障使得董责险飞速发展。根据 Towers-Watson 公司（2015）统计，美国及加拿大上市公司董责险的购买率约为 95％，而在高科技、金融等高风险行业，其投保率为 100％。但加拿大董责险市场的大部分保险业务被英国和美国的保险商所掌控，例如英国劳合社、美国国际集团、美国丘博保险集团。

2. 董责险在大陆法系国家的发展

大陆法系是以罗马法为基础形成和发展起来的法律体系的总称。大陆法系是与英美法系并列的当今世界重要法系之一，覆盖了当今世界的广大区域，德国、法国、日本、中国等均采用大陆法系。董责险保单其实是欧美的舶来品，进入大陆法系国家相对较晚。本部分主要阐述董责险在德国、法国和日本的发展历程。

（1）德国。从 20 世纪 80 年代开始，德国企业的董事和高管的经营责任风险不断增大，主要体现在以下几点：第一，德国非常重视环境保护问题，与之相对应的就是环境污染赔偿责任，有关废弃物处理与污染防治、产品责任等方面的问题使人们将注意力集中到公司和董事身上；第二，董事可能因为违反税收、社会保障制度以及不正当竞争等各种法令而被判决承担赔偿责任；第三，在德国，董事要接受来自股东、债权人、公司雇员、消费者以及其他主体的广泛监督，如果董事和高管的行为存在失误，便要承担个人赔偿责任。

德国董事和高管的经营风险和诉讼风险提高，引发了对董责险的需求。1986 年，德国的第一张董责险保单签发，但由于该保单的承保范围较为狭窄，且存在诸多的限制性规定，市场反应较为冷淡（Baums，1996）。1995 年后，德国董责险市场的开发取得了突破性的进展，德国安联集团（Allianz）开始销售董责险保单，其后又有一批保险公司加入德国董责险市场中来，如格宁集团（Gerling）。1998 年，一位荷兰保险商建立了一个董责险集团，其中包括 7 家德国保险公司。根据数据统计显示，截至 1998 年大约有 20 家德国保险公司可销售董责险。自 1995 年至 1998 年，德国董责险承保金额从 500 万德国马克上升至 5 000 万德国马克，董责险的市场规模从 1 亿德国马克上升至 4.5 亿德国马克。

随着德国相关法律制度的不断健全，股东、债权人以及监管当局根据《公司法》、《环境保护法》以及《产品质量法》对董事提起的诉讼也越来越多，加之2009年《德国股份公司法》修订中引入了董责险"强制性自我承担比例"的规定，董责险得以快速发展。据统计，2006年至2010年间，德国保险业的董责险收入在20亿欧元左右，而支付索赔和储备金的数额约30亿欧元。如今董责险在德国的上市公司中已经成为"标配"。

（2）法国。在法国，董事可能遭受来自股东、债权人和公司雇员的索赔请求，董事的责任风险非常宽泛。20世纪90年代以来，法国许多大公司实行管理层收购（MBO），股权逐渐私有化。董事在对私人资产的经营管理过程中，如果因为经营不善给公司造成损失，其遭受股东诉讼的概率将大幅增加。近年来，股东针对董事经营管理不当行为提起的诉讼以及债权人针对公司破产向董事提起的诉讼日益普遍。1985年至1990年之间，每年向董事提出损害赔偿的案件大约有50起。

早期法国保险公司主要向那些在美国设立分支机构的公司销售董责险。70年代初期，法国国内的保险商为了满足《公司法》修改的需要，推出了适用于本国企业的董责险保单。法国安盟-甘集团（Groupama-Gan）是经营董责险的先驱之一。80年代初期，美国国际集团、美国丘博保险集团以及英国劳合社先后进入了法国的保险市场并开始销售董责险保单。90年代初期，法国出现了专业代理董责险业务的保险经纪人，董责险市场得到了迅速发展，1992年，市场规模达到了1亿法郎（Youngman，1999）。

法国董责险的市场还有较大的发展空间，主要原因如下：

第一，欧盟立法的影响。随着欧盟立法的进一步完善，如《关于公司公开收购的第十三号公司法指令草案（96/C162/05）》的颁布，法国国内的相关立法也作了进一步修改，完善了董事民事赔偿责任的体系，这为董责险市场的发展奠定了法律基础。

第二，并购行为，特别是跨国并购行为的增多。在公司并购中，被收购公司的董事和高管应当忠实地维护公司及其股东的利益。随着法国公司并购的不断增多，董事遭受诉讼的案件也逐渐增多，这为法国的董责险市场提供了一个新的发展契机。

第三，证券交易法的严格规定。法国证券交易委员会（COB）改变了以往对证券监管的松懈态度，大力打击证券市场的违法行为，进一步增加了公司和董事对董责险的需求。

（3）日本。20 世纪 90 年代初期，受日本泡沫经济崩溃的影响，金融公司破产以及上市公司投资失败的事件随处可见。由于损失巨大，股东们意识到董事在公司经营中所起的作用。1993 年，日本《商法》进行修订，规定对于股东代表诉讼，无论诉讼标的数额大小，起诉原告股东只需要缴纳固定数额的诉讼费。随后，股东代表诉讼的起诉数量不断增多，诉讼标的数额也在不断增大，其直接后果是公司的董事面临着严峻的责任风险。董责险作为分散董事经营责任风险的有力工具，自然引起了人们的广泛关注。同年，日本政府颁布相关法令，允许国内和国外的保险人销售董责险，由此日本董责险市场得以发展。在得到日本政府许可之后，美国国际集团、丘博保险集团开始在日本销售董责险。

1994 年，根据日本能率协会的调查，被调查的企业中有 95％的董事认为将被追究责任的风险会迅速增大，已加入或考虑加入董责险的企业有 70％。1999 年，日本开放了日文的董责险条款，扩大了董责险范围，日本的董责险市场迅速发展起来。一些学者以美国的董责险市场为参照物，预测日本 90％的大公司会购买董责险（Young-man，1999）。随着日本保险市场的对外开放，外资保险公司进入日本市场，带来了新的董责险产品和国际经验，促进了日本董责险的进一步发展和创新。目前，日本董责险市场已经较为成熟，多数上市公司为其董事和高管投保董责险，尤其是金融、科技等行业的公司。

3. 对两大法系国家董责险制度的评析与借鉴

通过英美法系和大陆法系的董责险发展历史可以看出，董责险制度的产生和发展是有着深刻的社会背景的。首先，随着证券市场的完善、股东诉讼制度的发展及董事承担的风险不断增加，董事保险的需求相应产生；其次，董责险能够缓解董事的经营风险，保护股东和公司的利益，符合经济发展的需求，立法上对其予以确认；最后，随着市场经济的持续发展，董责险制度不断遇到新的问题，董责险制度及相关经济制度也不断得到发展和完善。虽然英美法系的董责险制度和大陆法系有所区别，但是它们产生和发展的根本是一致的，值得我国借鉴的有以下几方面：

第一，完善相关法律制度推动董责险的发展。各国董责险的确立和发展均与相关立法的出台密不可分。而我国相关法律对董责险发展的推动力仍有待加强，例如《民法典》强调法人机关与法人视为一体，法人的行为由法人机关承担，而《公司法》对董事注意义务的规定较为简单笼统，《证券法》对以各种手段操纵证券市场、违反规定进行关联交易、违反规定对外担保等行为所引发的民事诉讼规定不足，都造成了董责险发展的制度障碍。要发展和完善董责险制度，必须健全相关法律制度，明确董事责任范围，建立董事民事责任赔偿制度。

第二，明确保险费的承担方式。各国董责险制度的发展过程中，关于保险费用能否由公司来承担争论颇多，如美国的董责险在发展初期，保险费应该由谁来负担成为争论的焦点，而这个问题当时仍未有明确的法律规定。1967 年美国特拉华州修订了公司法，规定公司负有替董事高管购买责任保险的义务，逐渐形成了在认定公司缴费合法性的前提下，公司和董事通过协商共同出资投保董责险的局面。而我国尚未明确董责险保费的承担方式。

第三，根据市场需求确定承保条件。保险公司通过对保险责任范围、保险费率和免赔额的调整以适应董责险发展不同阶段的特点。随着市场经济的发展，董事和高管的责任不仅仅停留于单纯的投资领域，而是扩展到更广泛的领域，呈现出责任社会化的趋势。同时，保险公司也在不断地开发出新的保险品种，以满足公司董事和高管在执业活动中的保险需要。

2.2.2　董事高管责任保险在中国的发展

20 世纪 50 年代初，责任保险在我国开始兴起。当时国内只办理汽车第三者责任保险，船舶、飞机保险附加的碰撞险和第三者责任险，以及少量的展览会公众责任险，且只在涉外保险领域开展。50 年代后期，责任保险同国内所有保险业务一样被停办。1979 年，包括责任保险在内的保险业务开始恢复，国内汽车保险的第三者责任保险业务量逐步扩大。与此同时，涉外保险又陆续开展公众责任保险、产品责任保险、雇主责任保险、职业责任保险等。改革开放以后，责任保险在我国得到了一定的发展，但受社会环境和市场环境的影响，其规模和作用不能满足高速发展的国民经济需求和日益增长的社会需求。

1996 年，美亚保险公司在上海承保了中国第一张董责险的保单，针对的客户主要是在中国的外资企业和中国到海外上市的公司。2002 年，中国平安财险和美国丘博保险集团合作推出第一张董责险保单，标志着董责险在我国的开端。随后，董责险进入了缓慢的发展阶段。据统计，2020 年以前，我国董责险的投保率一直低于 10%。但随着上市公司风险意识的不断提高，以及近年来民事诉讼赔偿案件的急剧增加，上市公司及管理层越来越意识到投保董责险的必要性和重要性，尤其是 2021 年康美药业的财务造假案件使得多名独立董事承担连带责任，更是促进了董责险在我国的发展。

1. 董责险相关法律法规演进

从最初只有几家在美上市的我国公司购买董责险，到目前我国在英国、新加坡、日本等海外上市的公司以及国内 A 股上市的公司主动购买此保险，甚至一些未上市的公司开始投保；从最初只有美亚保险公司、丘博保险集团等两家美国公司在我国国内经营此险种，到现在多家国内保险公司经营此险种，可以说此险种在国内已逐渐发展起来。结合目前董责险在国内的发展情况，本书从以下两个方面展开分析：

（1）与董责险直接相关的法律法规。相比于欧美发达国家而言，我国资本市场（港澳台地区除外）引入董责险较晚。2001 年 8 月 16 日，中国证监会发布的《关于在上市公司建立独立董事制度的指导意见》（证监发〔2001〕102 号）首次指出，上市公司可以建立必要的独立董责险制度，以降低独立董事正常履行职责可能引致的风险。董责险在我国资本市场上正式获得了合法性地位。随后，我国又陆续出台了一系列的法律法规以推动董责险在国内资本市场上的发展（见表2-1）。

表2-1　与董责险发展直接相关的法律法规

颁布日期	法律法规名称	相关内容
2001-08-16	《关于在上市公司建立独立董事制度的指导意见》	上市公司可以建立必要的独立董事责任保险制度，以降低独立董事正常履行职责可能引致的风险
2002-01-07	《上市公司治理准则》	经股东大会批准后上市公司可为董事购买责任保险
2004-06-29	《中国保险监督管理委员会派出机构监管职责规定》	对保险中介机构的职业责任保险投保情况进行监管
2006-06-15	《国务院关于保险业改革发展的若干意见》	大力发展责任保险，强调重点执业责任及董事责任等保险业务
2007-04-06	《保险机构独立董事管理暂行办法》	保险机构可建立必要的独立董事责任保险制度，以降低独立董事正常履行职责可能引致的风险
2014-08-10	《国务院关于加快发展现代保险服务业的若干意见》	加快发展各类职业责任保险，用多样化的责任保险产品化解民事责任纠纷
2018-09-30	《上市公司治理准则》	经股东大会批准，上市公司可以为董事购买责任保险，责任保险范围由合同约定
2023-12-29	《中华人民共和国公司法》	新修订的《公司法》加强了董事的责任，同时也新增了"董事责任保险制度"，这有助于降低董事的履职风险，保障董事赔偿责任的实现

（2）与董责险间接相关的法律法规。国内资本市场不断发展壮大催生了对完善资本市场民事诉讼制度体系的强烈要求。近十几年来，我国政府部门陆续出台了一系列的法律法规来完善国内的民事诉讼体系，而董责险作为化解民事责任纠纷的一种特殊职业责任保险，民事诉讼体系的完善必将有效推动董责险在国内的发展。表2-2对我国

民事诉讼法律体系发展历程进行了梳理。

表 2-2 与董责险间接相关的法律法规

颁布日期	法律法规名称	相关内容
2002-01-15	《关于受理证券市场因虚假陈述引发的民事侵权纠纷案件有关问题的通知》	上市公司民事赔偿责任被明确下来，董责险在国内有了真正意义上的现实需求
2003-01-09	《关于审理证券市场因虚假陈述引发的民事赔偿案件的若干规定》	首次为投资者提供了对虚假陈述寻求民事赔偿的实质和程序
2005-10-27	《中华人民共和国证券法（2005年修订）》	在证券发行和交易过程中，发行人或上市公司有虚假性陈述的应当承担赔偿责任，董事高管及其他直接责任人承担连带赔偿责任
2008-07-08	《保险公司董事会运作指引》	董事违反法律、行政法规、监管规定或公司章程规定，给保险公司或者股东造成损失的，应当承担赔偿责任
2019-12-28	《中华人民共和国证券法（2019年修订）》	加大对信息披露违法违规打击力度，最高可处罚 1 000 万元，规定了发行人等不履行公开承诺的民事赔偿责任界限
2021-06-03	《保险公司董事、监事和高级管理人员任职资格管理规定》	对保险公司董事、监事和高级管理人员的任职资格进行了规定，要求他们具备相应的知识、经验和能力，以及在中国境内正常履行职务所需的时间和条件

2. 中国上市公司董责险投保情况分析

虽然董责险已在我国经历 20 多年的发展，但投保率一直不高。本部分使用 CNRDS 数据库统计分析了我国上市公司 2002—2023 年董责险的投保情况。① 数据显示，截至 2023 年，总共有 3 757 家国内

---

① 数据来自 CNRDS 数据库中的"公司特色库-董监高责任保险"，网址：https://www.cnrds.com。

A 股上市公司购买董责险①，2020 年之前，投保率一直不足 10％。2020 年 3 月 1 日新《证券法》正式施行，大幅提高了对上市公司的处罚力度，同时完善了证券违法的民事赔偿责任，再加上同年 4 月瑞幸咖啡财务造假事件的爆发，进一步刺激了上市公司的投保意愿。据统计，2020 年单年新增投保公司达到 184 家，同比增长 222.8％，投保率首次超过 10％。2002—2023 年我国 A 股上市公司董责险购买情况如图 2-1 所示。

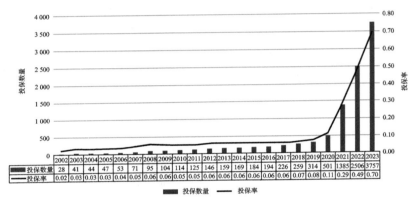

图 2-1　2002—2023 年我国 A 股上市公司董责险购买情况

资料来源：根据 CNRDS 数据库整理。

　　由于不同行业面临的诉讼风险以及监管要求不同，对董责险的需求也表现出差异。表 2-3 统计了我国 A 股上市公司董责险购买的行业分布情况，行业分类标准参照中国证监会发布的《上市公司分类指引》（2012年修订）。可以看出董责险投保比率最高的是金融业，达到 81.60％，其次是电力、热力、燃气及水生产和供应业，投保率达 78.36％。

表 2-3　董责险购买公司的行业分布

行业	投保公司数量（家）	上市公司数量（家）	投保率（％）
金融业	102	125	81.60

---

①　其中，购买且发布公告披露购买情况的公司有 429 家。

续表

行业	投保公司数量 （家）	上市公司数量 （家）	投保率 （％）
电力、热力、燃气及水生产和供应业	105	134	78.36
水利、环境和公共设施管理业	77	101	76.24
教育	9	12	75.00
采矿业	62	83	74.70
房地产业	76	104	73.08
信息传输、软件和信息技术服务业	311	441	70.52
制造业	2 530	3 629	69.72
批发和零售业	132	193	68.39
交通运输、仓储和邮政业	77	114	67.54
建筑业	73	109	66.97
租赁和商务服务业	44	66	66.67
农、林、牧、渔业	33	51	64.71
科学研究和技术服务业	73	113	64.60
卫生和社会工作	10	16	62.50
文化、体育和娱乐业	23	38	60.53
综合	16	27	59.26
居民服务、修理和其他服务业	1	2	50.00
住宿和餐饮业	3	7	42.86

资料来源：根据 CNRDS 数据库整理。

　　表 2-4 统计了我国 31 个省区市 A 股上市公司董责险购买的区域分布情况，董责险投保公司最多的地区是广东省，有 648 家上市公司购买董责险；投保率最高的是云南省，投保率为 92.68％。此外，董责险的发展与地区经济发展水平有关，广东、北京、上海、江苏、浙江及山东的投保数量处于全国较高水平，这些区域的投保公司占投保总数的 65.24％，剩下 25 个省区市的投保企业总数占比只有 34.76％。

表 2-4　董责险购买公司的区域分布

省区市	投保公司数量（家）	上市公司数量（家）	投保率（%）
广东省	648	874	74.14
北京市	338	469	72.07
上海市	287	444	64.64
浙江省	447	706	63.31
山东省	226	309	73.14
江苏省	476	692	68.79
福建省	126	172	73.26
四川省	124	174	71.26
湖北省	113	149	75.84
安徽省	105	176	59.66
河南省	75	111	67.57
天津市	51	72	70.83
湖南省	98	145	67.59
辽宁省	56	89	62.92
重庆市	56	79	70.89
新疆维吾尔自治区	48	60	80.00
陕西省	62	82	75.61
云南省	38	41	92.68
海南省	16	28	57.14
河北省	61	78	78.21
广西壮族自治区	29	41	70.73
黑龙江省	31	40	77.50
甘肃省	28	35	80.00
宁夏回族自治区	15	17	88.24
江西省	65	88	73.86

续表

省区市	投保公司数量 （家）	上市公司数量 （家）	投保率 （%）
吉林省	34	49	69.39
山西省	27	41	65.85
内蒙古自治区	19	27	70.37
贵州省	22	36	61.11
西藏自治区	13	22	59.09
青海省	8	10	80.00

资料来源：根据 CNRDS 数据库整理。

2.3　董事高管责任保险案例介绍

为了更好地理解董责险实践情况，本部分介绍有代表性的董责险投保和赔偿案例。

2.3.1　广汽长丰虚假陈述民事赔偿案例

2011 年的广汽长丰虚假陈述民事赔偿案是中国董责险理赔的第一案，美亚保险迈出了中国董责险个案理赔的第一步，理赔 80 万元人民币。

1. 案情概况

2009 年 1 月 7 日，财政部驻湖南省财政监察专员办事处在湖南长丰汽车制造股份有限公司对 2007 年度会计信息质量进行检查后，向长丰公司送达了《行政处罚决定书》（财驻湘监〔2008〕117 号），其中认定长丰公司在会计基础工作、会计核算和执行国家财税政策三方面存在违法行为，此次检查对公司行政处罚金额为人民币 18.9 万元，同时要求公司补缴各种税款共计 119.92 万元。

根据《中华人民共和国证券法》与最高人民法院《关于审理证券市场因虚假陈述引发的民事赔偿案件的若干规定》，上市公司因虚假陈述受到中国证监会、财政部等行政处罚且权益受损的投资者可以向有管辖权的法院提起民事赔偿诉讼。2010 年 11 月，李某红等 17 人以证券虚假陈述为由，向湖南省长沙市中级人民法院提交了诉讼申请，对广汽长丰提起民事诉讼，要求其赔偿投资差额和利息损失等共计332 万元，并承担本案的全部诉讼费用。2011 年 1 月，受多位受损投资者委托，由广东奔犇律师事务所代理的 14 起案件在湖南省长沙市中级人民法院正式立案。

2.案件结果

这起由投资者起诉上市公司虚假陈述的案件最终并未审判，而是由长沙市中级人民法院主持调解。经调解后 2 人撤诉，公司与李某红等 15名原告达成协议，一次性补偿 96.8 万元并承担诉讼费用 1.2 万元。在此次广汽长丰民事赔偿诉讼案中，广汽长丰公司合计支付 98 万元，美亚保险向其赔付 80 万元，迈出了我国董责险个案理赔第一步。

2.3.2 海润光伏误导性陈述案

海润光伏误导性陈述案是一例国内 A 股上市公司公开披露的超亿元的董责险拒赔案例，不过此次拒赔案并不涉及董责险的除外责任，而是涉及保险理赔程序的问题。

1.案情概况

2014 年，海润光伏向美亚财产保险有限公司上海分公司投保董责险，保险期间为 2014 年 9 月 11 日至 2015 年 9 月 10 日，发现期为 90天。后保险双方协商续保一个月，将保险合同延保至 2015 年 10 月10 日。

2015 年 2 月 13 日，江苏证监局向海润光伏发出《调查通知书》，就其涉嫌存在信息披露违法行为予以立案调查。海润光伏收到通知后，通过其保险经纪公司向保险公司报案，告知上述立案调查相关事宜，并将《调查通知书》一并发送给保险公司。

2015 年 10 月 22 日，江苏证监局对海润光伏发出《行政处罚决定书》，原因是海润光伏和公司股东、董事长杨某进在 2015 年 1 月 23 日披露的两个文件存在误导性陈述，被证监会罚款 40 万元，原股东九润管业被罚款 75 万元。

自 2015 年 10 月至 2016 年 12 月 30 日，海润光伏共收到 728 起证券虚假陈述股民索赔案件，诉讼金额共计 1.45 亿元，其中部分案件和解，大部分通过诉讼解决，产生抗辩费用达 200 万元，最终海润光伏败诉。

2. 保险责任分析

保单保险期间为 2014 年 9 月 11 日至 2015 年 10 月 10 日，发现期 90 天（2015 年 10 月 11 日至 2016 年 1 月 8 日）。本案第三人首次向被保险人请求索赔的事实发生在保单的有效期间（2015 年 2 月 13 日），且在保险期/发现期内（2015 年 10 月起）向被保险人要求索赔。被保险人及时向保险公司报案，符合索赔发生情形。

江苏证监局对被保险人的处罚决定明确为"误导性陈述"，属于董责险保单定义中"不当行为"中的典型行为，不属于保单除外责任中的故意、欺诈或重大过失等范畴，属于董责险保单责任。

对于被证监局处罚的 40 万元罚款，属于保单列明的损失除外，因此无法得到赔偿。对于第三人起诉的和解和最终判决赔偿金额以及抗辩费用，保险公司应予以赔偿。

3. 案件结果——保险公司拒赔

2015 年 8 月 28 日，美亚保险公司通过邮件向海润光伏提出：由于原告在保险期间出现因涉嫌信息披露违法行为被江苏证监局立案调查等情况，导致承保风险增加，故被告提出提高免赔额、增收保费和新增批单的续保方案。

2015 年 8 月 31 日，海润光伏通过邮件回复保险公司：希望保险公司按照上一年度免赔额不变的要求出具新的报价方案。后保险公司于当日通过邮件向海润光伏提供三个报价方案。

2015 年 9 月 7 日，保险公司通过邮件向海润光伏表示，若海润光伏希望 2015—2016 年续保保费及免赔额维持不变，则需要其同意撤销两件理赔报案，其中包括其收到的江苏证监局的立案调查等。

2015 年 9 月 25 日，海润光伏为了获得相同条件续保，答应了撤回报案的条件。

2015 年 10 月 14 日，海润光伏通过邮件告知保险公司，其希望撤销《撤销理赔通知说明》，要求保险公司就不撤销报案的方案重新报价。同日，保险公司向海润光伏发出三个报价方案供其选择，保险公司根据海润光伏的选择作出了保费为 78 万元的《报价单》，要求原告回签《报价单》，并注明撤回之前签回的报价和《撤销理赔通知说明》、提供大型商业风险声明和回答核保问题。海润光伏发回盖章的 78 万元保费的《报价单》，要求保险公司确认撤销前一份 24 万元保费的《报价单》及《撤销理赔通知说明》，并回签《承保确认》。

2015 年 10 月 15 日，保险公司凭借自身对于风险的判断和预测，其通过邮件告知海润光伏，保险公司拒绝接受 78 万元保费的报价，双方仍以 24 万元保费的《报价单》及被告于 2015 年 10 月 9 日签署的《承保确认》为准。

法院最后判决《撤销理赔通知说明》合法有效，该《撤销理赔通知说明》明确约定海润光伏免除被告相关的保险赔偿责任，基于此，对海润光伏提出的全部诉讼请求，法院不予支持。依照《中华人民共和国合同法》第八条、第十三条、第二十五条、第三十三条规定，判决驳回海润光伏科技股份有限公司的全部诉讼请求。案件受理费 19 360 元，由海润光伏科技股份有限公司负担。

2.3.3 董事高管责任保险投保合同

本部分介绍了中国平安保险股份有限公司的董责险合同范例和 2021 年华润三九医药股份有限公司董责险的购买公告。其中，中国平安保险股份有限公司的董责险合同范例包括保险单、保险条款以及投保申请书（限于篇幅，以二维码形式列出，读者可扫描下方二维码）。

中国平安保险股份有限
公司的董责险合同范例

华润三九医药股份有限公司
关于购买董监高责任险的公告

第 3 章
理论基础与文献综述

3.1　理论基础

　　董责险是学科交叉、多维度融合的产物。学术研究对董责险的讨论集中在法学、保险学、金融学、管理学等领域，相关研究也证实董责险不仅具有传统保险的功能，也发挥着公司治理和信息传递的作用。通过对已有研究的总结和整理，本章梳理出与董责险相关的理论，包括：责任保险理论、委托代理理论、公司治理理论和信息不对称理论。

3.1.1　责任保险理论

　　1.责任保险基本概述

　　责任保险是针对被保险人责任的一种险种，属于财产保险的范畴，但又有其独特的性质。根据《中华人民共和国保险法》中的定义，责任保险是指以被保险人依法应负的民事赔偿责任或经过特别约定的合同责任作为承保责任的一类保险，其承保标的不是有形财产，而是被保险人对第三方承担的民事赔偿责任。责任保险起源于 19 世纪中叶，但其最初发展时并未得到足够重视。直到 20 世纪中叶，随着社会发展和法律制度的不断健全，人们的索赔意识也不断增强，责任保险在工业化国家得到了快速发展，其中最有代表性的有人身责任保险、医疗责任保险、董事责任保险等。

2.责任保险的研究内容

当前，学者们关于责任保险理论的研究包括以下内容。

首先是责任保险的合理性之争，研究主要集中于法学和保险学领域。因责任保险转移了被保险人应承担的民事赔偿责任，不少民法学者对责任保险削弱民事责任甚至可能导致民事赔偿责任制度名存实亡表示担忧。支持责任保险合理性的学者认为：第一，民事责任的功能主要是补偿受害人，而非惩罚侵害人，责任保险可以实现补偿功能，实现民事责任的设计初衷；第二，尚无明确证据指向责任保险会引发被保险人的不良动因和助长侵权行为；第三，任何法律制度都不可能彻底遏制不法行为，无论是刑事、行政还是民事责任，如何完善法律制度都不能保证违法行为归零。

其次是责任保险的扩张问题。责任保险的合理地位明确后，国内外的研究重心转移到"责任保险应当扩张"的命题，相关研究同样主要集中在法学和保险学领域。主要体现在以下三个方面：第一，侵权法的发展为责任保险发展带来契机，责任保险进入扩张的时代（温世扬，2010），是未来保险法的发展方向（杨华柏，2009）；第二，责任保险险种应当扩充，应当在社会需求强烈的领域有所突破，主要包括机动车责任保险、环境责任保险、公众责任保险、雇主责任保险、董事高管责任保险等；第三，各责任保险的赔付水平应当提高，这类观点认为各类责任保险险种的承保范围应当扩大，同时也要增加公司实体责任保险，并建立公司补偿制度让公司补偿保险具有可操作性（孙宏涛，2013）。

最后是责任保险的治理作用研究，主要集中在经济学和管理学领域，并形成了以下三类观点：一是分散责任风险，被保险方通过购买责任保险将经营风险或者诉讼风险转到保险公司身上，达到分散责任风险的目的，从而减轻自身的经济负担；二是保护第三人利益，当被保险人（侵权方）没有足够的财力补偿受害人的经济损失时，被保险人借助责任保险将赔偿责任转嫁给资金雄厚的保险机构，受害人仍可以得到经济补偿；三是可以强化对投保公司行为的监督，保险公司为了维护自身发展，会努力降低自身承担的赔偿责任风险，所以在签订保单时会通过设置限制性条款等方式对投保公司进行监督与约束。

3.责任保险与董责险

董责险是职业责任保险的一种，公司的董事和高管在正常履职过程中由于个人疏忽和不当行为给公司或股东造成的损失由保险公司负责赔偿。董责险有三个特点：一是补偿性，保险事故发生后，保险公司在保险金额的范围内对利益受损方给予经济补偿；二是自愿性，我国当前并没有强制要求公司为管理层购买董责险，公司购买董责险是自愿行为，董责险合同中的各项条款由双方当事人协商确定；三是非标准性，董责险没有标准的格式，保险公司可以根据公司的上市地点、行业情况、市场行情、企业财务状况、董监高资历等确定保险费率和赔偿限额。此外，董责险作为对冲管理人员执业风险、降低决策风险损失的治理工具，其引入第三方保险公司为管理者的决策失误提供风险补偿和财富兜底，不仅能够激励被投保管理者勤勉进取，还能避免管理层的短视行为，有利于督促公司朝着更好的方向发展。

3.1.2 委托代理理论

1.委托代理理论的基本内涵

委托代理理论最早可以追溯至 1932 年美国经济学家伯利（Berle）和米恩斯（Means）出版的《现代公司和私有财产权》一书，该书提出的所有权和经营权分离的理念成为现代公司治理的基本特征。他们认为，公司的所有者已经从少数个人或家族股东转变为缺乏能力和技能且缺少参与公司经营管理动力的众多分散小股东。所有权和经营权的分离导致所有者和管理者间出现了利益冲突，进而引发了一些公司治理的问题。

Jensen and Meckling（1976）在吸收 Berle and Means（1932）研究的基础上，将代理理论、产权理论和融资理论加以整合，探讨了两权分离条件下所有权结构的帕累托最优问题。他们将代理关系定义为一种契约，股东作为委托人指定代理人（管理层）为公司的生产经营决策服务，如果代理关系双方都是效用最大化者，就有充分的理由相信代理人并不总会以委托人的最佳利益行事。Jensen and Meckling（1976）认为代理成本主要包括三个部分：一是委托人的监督成本，即股东为监督管理层而产生的成本；二是代理人的担保支出，即管理层为确保其不会采取损害股东利益的行为而支付的保证金；三是剩余损失，即股东与管理层因利益冲突而导致股东福利减少的部分。

随后，Fama and Jensen（1983）在 Jensen and Meckling（1976）的基础上引入剩余索取权的概念，进一步发展了委托代理理论。他们对代理问题与剩余索取权进行了研究，分析了不同组织形式所具有的剩余索取权特征，并将不同形式的剩余索取权的特征作为控制代理问题的有效方法。他们指出，现代公司生存中的一个重要因素是控制代理问题，之所以产生代理问题是因为签订和执行合同需要付出代价。现代公司所有权与控制权相分离，导致了剩余风险承担与经营决策相分离，机会主义和道德风险应时而生。通过规定固定的保证金支付或专门与业绩考核相关联的刺激性支付方式，减少了由管理层所承担的风险，从而有效缓解代理问题。

2.委托代理理论的基本内容

国内外学者围绕委托代理理论进行了大量的拓展研究，并形成了完善的理论框架。伴随着现代企业的发展，委托代理理论的内容不断丰富，主要包括以下三个方面。

第一，股东与管理层之间的委托代理问题，由剩余索取权与经营权的分离所产生，本质是道德风险和逆向选择问题。道德风险主要体现在股东希望管理者努力工作，创造更多的财富，而管理者渴望更高的薪酬、舒适的工作环境和安逸的生活，以及利用自己的职权耗用企业资源进行在职超额消费为自己谋取私利，从而导致股东与管理者的利益冲突。逆向选择主要体现在两权分离下的股东和管理者利益冲突的情况。由于管理者的任期相对较短，且他们的薪酬多数情况下和公司的绩效挂钩，使得管理者更加注重短期的利益，从而损害投资者的利益。

第二，大股东与外部投资者之间的委托代理问题，由控制权与现金流量权的分离所产生，本质是大股东的道德风险问题。大股东是指少数持有大量股权的投资者，他们在公司经营中只代表自己的利益，而非全部投资者的共同利益。在理性经济人假设下，大股东对外部投资者利益侵占的道德风险问题难以避免。大股东有动机利用手中的控制权，以牺牲外部投资者利益为代价，依据自我意志攫取控制权私利，追求自身福利的最大化，大股东可以选择通过派发特殊股利或是利用与其控制的其他公司进行非公平商业往来实现这一目的（Dann and DeAngelo，1983）。

第三，股东与债权人之间的委托代理问题。在现代公司中，股东与债权人由一组契约将各自的权利与义务联结起来。所以在契约的两端，股东与债权人之间同样存在道德风险导致的委托代理问题。Jensen and Meckling（1976）指出，如果公司最大的投资者是股权持有人，那么出于对股权有利的考虑，大股东将有动机迫使公司做出高风险的经营决策，而债权人承担大部分的失败风险。在股东与债权人的委托代理关系中，不仅股东可能存在道德风险问题，债权人同样可能存在。Myers（1977）指出，如果公司最大的投资者是债权持有人，那么债权人将有动机影响公司放弃好的投资项目，因为债权人承担了风险，而利益则归股东所有。

3. 委托代理理论与董责险

为了让代理人能够接受需要承担风险的契约，企业可以通过为其购买保险的方式分散代理人承担的风险，以期达到更好的激励效果。理论上，购买董责险对于委托代理问题可能会产生两种影响：一方面，董责险可以将风险转嫁给独立第三方，为董事和高管的决策保驾护航，降低董事高管因决策失误面临的个人财产损失，而且保险公司还可以充当监督人起到监督作用，管理层的风险补偿及保险公司的监管机制有利于股东与管理层的目标趋于一致，起到激励和监督的作用，因此董责险成为缓和代理问题的一种激励措施；另一方面，过度的保护作用会使得管理者决策不够谨慎，把董责险当作自己决策失误的保护伞，且风险的分散可能会使得管理层更加肆无忌惮地为追求个人收益去侵害利益相关者的利益，加深道德风险，激化代理冲突。由此可以看出董责险的激励、监督作用与代理问题之间的关系值得进一步研究。

3.1.3　公司治理理论

1. 公司治理理论的基本内涵

公司治理理论具有丰富的内涵，主要形成了以下几种观点：Mayer Colin（1995）把公司治理定义为："公司赖以代表和服务于它的投资者利益的一种制度安排，包括从公司董事会到执行人员激励计划的一切东西……公司治理随市场经济中现代股份公司所有权与控制权分离而产生。"钱颖一（1995）认为："在经济学家看来，公司治理是一套制度安排，用以支配若干在企业中有重大利害关系的团体——投资者（股东和贷款人）、经理人、职工之间的关系，并从这种联盟中实现经济利益。"吴敬琏（1994）指出："所谓公司治理，是指由所有者、董事会和高管组成的一种组织结构。在这种结构中，上述三者形成一定的制衡关系。"Hart（1995）提出了公司治理分析框架，认为一个组织中产生公司治理问题需满足以下两个条件：一是存在代理问题，具体说是公司内部成员之间存在利益冲突；二是交易费用的存在使代理问题不可能通过和约解决。

2. 公司治理理论的基本内容

自 1932 年美国学者伯利和米恩斯提出公司治理结构的概念以来，众多学者从不同角度对公司治理理论进行了研究，其中具有代表性的是两权分离理论和利益相关者理论。

（1）两权分离理论。两权分离指的是公司所有权与控制权分离，其随着股份公司的产生而产生。伯利和米恩斯在 1932 年出版的《现代公司与私有产权》一书中，对美国 200 家大公司进行了分析，发现其中部分大公司是由并未握有公司股权的高管控制的。由此得出结论：现代公司已经发生了"所有与控制的分离"，公司实际已由职业经理组成的"控制者集团"所控制。两权分离已成为一种普遍现象。股份公司制度的普遍兴起，又进一步促进了两权分离的发展。1977年，艾尔弗雷德·钱德勒（Alfred D. Chandler）认为，股权分散的加剧和管理的专业化，使得拥有专门管理知识并垄断了专门经营信息的经理实际上掌握了对企业的控制权，导致两权分离。

（2）利益相关者理论。利益相关者理论出现于20世纪60年代，该理论认为企业本质上是利益相关者缔结的一种契约。公司的目的不能局限于股东利润最大化，而应同时考虑其他利益相关者的利益，包括员工、债权人、上下游企业、用户、政府、媒体、所在社区及经营者的利益。只有企业各种利益相关者利益的共同最大化才是现代公司的经营目标，也才能充分体现公司作为一个经济组织存在的价值。因此，有效的公司治理结构应当能够向这些利益相关者提供与其利益关联程度相匹配的权利、责任和义务。利益相关者理论旨在解决规模不断扩大、股权不断分散的现代公司中相关利益方的协调和治理问题。

3. 公司治理理论与董责险

目前学术界对于董责险的公司治理效果主要体现为以下两点。

第一，过度庇护效应，又称机会主义效应。该观点认为购买董责险可能会为管理者或股东创造更有利地获取个人利益的空间，从而诱发道德风险问题。对于管理者来说，董责险在减少决策失误可能带来诉讼风险的同时扩大了管理者谋求个人利益的空间；创始股东也可以设计一系列的激励措施，以利益为驱动诱使管理者以在短期内大幅提升股价为目标进行决策，从而在股票市场中牟取巨额的投机资本利得。上述行为会损害中小股东的利益并影响企业的长期发展。由此，董责险给予管理者的兜底作用为创始股东操纵股价牟取私利提供了一个便捷的工具（Rees et al.，2011）。

第二，监督激励效应，包括外部监督效应和管理层激励效应。外部监督效应认为企业购买董责险相当于引入了保险公司作为第三方对高管的行为和公司的运营进行监督，其保险条款对企业的经营治理行为提供了一个有效的外部监督机制。目前股东用以约束管理者的监督机制主要有设立董事会和监事会、管理层持股等。董责险作为该类监督机制的替代，被认为具有更广泛的监督范围和更持久的作用力（O'Sullivan，2002）。虽然董责险的风险转移作用只有在发生诉讼风险时才能体现出来，但是董责险引入的外部监督机制可以体现在保险的各个阶段。具体地，在投保前，保险公司会对投保企业的运营状况进行较为准确的风险评估；在承保期间，董责险的保险合同条款会对董事及高管的行为进行约束；在诉讼实际发生时，保险公司会对诉讼事件进行专业的调查分析。

董责险作为一种风险对冲的工具，能转移管理层经营决策过程中的执业风险。该保险为管理层提供了法律和经济上的保护，在面临决策失误可能导致的索赔时，能够确保其个人资产不受影响。这种保障作用能够激励管理层以公司和股东利益最大化进行决策，改善公司治理水平。同时，董责险对管理层潜在财产损失的兜底作用，让其对创新活动中的固有风险有较高容忍度，这有助于管理层敢于尝试并推动企业自主创新。此外，董责险的存在还能够有效降低高管因执业风险导致的非正常离职率，为企业保留关键的人力资本，从而能有效地提高企业价值。

3.1.4　信息不对称理论

1.信息不对称理论的基本内涵

信息不对称理论是现代信息经济学的核心，为薪酬契约制定、企业融资、资本市场监管等方面提供了理论基础。该理论于 1963 年由肯尼斯·阿罗（Kenneth J. Arrow）首次提出，其后，乔治·阿克尔洛夫（George A. Akerlof）、约瑟夫·斯蒂格利茨（Joseph Stiglitz）和迈克尔·斯宾塞（A. Michael Spence）分别从商品交易、劳动力、金融市场领域进行了更为深入的探究。信息不对称理论的核心观点是，在市场经济活动中，与买方相比，卖方拥有更为详尽真实的商品信息。

2. 信息不对称理论的基本内容

信息不对称可以分为两类：一类称为逆向选择，是指由于事前信息不对称导致劣质物品驱逐优良物品，市场上仅剩下劣质物品。迈克尔·斯宾塞对劳动力市场的现象进行研究后认为，当交易双方存在较为严重的信息不对称时，信息优势方会通过向信息劣势方传递信息以减轻信息不对称程度。换句话说，信息优势方会主动发出信息信号缓解双方的信息不对称，试图能够以更加合理的价格来进行交易。约瑟夫·斯蒂格利茨通过对保险市场的现象进行研究，发现在保险市场中，参加交易的各方都尽其所能进行信息传递，以起到信息甄别作用。

另一类称为道德风险，主要指由于事后信息不对称的存在，交易双方中需要履行特定义务的一方倾向于利用自己的信息优势做出有损于另外一方的行为。针对事后信息不对称导致的道德风险问题，信息劣势方需要通过花费成本尽可能搜集信息或者强制要求交易其他方真实披露信息，或者尽可能缩小交易双方或者合作双方的利益目标函数，以此来缓解道德风险问题。

对于信息不对称问题的解决方案，最为直接的是企业管理层或知情交易者披露其所持有的私有信息。信息的公开披露使得投资者公平地接触相关信息，能够降低知情管理当局或投资者间的信息不对称程度（Diamond，1985；Bushman，1991；Lundholm，1991），并通过降低逆向选择和道德风险，降低权益资本成本（Barry and Brown，1985；Amihud and Mendelson，1986）。

3. 信息不对称理论与董责险

信息不对称是一个普遍存在的问题，投资者通常并不了解管理层是否尽职尽责地履行义务，当投资者的权益遭受损失时，为了维护自身利益往往要求管理层承担相应的责任，这引发了管理者对于董责险的需求。在投保过程中，保险公司无法获得被保险企业的内部信息，只能通过企业的对外报告来获取信息，由此也会产生保险市场上的信息不对称问题。例如，保险公司不能及时了解被保险人在投保后的行为，如果被保险人不按常规履行合同或故意出险，保险公司往往会承担高于正常概率的赔款。因此，为降低赔偿率，保险公司的专业人员会积极参与到投保企业的治理中，以求获取更多对自身有利的信息，从而有效地缓解彼此间的信息不对称。当保险公司发现投保企业存在一些经营问题，可能导致较高保险索赔的概率时，保险公司会通过加大监督力度、提高保费等措施维护自身利益。

此外，在信息不对称情况下，投资者可以根据公司向外界披露的信息来判断企业的经营状况和内部治理水平，从而在一定程度上缓解投资者与管理层间的信息不对称问题。一方面，从购买董责险行为的本身来看，上市公司对于是否购买董责险的选择是源自对当前发展环境和公司内部需求的判断。投资者可以从中推测公司未来生产经营过程中是否面临潜在的财务风险或诉讼风险，以确定公司的经营状况和风险状况。另一方面，由于在制定保单条款之前，保险公司会对投保企业进行详尽的调查，许多作为外部投资者无法获取的信息，都将在董责险保单的相关保险条款中有所体现，如保费、最高理赔额等。

3.2　文献回顾

早期关于董责险的讨论大多集中在保险学和法学领域，主要采用规范的研究方法讨论董责险制度建设、法律保障体系、保单设计等基本问题。随着国内外董责险研究的不断深入，一些经济学和管理学领域的学者开始关注董责险的经济后果，并借助大样本的数据进行实证检验。本章节首先回顾了国内外法学和保险学领域对董责险的研究，接着对经济学和管理学领域的相关文献进行综述。

3.2.1　法学和保险学领域

早期国外法学和保险学领域的学者主要探讨保险对象、保险范围、除外责任等内容。保险对象方面，Baker and Swedloff（2012）指出，董责险被保险人的范围完全取决于保险合同当事人的约定，董事长、常务董事、外部董事、董事会秘书、总经理、审计官、财务官等行使公司职责的人员都可以成为被保险人，此外，被保险人还可以被扩展到兼职、前任、继任的董事和高管。保险范围方面，Robert and Hamilton（1996）认为，在保单中一般通过背书扩充和列举使被保险人的范围得以扩展。此外，由于竞争激烈，保险公司也大多竞相改进保单用语或增加保险的覆盖面，而不是削减保费。除外责任方面，Robert and Hamilton（1996）指出，在美国，故意的不正当行为、不诚信行为、违反制定法的行为、获取个人利益的行为以及因诽谤罪遭到起诉引起的索赔都属于董责险不可承保的事项。

董责险在我国属于舶来品。在董责险的早期引入阶段，我国学者多从法律制度、发展环境、制约因素和保险因素等角度研究其在我国的适用性，具体如下。

首先，部分学者探讨了董责险产生的渊源与发展。虞铮（2008）指出，董责险最先被美国广泛采用，20 世纪 30 年代，美国《证券法》和《证券交易法》对证券的交易、公开发行和证券市场进行了规定和管制。这加大了美国上市公司董事和高管的执业风险，于是董责险应运而生并逐渐成为上市公司降低诉讼风险的主要工具。姚震乾（2013）则指出，相较于美国，中国董责险制度的发展历史相对较短。2002 年，中国证监会与国家经贸委联合颁布了《上市公司治理准则》，这一部门规章级法律文件的发布，标志着董责险在中国市场经济中的正式起步。然而，在中国保险市场中，董责险最初并未获得广泛的市场接受度。罗进辉等（2023）在其研究中提到，2021 年康美药业集体诉讼案的判决，标志着中国证券市场"轻罚"时代的终结，同时也预示着董事、监事及高级管理人员履职风险的显著提升。该案件不仅引发了独立董事的辞职潮，还催热了我国的董责险市场，使得我国上市公司对董责险的投保需求飙升。

其次，部分学者将我国和西方发达国家董责险的制度发展情况进行对比分析，并分别从法律制度及市场发展前景等角度指出我国发展董责险的可行性及未来展望。黄洁（2005）从制度和市场背景的角度将美国、加拿大等西方国家董责险的发展与我国董责险的发展进行比较分析，进而从法制、司法程序和公司制度三个角度讨论了我国存在的董责险制度发展的障碍，并针对这些障碍提出一系列改革和完善的方案；杨华柏（2009）从法律体系探讨了同为大陆法系的中国与德国责任保险与侵权法之间的动态关系，认为德国的责任保险与侵权法的分离原则同样适合中国董责险的发展环境，并在此基础上提出德国在侵权法和责任保险之间的互动关系所涉及的经验和教训对我国的借鉴；王立东（2010）基于董责险在我国的发展现状，全面、深度剖析其在我国面临的法律困境，提出若干改进建议，并提出我国采用强制性董责险制度的可行性。

最后，其他学者探讨了我国董责险发展的合理性及发展缓慢的成因。施建祥（2003）提出了我国发展董责险的现实意义和具体构想，其认为我国证券市场民事赔偿制度不健全问题及保险公司险种设计不合理问题是董责险在我国发展缓慢的主要原因；李函晟（2004）以我国第一份董责险合同为切入点，分析了合同的不足并提出了董责险未来发展面临的保险问题，指出董事的责任免除在条件、程序上应有明确的规定，而且应有严格的适用范围和限制条件，这样董责险与董事的责任免除机制才能各行其是，更好地保护董事及股东的利益；张尧天（2014）探讨了董责险在我国的可行性，认为目前我国尚未做好推行董责险的准备，也还有诸多方面需要进行调整、改良；杜泽宇（2017）认为我国在引进董责险时，需要对证券民事诉讼机制加以完善，通过合理设计董责险承保范围以及规定适度保费等方式充分发挥董责险的价值。

3.2.2　董事高管责任保险与企业会计行为

本部分聚焦于董责险的治理效应，主要关注董责险对企业会计行为的影响。根据对企业会计行为的分类，本部分回顾了董责险与企业盈余管理、会计稳健性、会计信息质量、财务重述、内部控制等主题相关的文献。

1. 董责险与企业盈余管理

盈余管理是现代会计研究的重要领域，一直以来都是会计学者关注的热点话题之一。盈余管理是指公司管理当局在会计准则要求范围内，通过各种手段对公司报告的盈余信息进行控制或调整，从而达到期望盈余水平以实现自身效用最大化的行为。传统的盈余管理研究主要包括应计盈余管理和真实盈余管理，其中应计盈余管理基于权责发生制原则，通过会计政策选择、应计项目调整和会计估计变更等方式来进行；真实盈余管理是通过改变企业真实生产经营活动来实现的。围绕两种盈余管理的方式，现有研究主要讨论了以下问题：

早期国内外学者围绕董责险对应计盈余管理的影响展开研究，却未形成一致的观点。一方面，部分研究认为董责险诱导了管理层的机会主义行为，尚未发挥对上市公司的治理作用。Chung and Wynn（2008）认为公司购买董责险降低了管理者的预期法律责任，不再使用保守的会计政策，加剧了盈余波动性，且在诉讼风险较高的法律体制下，该影响更明显；贾宁和梁楚楚（2013）研究发现，相对于未购买董责险的公司，购买董责险的公司具有更高的盈余管理程度，并且进一步发现，A＋H股交叉上市的公司中购买保险的具有更低的盈余管理程度，而仅发行 A 股的公司，购买保险的具有更高的盈余管理程度。另一方面，部分研究支持了董责险的外部监督效应。董盈厚等（2021）发现购买董责险能够提高盈余信息质量与强化企业外部监督，降低信息不对称和盈余管理行为。

近期国内有学者开始关注董责险对真实盈余管理的影响，证实了机会主义效应。方拥军等（2021）研究发现，董责险与真实盈余管理正相关，说明董责险助长了高管的机会主义行为，即董责险的兜底效应诱发高管更多的冒进行为，提高了企业风险承担水平，加强了真实盈余管理。

2. 董责险与企业会计稳健性

早在会计准则产生之前，奉行稳健主义已是有关会计盈余确认和计量的一项重要原则，它对会计实务和会计准则的制定都产生了较为深远的影响。会计稳健性不仅是高质量会计信息的重要特征之一，而且还具有契约作用和治理作用，是会计领域的研究热点。少部分研究表明，董责险能够发挥外部监督作用，提升企业的会计稳健性水平。凌士显（2019）通过实证研究认为，投保董责险可以大幅提升上市公司的会计稳健性，研究还发现当董责险引入的时间越长、保险的金额越高时，会计稳健性也会相应地越高。然而，大量研究发现董责险可能导致会计政策更不稳健，产生机会主义行为。Lin et al.（2013）研究发现，企业购买董责险后，董事高管个人的诉讼赔偿风险就转移到了保险公司身上，管理层更倾向于实施激进的会计政策，且董责险保额越高，企业实施的会计政策更为激进；Chi and Weng（2014）研究发现，当被相对较高额的董责险覆盖时，薪酬以股权激励为基础的管理层更可能采取机会主义会计策略；张横峰和熊怡璐（2021）以2010—2019 年我国 A 股上市公司为样本，发现上市公司购买董责险降低了企业会计稳健性，作用机制分析发现，董责险会加剧管理层的自利行为，从而影响会计稳健性。

3.董责险与企业会计信息质量

会计信息是企业价值运动及其属性的一种客观表达，高质量的会计信息不仅是企业内部管理决策的基础，还是企业进行外部沟通的前提。投保董责险相当于在传统的公司治理模式中引入了一种新的公司外部治理机制，其对企业会计信息质量产生何种影响，现有学者主要形成如下观点。

购买董责险可以为企业引入保险公司这一外部激励和监督机制，强化对高管的激励和监督，抑制高管的道德风险和逆向选择，从而缓解代理冲突，提高会计信息质量。Cao and Narayanamoorthy（2011）以美国上市公司数据开展研究，发现董责险与公司管理者的盈余预测质量存在正相关关系，当管理层的责任风险庇护程度更高时，他们对公司坏消息的盈余预测更加准确，且盈余预测的区间更小、预测发布时间也相对更快；Liao et al.（2022）研究发现，持有董责险保单或者保险额度较高的公司在进行季节性股票发行时，所面临的负面公告效应较小，且这一影响对董事持股比例较高但面临产品市场竞争的监督较弱的企业来说更为明显。国内的研究同样支持了管理层激励效应和外部监督效应。张十根和王信平（2021）认为董责险可以通过吸引和留住优秀的 CEO、抑制高管的短视行为以及提高企业内部控制质量、降低代理成本等路径提高会计信息质量；赵国宇和梁慧萍（2022）研究发现，认购董责险提高了信息披露质量，进一步降低了信息不对称程度，加大了对公司内部的监管力度；庄朋涛等（2023）研究发现，上市公司引入董责险后信息披露质量得到显著提升，说明董责险作为外部治理机制，能够发挥治理效应；许荣等（2023）研究发现，公司购买董责险能显著抑制高管减持。信息披露机制厘清了董责险能有效减弱高管的相对信息优势并抑制其出于自利性动机的减持行为；谢海娟等（2024）认为董责险对企业会计信息质量有治理效应，董责险会通过促进企业创新和提高内部控制质量对会计信息质量发挥治理效应，且在媒体关注度或盈利能力越高的企业中这种治理效应越好。

另一种观点认为，董责险可以转嫁高管面临的诉讼风险和民事赔偿责任，这可能会弱化法律机制的威慑和惩戒作用，诱发高管的道德风险和逆向选择，从而恶化代理冲突，降低公司治理水平，进而降低会计信息质量。Lin et al.（2011）研究表明，保险费用越高，保额越大，投保公司兼并、收购的行为越频繁，财务报告的质量越差；Basu and Liang（2019）对美国上市公司展开研究，认为降低独立董事诉讼风险的法律会使其对企业财务报告的监督减少，从而降低企业的会计信息质量。国内学者研究也发现了同样的结论，冯来强等（2017）以财务信息质量为切入点，研究表明，公司引入董责险之后其财务信息质量更低，投资者之间的分歧更大。

4.董责险与企业财务重述

财务重述是上市公司发现并纠正前期财务报告差错时，重新表述以前公布的财务报表的行为。一般而言，财务重述会给公司带来一系列负面影响，如导致市场价值下降、资本成本上升等。关于董责险对企业财务重述行为的影响，大部分学者研究认为董责险发挥了机会主义效应，增加了企业财务重述的概率。Chung and Wynn（2008）研究发现，公司购买董责险削弱了管理人员的自愿性信息披露的动机，影响了公司的财务报告质量，从而加剧了企业的财务重述；Cao and Narayanamoorthy（2014）分析美国公司购买董责险与财务重述的关系，发现在董责险的庇护作用下董监高更有可能进行财务重述，且董责险的保险金额越大，财务重述的行为越多。但也有少部分学者认为董责险提高了企业的会计信息质量，进而减少企业的财务重述行为。Yuan et al.（2016）认为保险公司的外部监督效应减少了投保企业的财务重述行为，且增加了企业社会责任报告的披露。

国内的研究也对此展开了一系列的讨论。袁蓉丽等（2018）研究发现，购买董责险可以降低财务报表重述，尤其是在监督机制较弱的公司里这种现象更为显著，支持了外部监督效应假说；吴锡皓和程逸力（2017）研究发现，董责险的兜底作用降低了法律对董事高管的威慑力度，能够激发管理层的机会主义动机，公司未来进行财务重述的概率上升，这表明董责险会对公司产生负面影响，支持机会主义效应。

5. 董责险与企业内部控制

高质量的内部控制是企业经营管理成功的重要手段和保证，也是衡量现代企业管理高效的重要标志性内容。对上市企业而言，高质量的内部控制不仅是上市公司的基本要求，也是反映投资者保护水平的关键指标。董责险作为一种新颖的外部治理机制，国内外学者对这一话题的讨论并未形成一致的研究结论。

一方面，部分学者发现购买董责险引入了保险公司的监督，保险人积极的监督意愿和专业的监督能力能够促进提升上市公司内部控制质量。Jia and Tang（2018）研究发现，董责险的外部监督效应有助于促进内部制度建设，且公司更容易聘请到有效代表股东利益的外部董事；Li et al.（2022）研究发现，企业认购董责险引入了保险公司监督，保险人积极的监督意愿和专业的监督能力能够促进提升上市公司内部控制质量，即董责险发挥了积极的外部公司治理效应。国内研究也发现了类似的结论。凌士显（2019）认为为最大限度地降低承保公司面临的赔偿风险，保险公司会密切关注上市公司的信息披露水平以及上市公司存在的内部控制缺陷，并且投保时间越长，内控质量越好；高挺等（2021）发现董责险通过改善企业的内部环境、风险评估、控制活动、信息与沟通以及内部监督五要素，显著提高了企业内部控制质量；李英等（2023）研究发现，上市公司购买董责险有利于提高内部控制质量，进而减轻了审计延迟，提高了审计效率。

另一方面，也有研究发现董责险的引入不仅弱化了董事会的监督效果，也降低了股东诉讼对管理层的监督惩罚效应。董责险的存在分担了股东诉讼与理赔过程对管理层的财务惩罚，在这种情况下，管理层更有动机去谋取私利，甚至发生舞弊行为，从而降低了企业的内部控制质量。Weng et al.（2017）研究发现，在董责险的庇护下，董事高管在制定企业战略和做出具体决策时，只考虑决策结果是否对其有利，他们会向内部控制施压，从而降低了内控机制预防或监测与财务报告相关的重大缺陷的效率，降低了企业的内部控制质量；Chen and Keung（2018）发现董责险保险金额越高的公司，内部控制薄弱的可能性越大，验证了董责险的机会主义效应。

3.2.3　董事高管责任保险与企业财务决策

本部分围绕企业的具体财务行为，着重讨论董责险对企业融资决策、投资决策和分配行为的影响。

1. 董责险与企业融资决策

一般而言，企业外部融资包括股权融资和债务融资。所谓股权融资是指企业的股东愿意让出部分企业所有权，通过企业增资的方式引进新股东的融资方式。关于董责险作为一种独特的外部监督机制，已有学者主要形成了以下观点：袁蓉丽等（2019）发现在我国资源配置由政府干预、投资者保护意识不足、市场监督机制薄弱这一背景下，董责险对增发费用的影响会由于会计信息质量的提高显著下降。也有部分研究证实，由于董责险的兜底作用，管理层谋取私利的活动增加，导致权益资本成本的提高。冯来强等（2017）研究发现，购买董责险的公司财务信息质量更低、资本市场信息不对称程度更高、投资者分歧更大，进而会增加公司的权益资本成本。而国外关于董责险与企业权益融资成本的研究，主要支持了机会主义的观点。Griffith（2006）研究发现，公司治理能力越差，支付的董责险保费越高，且董责险覆盖率与股东权益成本正相关；Chen et al.（2016）以加拿大2007—2009年非金融类上市公司为样本，发现具有较高董责险覆盖率的公司股权融资成本更高；陈华等（2023）实证探究了公司购买董责险的行为与其权益资本成本之间的关系，结果显示，公司的权益资本成本将随着公司购买董责险行为的发生而降低。

债权融资是指企业通过借债的方式进行融资，债权融资获得的资金，企业承担还本付息的义务。理论研究中，对债权融资讨论最多的是融资成本问题，关于董责险与企业债权融资成本的相关研究主要形成了以下两类观点。

一方面，购买董责险的外部监督效应有利于降低信息不对称和代理成本，进而降低债务融资成本。Tsai et al.（2017）发现董责险覆盖率与债务成本负相关，说明董责险对企业具有监督作用；陈振宇（2021）研究发现，董责险与企业过度负债存在显著的负相关关系，表明购买董责险的企业过度负债率更低。

另一方面，董责险的庇护作用使得管理层能够没有后顾之忧地实施机会主义行为，加剧道德风险和信息不对称程度，进而增加债务融资成本。Lin et al.（2013）以银行贷款为突破口，研究发现，贷款人认为董责险增加了信息不对称程度，投保企业的信贷风险增大，因此购买董责险的公司面临着更高的债务融资成本；赖黎等（2019）表明引入董责险之后公司的短期贷款和长期投资增加，董责险并没有发挥积极的治理效用；王禹等（2024）认为，当管理层权力较大、投资者保护较差或财务风险较高时，董责险对债券发行定价的影响更强。

此外，认购董责险后，债权人减少了公司治理类企业契约条款的使用，但会设置更多的投融资类和期权类契约条款限制企业风险战略行为，保护自身权益。

2.董责险与企业投资决策

投资活动不仅是维持企业再生产的基础，而且是企业扩大再生产的必要条件。投资决策是企业所有决策中最为关键、最为重要的一环，一旦投资失误往往会使企业陷入困境，甚至破产。本书主要梳理了董责险对企业投资效率、企业并购以及企业创新活动影响的相关文献。

（1）董责险与企业投资效率。关于董责险与企业投资效率的研究，主要形成了以下观点。

一种观点认为，董责险能够发挥激励和监督效应，提升企业的投资水平和投资效率。李沁洋等（2018）从财务弹性角度，发现董责险能够减弱财务弹性与企业过度投资之间的正相关关系，也可以增强财务弹性对投资不足的抑制作用，进而提高投资效率，这说明董责险发挥了较好的治理作用；赵杨（2018）从审计师选择角度研究发现，选择购买董责险的上市公司会面临更为严格的审计监督，从而可以有效减少其非效率投资行为；彭韶兵等（2018）针对董责险的合同条款，发现董责险可借助其合同条款内容发挥激励效应与监督效应，继而缓解代理冲突，提升企业投资效率；方军雄和秦璇（2018）以高风险创新投资决策为突破口，认为公司认购董责险可以提升董事高管的投资决策效率，进而提升公司价值；Li and Chen（2020）研究发现，企业购买董责险引入了保险公司的监督，有利于缓解企业过度投资行为；Li et al.（2022）研究发现，董责险能够充当上市公司的一项监督机制，在对董事高管的执业风险进行庇护的同时，对上市公司董事高管进行监督，以降低因他们的过失行为对利益相关者造成的损失，进而缓解企业的投资不足行为；强国令等（2023）研究发现，企业投保董责险能够鼓励管理者积极进取，提升企业投资效率，优化资源配置结构；王天韵等（2023）基于中国 A 股上市公司海外子公司规模数据和海外子公司绩效数据分析了董责险对企业对外直接投资的影响，研究结果表明，董责险扩大了企业对外投资规模，表现为海外子公司数量的显著增加；Wang et al.（2023）利用 2002—2020 年中国上市公司的数据，发现董责险起到了监督作用，因为购买董责险可以减少过度投资。

另一种观点主要围绕管理层理性人假设展开，认为董责险有可能引起管理层的机会主义行为，降低管理层工作的积极性，降低企业投资效率。Li and Liao（2014）研究发现，董责险会影响公司的投资决策，其覆盖程度与过度投资呈正相关，但较好的公司治理机制有助于减轻董责险造成的效率低下问题；Chen et al.（2015）研究发现，与未购买董责险的企业相比，购买董责险的企业在拥有自由现金流的情况下投资更多，非效率投资程度加剧；Chan et al.（2019）的研究同样佐证了董责险会引发机会主义行为，他们在董责险与投资现金流敏感性的研究中发现，在具有相同现金流水平的条件下，购买了董责险的公司更易出现过度投资行为；Wang et al.（2022）研究发现，购买董责险会诱发管理层构建商业帝国的倾向，进而降低投资效率，不利于公司的发展；Chiang and Chang（2022）研究发现，企业经营者有动机将公司资源投向某些并不理想的投资项目，从而获取个人利益，而董责险的兜底作用更是加剧了这一机会主义行为，最终带来的结果是企业的过度投资水平增加。

（2）董责险与企业并购行为。并购是企业重要的财务决策活动，也是企业发展壮大的重要手段。已有研究基于代理成本理论认为，企业高管在公司并购事件中会为了谋取更多私有收益的增加，或者为了构建商业帝国，积极推动公司发生并购行为。董责险作为一种保护公司董事及高管和改善公司治理效力的重要工具，已经成为公司治理机制和风险对冲的主要手段之一。理论上，引入董责险可能会对企业并购行为产生两方面影响：一方面，董责险的外部监督作用抑制了管理层基于机会主义性质的并购行为；另一方面，董责险的风险兜底作用降低了法律的威慑效果，诱发了管理层更多并购行为以获取私有收益。通过对文献的梳理，本部分主要关注以下两个角度。

一是董责险与企业并购行为。许荣和王杰（2012）认为购买董责险可以起到改善公司治理水平的作用，抑制公司的机会主义行为。由此，管理层在进行并购决策时就会更理性，并且持更加谨慎的态度，进而提高企业的并购决策质量，缓解高管因谋取私有收益而积极推动公司发生并购行为，这在一定程度上支持了董责险的外部监督效应假说。Meng et al. (2023) 研究发现，购买董责险的公司进行并购的可能性较低。然而，Chen et al. (2016) 得出了相反的结论，其认为企业购买董责险加剧了公司高管为了获得更多私有收益推动公司发生并购行为，支持了机会主义效应。

二是董责险与并购绩效。张文杰（2017）从董责险的管理层激励效应假说展开研究，发现董责险能够促进董事及高管更加积极地履行职责，进而认购董责险能够提高企业并购绩效，此外，其还发现，与非相关并购相比，在进行相关并购的企业中，董责险对企业并购绩效的提升作用更加明显，与现金支付相比，在使用股票支付的企业中，董责险对企业并购绩效的提升作用更加明显。然而，部分学者发现购买董责险的公司在并购后的业绩并没有预料的那样好，支持了机会主义效应。Lin et al. (2011) 研究发现，上市公司购买董责险与并购绩效负相关，这是由于购买董责险后，管理层疏忽大意，做出了不合理的并购行为，且董责险的保费越高，投保公司的收购和并购行为越频繁，财务情况越差，这说明董责险的认购加剧了机会主义行为；宋文欣（2021）从并购商誉视角出发，发现董责险与企业并购商誉之间存在着显著的负相关关系，即购买董责险可以降低并购商誉的规模；Meng et al. (2023) 研究发现，拥有董责险承保经理的公司不太可能参与破坏价值的收购。此外，由于其经理人受到董责险的保障，收购公司的投标溢价更低，市场表现更好，事后经营业绩更好。

（3）董责险与企业创新。自主创新是形成企业核心竞争力的关键要素，对微观企业发展和宏观经济增长都有重要影响。同时，由于创新投入到产出的过程具有高成本、长期性和不确定性等特征，企业自主创新同样存在较大的机会成本和失败风险。在两权分离的代理机制下，企业经营决策主要由管理者制定实施，但由于人力资本的专用性，管理者出于对职业规划、财产风险和声誉担忧等考虑，往往更倾向于风险规避的短视行为。董责险作为一种新的外部监督和激励机制，能否对企业创新产生显著影响？现有研究主要形成了以下两种观点。

一种观点认为，董责险对管理层的激励效应提升了管理者的风险容忍度，提升了企业创新水平。凌士显和白锐锋（2018）将创新分为研发投入、专利产出以及创新效率三个维度，综合考虑了董责险对企业创新的影响，发现董责险不仅没有加剧企业的机会主义行为，反而将风险转移到保险公司，大大降低管理层的决策风险和履职压力，提高管理层工作的积极性，从而促进公司治理与企业创新，提高了企业的专利产出水平和创新效率，即董责险具有创新激励效应；李从刚和许荣（2020）研究表明，董责险主要通过风险承担渠道和管理效率渠道对企业创新产生作用，且董责险的激励效果和对企业创新的促进作用因投资者保护程度以及公司面临诉讼风险的差异存在不同；周冬华等（2022）研究发现，董责险能够显著提升企业风险承担水平，从而提升企业的创新能力；Core（1997）研究发现，购买董责险能够降低管理者风险厌恶倾向，免去高管履职中的后顾之忧，使其充分发挥才能，促进企业创新；Wang et al.（2020）研究发现，董责险可以提高经理风险容忍度，与公司创新呈正相关关系，进一步分析发现，在法律环境较好、高管为男性、外部监管力度较强的企业中，董责险对企业创新的影响更为显著；Jw et al.（2020）研究也发现购买董责险对公司创新有明显的促进作用；Shi et al.（2023）研究发现，聘用技术独立董事有利于促进研发投入，而购买董责险可以加强技术独立董事对研发投入的促进作用，其机制是董责险提高了技术独立董事的风险承担水平，增强了其履行受托责任的勤勉程度，从而产生激励效应。

另一种观点认为，董责险对管理层的外部监督效应促使管理者积极履职，提升了企业创新水平。施卫忠（2004）研究发现，董责险可以进行有效的外部监督，避免管理层会为了自己的利益与股东的利益背道而驰，违背股东利益最大化的目标；翟淑萍等（2020）研究发现，董责险能够通过容错和监督两种机制显著提高企业创新效率，为董责险在企业中发挥积极治理作用提供了经验证据；赵国宇和梁慧萍（2022）也发现，保险公司具有监督企业决策者行为的动机和能力，进而认购董责险能够正向影响企业创新，且可通过降低融资约束和信贷寻租来促进企业创新；刘永丽等（2023）研究发现，董责险对企业创新持续性具有促进作用，然而，随着管理者权力增大，董责险对创新持续性的正向作用有所减弱。

3. 董责险与企业分配行为

分配活动是投资者共享企业收益的过程，其中主要的内容是对企业股利政策的研究。股利政策指公司对其收益进行分配或留存以用于再投资的策略，股利政策相当于企业价值、自由现金流与股东财富三者之间的桥梁，将三者有机联系在一起。现有研究发现，股利支付可以起到约束和监督企业的作用，随着股利支付的上升，代理成本会随之下降。董责险作为一项重要的公司治理机制，国内外学者有探讨其对股利支付的影响。Chen et al.（2012）研究发现，相比未购买董责险的公司，购买董责险的公司倾向于给管理层发放更多的薪酬，并且发放更多的现金股利；白锐锋和凌士显（2018）以 2009—2015 年我国沪深上市公司中购买董责险的公司为研究对象，实证检验了购买董责险对上市公司现金股利行为的影响，发现董责险能够显著提升上市公司派现意愿和派现水平，同时能够显著降低"微股利"公司比率，但在不同治理环境下，董责险对现金股利行为的影响存在差异，主要体现在：对治理水平低的上市公司，董责险能够显著提升其派现意愿；而对治理水平高的上市公司则能够显著提升其派现水平。

3.2.4 董事高管责任保险与公司治理

1. 董责险与代理成本

西方传统委托代理理论是由 Jensen and Meckling（1976）等提出的，而后又得到了众多的经济学家和公司治理专家的扩充和发展，是一种较为成熟的公司治理问题分析框架。在众多公司治理问题中，委托代理问题一直是研究的热点问题。国内外也有较多学者研究董责险对代理问题的影响，主要有以下两类观点。

外部监督说认为，董责险是一种积极有效的外部治理机制，能够激发董事高管的工作激情，降低公司代理成本，提升公司经营绩效和价值。Holderness（1990）、Romano（1990）、Core et al.（2000）等研究认为保险公司在与投保公司签署投保合同之前，为了降低赔偿风险，会对公司的投保资质、经营状况、财务与经营风险、管理层履职情况、现行和潜在诉讼风险等多方面进行评估调查，以决定是否接受公司投保以及保费数额、合同具体条款，同时，在投保期间，保险公司会定期监督公司的经营状况以及管理层的履职行为，这降低了第一类代理成本（即委托人的监督成本），提升了公司的治理水平；Griffith（2006）研究表明，董责险能够有效降低上市公司的代理成本，是一种有效的治理机制，发挥了激励效应和外部监督效应；Boyer（2014）认为董责险可以抑制董事高管的自利行为，缓解代理问题，促使管理层与股东目标趋同，有助于管理层更积极有效地工作和决策，更好地维护股东利益；李从刚和许荣（2020）研究发现，董责险与公司违规倾向呈显著负相关，公司购买董责险后，违规行为被发现并审查的可能性提升，公司的第一类代理成本有所降低；Wang et al.（2023）认为，购买董责险可以引入监事来降低所有者缺位带来的代理成本，且董责险在公司治理中的作用变得越来越重要；何海洋（2024）认为，董责险能够发挥监督效应和激励效应，通过降低代理成本和抑制管理层短视，进而提高 MD&A 信息含量；文雯等（2024）研究发现，董责险对上市公司异常停牌的概率与总时长有显著的抑制作用，这种负向影响主要体现为提高企业信息透明度、缓解代理问题以及增加外部关注等。

　　机会主义说则认为，董责险大大降低董事高管面临的职业责任、弱化法律机制的威慑和惩戒职能，从而可能激发董事高管或大股东的机会主义行为和道德风险，进而恶化委托代理问题。Zeng（2017）认为董责险增加了高管货币性私有收益，使高管的薪酬业绩敏感性降低，代理问题更为严重，公司代理成本增加；Wang and Chen（2016）的研究也支持了机会主义效应，发现董责险会引发高管自利行为，降低业绩薪酬敏感性，加剧委托代理问题；董延安等（2024）研究发现，购买董责险会提高公司代理成本。

2.董责险与公司违规

公司违规严重打击了投资者信心，降低了资本市场效率。防范上市公司违规行为对切实保护投资者合法利益、维护资本市场健康发展至关重要。董责险作为一种重要的外部治理机制，近年来国内也有学者研究其对公司违规行为的影响，大都支持了董责险显著降低公司违规行为的观点，符合监督效应假说。李从刚和许荣（2020）研究发现，上市公司购买董责险，使得保险公司能够通过承保前的全面评估、承保后的保险契约条款约束，显著降低公司违规的概率；雷啸等（2020）以我国2007—2017年上市公司为研究对象，发现上市公司购买董责险能够降低企业的信息不对称风险，显著抑制了公司的违规行为。

3.2.5 董事高管责任保险与企业风险管理

企业风险包括外部风险和内部风险，外部风险包括法律风险、政治风险等，内部风险包括战略风险、财务风险、经营风险等。本部分主要梳理董责险对企业经营风险、财务风险、诉讼风险及股价崩盘风险的影响。

1.董责险与企业经营风险

从国内外现有文献来看，董责险对公司风险的影响主要支持机会主义效应。Boyer and Tennyson（2015）以加拿大的上市公司为研究对象，得出了公司购买董责险增加公司经营风险的结论，其认为董责险使管理者免于外部人诉讼风险，降低了法律震慑效果，可能诱发管理者潜在的道德风险，从而增加企业风险，验证了董责险的机会主义效应；赖黎等（2019）指出由于目前我国的法律环境较差，董责险为管理者的决策行为进行兜底，导致其做出了更多的短贷长投决策，增加了公司的经营风险。

2. 董责险与企业财务风险

近年来，部分规模庞大、业绩优异、高速成长的企业在一夜之间倒闭，轰动性的公司丑闻接连不断，远如巴林银行、大宇、安然及世通，近如雷曼兄弟、美林等。董责险作为一种特殊职业保险，素有"将军头盔"之称，旨在保障投保公司董事、监事与高管履行管理职责时的个人利益，改变其职位固守和管理防御等过度规避风险的行为，进而维护股东的利益。然而，国内外学者研究董责险与企业财务困境风险的关系时产生了不同的观点。

基于监督效应的研究认为，董责险能够抑制管理层高风险决策，从而降低企业的财务困境风险。Core（1997）研究发现，公司购买董责险显著降低了破产风险，董责险的监督效应发挥了重要作用；Zou and Adams（2008）也得出了类似的结论，即董责险的购买降低了企业面临财务困境和破产风险的可能性；Chung et al.（2015）研究发现，董责险对投保公司的监督作用效果明显，能显著降低投保公司的破产风险，保险公司可以发挥积极的监督作用，改善投保企业的治理效率，进而降低企业的财务困境风险。

基于机会主义观点的研究认为，董责险可能增加管理层的投机行为。由于董责险转移了管理者的部分法律责任，减弱了法律的威慑作用和管理者的自我约束力，随之增加管理者潜在的道德风险，诱发投机行为，进而增加企业的财务困境风险。Zou（2013）研究发现，购买董责险向外界传达了机会主义的信号，会提高贷款成本，增加了企业面临的财务困境风险。

3. 董责险与企业诉讼风险

当前，投资者保护制度日益完善，法律制度日渐健全，企业面临的潜在诉讼风险更大，那么企业引入董责险作为其治理机制的一部分，究竟是使监督机制更加完善从而降低了企业诉讼风险，还是为管理层机会主义动机提供契机、助长了诉讼风险呢？一方面，董责险将风险转移给了保险公司，由于保险公司无法参与企业的收益分红，却要承担相应的投资损失和诉讼风险，这种收益的非对称性使得保险公司有动机对企业风险状况进行考评，并监督企业董责险的使用情况，降低企业的诉讼风险。Huang et al.（2021）发现在小规模和低账面市场占有率的事务所中，诉讼风险与保险购买之间存在负相关关系；Qu et al.（2024）基于对中国上市公司的抽样调查，发现董责险会降低诉讼风险。另一方面，董责险的购买又会为管理层的机会主义行为提供契机，那些购买董责险的企业的高管更可能会侵犯企业外部利益相关者的利益，企业股东及其利益相关者也更可能会对管理层的不法行为提起诉讼。Gillan and Panasian（2015）对 350 家加拿大大型上市公司进行实证研究，从法律诉讼角度对管理层的机会主义假说进行了验证，发现公司购买董责险降低了管理层的勤勉度和审慎性，更容易出现管理失误，增加了公司的诉讼风险，且董责险保额越高，公司诉讼风险越大；Huang（2022）利用非金融类上市公司面板数据，发现购买董责险可能诱发董事和高管的机会主义甚至道德风险行为，从而增加公司违约风险，进而提高了诉讼风险；罗进辉（2023）基于我国集体诉讼第一案——康美药业集体诉讼案冲击的视角，从独立董事对履职风险感知后的主动辞职行为出发，研究发现，在康美药业集体诉讼案引起的独立董事辞职潮中，董责险显著提高了独立董事的辞职概率，这意味着独立董事感知到了董责险的负面治理效应，在进行利弊权衡后选择主动提出辞职。

4.董责险与企业股价崩盘风险

股价崩盘严重损害投资者利益并阻碍股票市场健康发展，探寻抑制股价崩盘风险的手段成为当前公司治理与企业财务领域关注的热点问题。董责险作为特殊的风险分散工具，在缓解代理冲突、监督高管行为与维护股东权益等方面扮演着重要角色。国内外学者基于董责险公司治理效应的研究主要形成以下两种观点。

一方面，上市公司购买董责险引入保险公司对公司高管的行为进行约束与监督，可以有效抑制其利己行为，从而抑制了股价崩盘风险。Yuan et al.（2016）以股价未来的崩盘风险为研究对象，发现董责险具有外部监督作用，能够显著降低信息不对称程度，降低股价未来的崩盘风险，且公司的内外部监督机制能够弱化董责险对股价崩盘风险的影响；张春鹏等（2022）研究发现，董责险发挥了股价稳定效应，降低了公司未来的股价崩盘风险，机制研究表明董责险通过提升信息质量来降低股价崩盘风险；李子阳等（2023）认为，董责险可以降低高层管理人员离职异常导致的股价崩盘风险，研究结果加深了我们对高层管理人员异常离职和董责险关系的理解。

另一方面，董责险给予高管过分的庇护使其脱离股东诉讼的威胁并更容易实施个人利己主义行为，同时董责险也有可能沦为企业股东用以刺激短期股价谋取投机收益的工具，便于企业隐藏对其不利的消息，从而加剧了股价崩盘风险。O'Sullivan（2002）用伦敦交易所 386 家公司为样本，探讨影响英国大型上市公司为董事和高管购买责任保险的因素，研究表明，投保公司的规模比较大，管理者持股比率也较低，面临较多的股价波动风险，也更容易受到诉讼的威胁；Boyer and Stern（2014）也得出了类似的结论，在董责险额度较高的情况下，公司 IPO 一年之后的股票收益是下降的；Boubakri and Bouslimi（2016）研究发现，上市公司购买董责险对 IPO 后的股价表现具有负面影响，他们认为是公司购买董责险的行为向资本市场传递了消极信号，使得股票收益率显著下降。

3.2.6　董事高管责任保险与企业战略选择

企业战略是一种从全局考虑谋划实现整体目标的规划，是企业所有决策中最为重要的决策，战略决策失误可能会导致一个企业陷入困境甚至破产。战略作为企业行为的指导思想，包括企业的发展目标和长期经营计划，战略虽着眼于未来，但也立足于当下，表现为企业行为的方方面面。企业战略选择一直是管理领域研究的热点问题，国内外已有的关于董责险与企业战略选择的相关研究主要围绕以下三个方面。

第一，董责险通过提高管理层的风险容忍度和履职能力，进而影响企业的战略选择。支持该观点的学者认为，管理层一般有风险规避倾向，可能出于声誉和职业生涯考虑放弃那些风险较高但净现值为正的投资项目，损害公司价值。而董责险最基本的作用就在于分散风险，将管理层潜在的诉讼风险转移给第三方承保人，从而提高管理层的执业积极性和创新动力，降低高管的经营和法律风险，因此能够完善管理层风险对冲机制，提高企业风险承担水平，激励管理层把握投资机会、做出适当的风险战略决策。唐雪松等（2021）研究发现，董责险可以显著提升企业的国际化水平，机制分析结果表明董责险通过抑制高管的风险厌恶倾向以及提高公司风险承担能力，提升企业的国际化水平；Tang et al.（2021）研究发现，购买董责险可以通过抑制高管的风险规避倾向，提高企业风险承担能力，从而促进企业实施国际化战略；荆春棋等（2024）研究发现企业购买董责险有助于促进其多元化战略的实施，提高企业多元化水平。同时，企业购买董责险还能提升独立董事履职水平，而独立董事履职水平在提升企业多元化战略水平的进程中发挥了中介效应。

　　第二，董责险通过引入保险公司的监督，从而降低管理层的战略激进度。支持该观点的学者认为，采取激进战略的企业新产品研发与新市场开拓程度较大，在获得高收益的同时也面临着较高的风险。在投保企业采取激进战略的情况下，保险公司为避免董事和高管因战略失误而导致的诉讼风险，有动机对企业采取的激进战略进行监督，其会通过多种方式发挥外部监督作用，提高企业采取激进战略的成本，从而降低企业采取激进战略的可能性。潘晓影和张长海（2016）认为，董责险将利益非对称的保险公司引入研究，董事高管为了个人利益进行多元化战略时，保险公司的外部监督效应会强于个人的机会主义，从而抑制企业多元化战略；袁蓉丽等（2021）指出购买董责险能够降低企业战略激进度，且在媒体关注度较低和机构投资者持股比例较低的公司中，董责险对企业战略激进度的影响更为显著。

　　第三，董责险会诱发更多的机会主义行为，进而作用于企业战略。支持该观点的学者认为，董责险可能产生自利效应，减少管理层因自身的不当行为而带来的诉讼风险和经济损失，降低管理层实施自利行为的机会成本，改变其以往小心谨慎的投资原则，从而诱发更多的风险投资和价值偏离决策，损害企业的长远健康发展。Chi et al. (2012) 从公司多元化经营的角度进行研究，发现董责险加速了投保公司的多元化尤其是非相关多元化，但这种多元化并非基于风险分散的考虑，更多在于追求私人利益最大化；邢斐和周泰云（2020）认为企业购买董责险后，企业的战略激进度会增加，因为董事高管的风险投资行为通过企业的风险承担水平提高以及融资约束的缓解而增多，加剧了董事高管的道德风险和自利行为，进而导致了激进的公司战略。

3.2.7　董事高管责任保险与利益相关者行为

董责险的公司治理效应会对利益相关者的风险偏好和决策行为产生影响。本章节基于利益相关者的角度，选择债权人、资本市场、审计师等利益相关方，主要回顾董责险对银行信贷决策、投资者利益保护、分析师决策及审计行为的影响。

1. 董责险与银行信贷决策

信贷决策是在对贷款项目及借款企业全面综合评价的基础上进行的，银行信贷决策是商业银行经营管理的核心问题。国内外基于董责险与银行决策的研究，主要形成了以下观点。

一方面，部分学者指出董责险引入保险公司的监督，为了降低赔偿概率，保险公司在承保前会对投保企业进行信用评级，并在接保之后根据信用评级结果进行不同程度的监督，确保投保企业的董事和高管按照股东利益行事，因此董责险可以起到强化外部监督的作用，银行也因此会实行较为宽松的信贷决策，这部分学者支持了董责险的外部监督效应假说。牛云霞（2018）研究发现，董责险与企业债务融资水平和债务期限结构正相关，可以提升企业债务融资水平，使企业更容易获得长期借款；赵国宇和梁慧萍（2022）研究发现，认购董责险提高了企业的信贷资源获取能力，具体表现为银行会主动提供更多的长期贷款和减少短期贷款的供给，且上述关系在民营企业中更明显；Li et al.（2022）研究发现，董责险可以通过提升内部控制水平、强化外部监督、降低信息不对称程度和降低违约风险等渠道降低信用利差；汪梦佳（2023）研究发现，购买董责险后企业会降低银行的抵押贷款比例，可对债务结构优化产生积极的影响，从而有效降低融资成本。

另一方面，部分研究也支持了董责险的机会主义效应，其认为董责险的购买降低了法律的威慑效果，董事和高管的决策行为更倾向于投机性，进而助长了公司管理者各种机会主义行为。如果银行察觉到董责险会加剧债务企业的机会主义行径、进而推高其收债风险，那么它们在放贷之前将采取相应防范措施，譬如压缩信贷规模或者抬高放贷门槛。吴锡皓等（2016）研究指出，企业购买董责险后，银行会降低其信贷规模，因为董责险的投保公司向外界传递了机会主义信号；Lin et al.（2013）以银行贷款为突破口，发现上市公司购买董责险提高了银行的贷款利差，但是如果公司存在有效的监督机制，可以降低董责险对贷款利差的影响，主要是因为董责险的庇护作用使得管理层能够没有后顾之忧地实施机会主义行为。

2. 董责险与投资者利益保护

一直以来，都有较多学者关注董责险对投资者利益保护的影响，研究结论大多验证了董责险有利于保护投资者利益，支持了外部监督效应观点。Romano（1990）较早提出了董责险最大限度保护公司的所有者，董责险的最大受益者是企业所有者，而非职业经理人，它可以抑制董事高管的自利行为，促使管理层与股东目标趋同，缓解代理问题，有助于管理层更积极有效地工作和决策，更好地维护股东利益；Romano（1991）、Priest（1987）和 Gutierrez（2003）研究发现，通过引入董责险，利用保险把管理者的利益和公司利益进行绑定，可以达到让董事和高管更积极地去履行忠诚和勤勉义务的作用，进而也就减少了董事高管因为工作疏忽或者行为不当给公司带来的损失的概率，起到保护股东利益的效果；Boyer and Stern（2014）发现引入董责险后，保险公司的介入不仅保护了公司管理者的个人财富，更为重要的是对股东的权益也起到了保护作用，在一定程度上支撑了外部监督假说；李俊成和唐国梅（2016）研究发现，董责险有助于鼓励独立董事公正客观地行使监督职能，减少上市公司违规和大股东侵占行为的发生；Donelson et al.（2018）认为董责险具有信号机制的作用，更高的赔付率意味着更高的风险，高额的赔付率意味着投保公司会受到投资者以及社会外界更多的关注，从侧面监督公司董事和高管，避免出现错误以及纰漏，从而保护投资者利益；贾莹丹等（2023）发现，董责险的购买显著降低了管理者运用债券限制性契约条款的数量，作用机理检验发现，购买董责险的公司，企业风险承担水平、经业绩调整后的非预期盈余和信息不对称程度均显著更低，这一结果表明，董责险的引入改善了公司治理，使得管理者在与债券投资者的契约谈判中得以运用更少的债券限制性条款。

3.董责险与分析师决策

分析师作为资本市场中主要的财务信息使用者与传递者，通过收集上市公司信息，利用其自身较高的专业知识水平，对公司及其所在行业进行深入分析，最终以研究报告的形式对公司盈余做出预测，并给出投资评级。无论是在西方成熟的资本市场，还是我国这样的新兴资本市场，分析师都已成为资本市场不可或缺的重要部分。Boubakri and Bouslimi（2016）研究了董责险的购买是否包含定价信息，发现购买董责险是诉讼风险和代理成本增加的信号，在股票发行时，分析师对购买保险的公司的未来收益不那么乐观，且分析师对扩大投保范围的投保公司的乐观程度更低；Chen et al.（2016）通过使用加拿大的董责险数据，发现董责险与市场风险暴露呈正相关，具体而言，董责险覆盖率与股价隐含的事前股权成本、分析师盈余预测误差和分析师盈余预测离散度正相关。上述研究均支持了董责险的机会主义效应。

4.董责险与审计行为

会计师事务所审计是我国市场经济信息机制、监督体系以及国家治理能力现代化建设的重要支撑，在促进提高企业会计信息质量、维护市场经济秩序等方面发挥重要作用。关于董责险与企业审计行为，现有研究主要关注审计质量、审计收费、审计需求等主题，证实董责险的外部监督和机会主义两种治理效应。

董责险对企业审计行为影响的外部监督效应主要有以下观点：杨瑞鸣（2021）发现董责险会产生外部监督作用，从而提高会计信息披露质量，降低盈余管理程度进而降低审计费用；于亚洁等（2022）研究发现，相较于其他外部监督者，董责险的治理效应贯穿于全过程，通过风险评估量化投保企业的保险费用，提供更专业更有效的外部监督，减少审计意见购买行为；李英等（2023）研究发现，上市公司购买董责险，提高了内部控制质量，进而降低了审计延迟，提高了审计效率；董延安等（2024）研究发现，购买董责险会提高代理成本，进而促使审计师积极履职，降低关键审计事项文本相似度。

董责险对企业审计行为影响的机会主义效应主要有以下观点：袁蓉丽等（2018）研究发现，上市公司购买董责险导致管理层的机会主义行为增加，代理成本提高，注册会计师为了降低财务报表审计风险，收取了较高的审计费用；曾春华和李源（2018）研究发现，公司购买董责险会导致公司的审计费用增加，作用机制是公司购买董责险增大了企业面临的诉讼风险从而影响审计费用，且公司所处的市场化环境不同，董责险对审计费用的影响也不同，当公司所处环境的市场化程度较低时，董责险对审计费用的影响更大；Chung et al.（2015）使用加拿大公司样本，考察购买董责险对审计费用的影响，其认为购买董责险会增加管理层的机会主义行为，因此会计师事务所会倾向于增加审计费用。

3.2.8 董事高管责任保险的企业价值效应

企业财务决策的目标是企业价值最大化，本部分回顾了董责险对企业价值的影响。国内外现有关于董责险的企业价值效应的相关文献主要围绕以下三个方面展开。

第一，董责险具有激励效应。其对董事高管赔偿责任的承担实质上形成了对其财务风险的"兜底"，减少了管理者经营决策过程中的后顾之忧，有利于激励管理层更好地履职，且更易吸引优秀的人才，进而提升公司价值。Gutierrez（2003）认为，董责险降低了管理层的执业风险、风险厌恶程度，激发其履职积极性，使管理者更少拒绝一些风险较高但具有价值的项目，提升了公司价值，验证了管理层激励效应假说；Adams et al.（2011）根据美国资本市场上的公司数据实证研究发现，董责险与管理层薪酬存在一定的替代效应，也就是说董责险具有管理层激励效应，有助于吸引高素质管理人才，激励管理层提高公司治理水平和公司价值；Hwang and Kim（2018）认为，董责险降低了管理层的执业风险与风险厌恶程度，激发其履职积极性，使管理者更少拒绝一些风险较高但具有价值的项目，提升了公司价值；赵杨等（2014）研究发现，上市公司购买董责险，降低了董事高管的后顾之忧，为其提供了施展才华的平台，显著提升了公司价值；方军雄和秦璇（2018）研究发现，购买董责险有助于减少高管决策时的后顾之忧并改善企业创新决策，进而提升企业价值。

第二，董责险具有外部监督效应。企业引入董责险后，董责险发挥的外部监督效用可以降低股东与管理层、控股股东与小股东之间的代理成本，提高公司治理水平和治理效率，从而提升企业价值。O'Sullivan（1997）研究发现，保险公司的外部积极监督对公司的治理水平发挥积极的作用，作为外部治理机制的董责险甚至可以取代其他治理机制，有利于提升公司价值；Hwang and Kim（2018）以韩国上市公司为研究对象，发现投保董责险的企业比没有购买保险的企业价值有所增加，企业价值的增加对于成长潜力较大的企业是显著的，这表明投保董责险可以帮助企业更好地将成长机会转化为更高的企业价值；凌士显等（2020）通过研究我国 2003—2017 年上市公司数据，发现董责险通过提高关联交易水平，发挥对公司价值的支持效应；张曾莲和徐方圆（2021）以 2005—2018 年中国 A 股上市公司为样本进行的研究表明，董责险可以促进企业的高质量发展，特别是在国有企业以及内部控制不存在缺陷时对企业高质量发展的影响更加显著，由此建议大力推广董责险，以实现企业的高质量发展；Zhao et al.（2024）发现，董责险对减轻管理人自身利益行为的监管作用影响企业绿色创新，显著提升了企业价值，表明董责险有助于实现股东价值与环境可持续性的双赢。

第三，董责险具有机会主义效应。董责险因降低了公司董事高管决策过失的成本，降低了违规惩戒的震慑力，可能使得管理者出于个人私利不合理地增加公司风险，如从事投机活动或者过度投资等，可能引发诉讼风险和财务危机从而危害公司的正常经营，导致公司价值受到损害。Hong（2010）研究了公司价值与董责险之间的关系，发现董责险的认购与公司的企业价值成倒 U 形关系，董责险认购在到达一定的程度时反而会降低公司价值，这说明董责险可能会"溺爱"公司管理层，使公司效益降低；Jia and Tang（2018）认为董责险会加剧企业的道德风险，增加管理层机会主义行为，对企业价值产生负面影响；Wang et al.（2022）研究发现，购买董责险会诱发管理层构建商业帝国的倾向，进而降低投资效率，最终损害企业价值；凌士显和白锐锋（2017）研究发现，投保董责险为大股东侵占中小股东的利益、管理层侵占股东的利益提供了机会，加剧代理成本和隧道效应，进而引起公司财务绩效的降低。

3.3 研究评述

基于对现有文献的回顾和梳理，已有研究主要关注了两类主题：第一，法学和保险学研究中对董责险进行规范性讨论。这类主题不仅出现在董责险的早期发展阶段，直至今天也是讨论的热点。其中国外学者主要关注董责险的保险对象、保险范围、除外责任和保费设置等具体内容，而限于董责险在国内的发展相对较晚，国内学者多从法律制度、董责险发展和制约因素等方面研究董责险在我国的适用性、合理性、需求动因等基础性问题；第二，管理学和经济学研究中对董责险的公司治理效应讨论较多。随着学界和业界对董责险的关注以及董责险投保数据的可获得，经济学和管理学领域的学者采用科学的数理模型和大样本实证数据验证董责险的治理效应。可见，董责险不仅保护被保险人以分摊风险，更重要的是其对企业经济活动产生一系列影响。

结合上述两类研究主题，关于董责险的代表性研究发现主要如下。

从董责险的理论逻辑来看，现有研究较为一致，主要形成了以下三种结论：第一，管理层激励效应。该观点认为董责险能转移管理层经营决策过程中的执业风险，保护其在决策失误时免遭索赔，从而激励管理层以公司和股东利益最大化进行决策，改善公司治理水平。第二，外部监督效应。该观点认为董责险通过将第三方保险机构引入公司治理，对管理层的自利性行为进行有效监督和警示，完善公司治理机制。第三，机会主义效应。该观点认为董责险将管理层可能面临的诉讼风险转移至第三方保险公司，这会降低法律的威慑效果，诱导管理层自利性行为，如盈余管理、财务报告重述、过度投资等，损害企业价值。

从董责险研究的方法看，实证研究方法占据主流，规范性分析较少，案例分析、问卷调查相对缺乏。具体来说：第一，在经济学和管理学领域，实证研究方法较多，主要有最小二乘法（OLS）、倾向得分匹配法（PSM）等，也有少数学者将购买董责险看作一个准自然实验，采用多期 DID 方法展开实证分析。第二，规范性分析的方法相对较少。在保险学的研究领域，董责险属于小众保险，在国内发展也相对缓慢，早期少部分学者对董责险制度建设、法律保障体系、保单设计等问题进行探讨，但对于董责险的基本概念、理论逻辑等问题剖析不够透彻。第三，缺乏典型案例分析、问卷调查。由于董责险数据的缺乏和资料的缺失，加之理赔事件作为商业秘密，保险公司鲜少公布相关案例及接受调研，鲜有学者采用案例分析或问卷调查的方法研究董责险问题。

从董责险的研究结论看，现有研究结论尚未达成一致，可能的原因如下：第一，研究制度背景的差异导致结论冲突，如基于财务重述主题的国内外研究（Kim，2015；袁蓉丽等，2018）形成了相互矛盾的结论。第二，研究方法的差异导致结论冲突，如在考察董责险与企业内部控制关系的研究中使用了不同的实证方法（凌士显，2019；胡国柳和常启国，2022）形成了不一致的结论。第三，研究数据区间不一致导致结论矛盾，研究过程中董责险投保数据更新，导致结论不一致。第四，变量选取的差别，在同一主题下使用了不同的度量指标，如考察企业价值的研究中（许荣和刘怡君，2021；钱淑琼和陶晓慧，2022），使用市场价值和账面价值不同指标发现了相互矛盾的结论。

综合前述分析，虽然国内外关于董责险已经进行了丰富的讨论，积累了大量的文献，但董责险研究的各类文献大多处于孤立的视角，缺乏系统性和连贯性。此外，董责险具备多学科交叉的特点，已有研究在交叉研究方面略显不足。因此，理论界也亟须通过对董责险的系统回顾和梳理，探索中国制度背景下董责险的理论与治理实践，本书旨在对此进行探讨。

第 4 章
董事高管责任保险与企业会计行为

　　企业会计行为是指为会计人员收集、整理、加工并验证会计数据后，向利益相关方披露会计信息的一系列过程，其核心在于为信息使用者提供决策支持。当前，随着我国经济体制改革的逐步深入以及资本市场发展日益完善，国内上市公司的会计行为总体上日趋合理。一般而言，企业会计行为会受到外部环境（如会计准则和企业文化等）和内部利益相关者（如管理层和投资者等）的共同影响。那么，董责险作为直接作用于管理层的特殊职业责任保险是否以及如何对企业会计行为产生影响，这是值得学术界和实务界探讨的重要议题。研究表明，董责险将第三方保险机构引入公司治理，既可能对管理层的自利性行为进行有效监督（Liou et al.，2017；Meng et al.，2024），也可能削弱法律威慑力并诱发其机会主义行为，如盈余管理（Chang and Chen，2018）、财务报告重述（Weng et al.，2017）、过度投资（Chiang and Chang，2022）等。

　　基于此，本章聚焦于研发会计政策选择、审计需求及内部控制三大维度，深入剖析董责险对我国上市公司会计行为的影响及内在机制，旨在丰富和扩展企业会计行为研究的相关文献，也为深化和梳理董责险在我国资本市场中的角色与功能提供参考。

4.1 董事高管责任保险与企业研发会计政策选择

4.1.1 问题提出

在数字化浪潮席卷之下，众多中国企业凭借人工智能、大数据以及物联网等新技术，驱动着海量无形资产的形成，并构筑起其核心竞争优势。[①] 然而，我国现行的会计准则对这些无形资产的会计处理尚显笼统，尤其是在创新活动中研发支出的会计政策选择上。[②] 这一现状为管理层利用研发会计政策实施盈余操纵提供了很大的便利空间（谢德仁等，2017；万源星等，2020），也明显制约了国内企业数字技术的迭代升级和高质量发展。因而，数字化时代背景下更需要政府部门完善资本市场管理制度，特别是强化对企业研发活动中无形资产会计处理实践的监管力度。而董责险作为完善公司治理机制的一个良好实践，已被多项研究证实在抑制盈余管理、财务重述和过度投资等机会主义行为上均具有显著效果（贾宁和梁楚楚，2013；Cao and Narayanamoorthy，2014；Chiang and Chang，2022）。那么，其在企业研发会计政策选择中究竟扮演着怎样的角色，这是一个尚待检验的话题。基于此，本部分以研发支出资本化为研究对象，探讨了董责险认购如何塑造我国上市公司会计政策选择的逻辑。

本部分的研究贡献在于：

第一，首次考察了董责险认购塑造企业研发会计政策选择的内在逻辑，补充了研发支出资本化选择的相关文献。现有研究从企业特征（Lassini et al.，2016；李昊洋和韩琳，2020）、市场外部监督者（李

[①] 阿里巴巴是世界上最有价值的零售商之一，却没有自己的商品库存。滴滴出行是我国最大的出行服务企业之一，却并不直接拥有车辆。美团作为中国最知名的住宿服务提供商之一，没有自己的酒店和民宿。

[②] 我国现行会计准则对研发支出资本化的确认条件基本依赖于管理层的职业判断和决策，包括使用或出售具有技术可行性、使用或出售的意图、经济利益产生方式、成功的可能性以及能可靠计量五个方面（谢德仁等，2017）。

昊洋和程小可，2018；杨国超和张李娜，2021）以及政府监管（万源星等，2020；辛清泉等，2021）等方面探讨了研发支出资本化选择的影响因素，尚未有研究考察董责险认购对研发支出资本化选择的影响。本部分研究发现董责险认购是影响企业研发支出资本化选择的重要因素，对研发支出资本化选择的文献进行了有效补充。

第二，从研发会计政策选择视角丰富了董责险治理效果的相关文献。现有研究探讨了董责险认购对企业融资（赖黎等，2019）、研发创新（胡国柳等，2019）、风险管理（Huang，2022）、数字化转型（Huang et al.，2023）以及企业价值（Wang et al.，2022）等方面的影响。基于企业研发支出资本化的视角，本部分探讨了董责险认购塑造研发会计政策选择的内在逻辑，丰富了董责险治理效果的相关文献。

第三，提供了新兴资本市场中董责险机会主义效应的经验证据。现有关于董责险公司治理效应的研究还存在一定的争议，本部分研究表明董责险认购会诱导企业基于研发会计政策的机会主义行为，为董责险机会主义效应提供了新兴资本市场的经验证据。

4.1.2 理论分析与研究假设

2007 年，我国开始实施新的会计准则，允许对研发支出进行"有条件的资本化"会计处理。原则上，企业可以将符合条件的研发支出进行资本化会计处理并计入资产，而对不符合资本化条件的研发支出进行费用化处理并计入损益。但事实上，管理层是通过权衡研发支出资本化带来的收益和成本，决定对研发支出是进行资本化还是费用化处理。从收益角度来看，由于长期性的研发支出对企业短期绩效和股票表现存在负面效应，这会对管理层个人收益和执业风险产生不利影响（Dechow and Skinner，2000）。因而，在双重代理机制下，追求个人收益最大化的管理层有动机利用研发会计政策来粉饰短期业绩、提高股票表现（Cheng，2004；谢德仁等，2017）。从成本角度来看，尽管我国会计准则允许管理层对研发会计政策进行自由选择，但会计政策变更决策需经董事会决议通过并对外公告，同时必须在财务报表附注中予以披露，这使得管理层基于研发会计政策的盈余操纵行为很大可能被市场发现，导致他们可能遭受相应的声誉损失，甚至需承担法律责任（杨国超和张李娜，2021）。因此，本部分认为董责险认购可能对企业研发会计政策选择产生两种不同的影响。

一方面，从董责险机会主义效应来看，董责险的风险兜底作用可能会诱发管理层基于研发会计政策的盈余操纵行为，从而促进企业研发支出资本化。在我国现行会计准则下，研发支出资本化的确认条件十分依赖于管理层的职业判断和决策，如对资本化五个确认条件的判定，包括使用或出售具有技术可行性、使用或出售的意图、经济利益产生方式、成功的可能性以及能可靠计量（谢德仁等，2017），这为管理层利用研发会计政策实施盈余操纵提供了很大的隐蔽空间。甚至，管理层无须进行会计政策变更就能灵活地操纵研发支出，来实现自身利益最大化（万源星等，2020）。因此，管理层在企业研发支出资本化选择过程中会存在明显的机会主义行为倾向（Donatella and Tagesson，2021）。而董责险的引入会将管理层面临的诉讼风险转移至第三方保险公司，这会降低法律的威慑效果，诱导管理层机会主义行为。如 Weng et al.（2017）发现在董责险的风险庇护下，管理层在制定未来战略和做出具体决策时，只考虑决策结果能否满足自身收益最大化，从而损害企业内部体系建设，加剧了内控缺陷（胡国柳和常启国，2022）。此外，大量研究表明董责险会加剧企业财务重述和过度投资等机会主义行为（Cao and Narayanamoorthy，2014；Chiang and Chang，2022；Huang et al.，2024）。因此，本部分认为在董责险的风险兜底作用下，管理层将有更强的机会主义动机去利用研发会计政策实施盈余操纵，从而促进了企业研发支出资本化。基于此，提出如下研究假设：

H_{1a}：董责险认购会促进企业研发支出资本化。

另一方面，从董责险外部监督假说来看，第三方保险机构的引入能有效抑制管理层基于研发会计政策的盈余操纵行为，降低了企业研发支出资本化的选择倾向。尽管我国当前的会计准则给予了管理层确认研发支出资本化很大的自由空间，但也为市场中投资人和监管者获取研发资本化信息提供了制度依据，使得专业人士（如机构投资者、审计师以及证券监管人员等）能更有效地分析和监管企业存在的盈余操纵现象，从而降低企业研发支出资本化过程中的机会主义行为（李昊洋和程小可，2018；杨国超和张李娜，2021；辛清泉等，2021）。而董责险认购会将具有丰富风险管理经验的第三方保险机构引入公司治理，并对企业风险状况进行事前、事中和事后的全面监控，从而发挥有效的外部监督作用（Li et al.，2022）。如许荣等（2023）研究发现，董责险认购引入了第三方保险公司，能有效地抑制管理层出于自利性动机的减持行为。因此，本部分认为董责险认购后，第三方保险公司同样能对企业基于研发会计政策的盈余操纵现象进行详尽审查和监督，因为如果投保企业通过研发会计政策来粉饰短期业绩，则它们未来更可能遭遇业绩滑坡甚至股价崩盘（Dinh et al.，2020），这可能导致保险公司面临巨大的赔付风险。因此，本部分认为董责险会在研发会计政策选择中发挥外部监督作用，有效抑制企业研发支出资本化选择倾向。基于此，提出如下研究假设：

H_{1b}：董责险认购会抑制企业研发支出资本化。

4.1.3　研究设计

1. 样本选择与数据来源

考虑到我国会计准则 2007 年开始对研发支出实施"有条件的资本化"处理，本部分选取 2007—2023 年沪深 A 股上市公司作为初始样本，并按以下原则进行筛选：（1）考虑到金融保险类公司财务报表的特殊性，故予以剔除；（2）剔除了首年上市的公司以保证回归结果具有稳健性；（3）因 ST、PT 类上市公司财务数据经过了一定处理后才得以披露，故予以剔除；（4）剔除财务数据有缺失的上市公司样本。经上述处理后，共得到 4 499 家上市公司的 31 883 个企业-年度观测值。为控制异常值的影响，对连续变量进行 1% 和 99% 的 Winsorize 缩尾处理。董责险数据来源于 CNRDS 数据库，其余财务数据来自 CSMAR 数据库。

2. 模型设计与变量选取

为考察董责险的引入对企业研发会计政策的影响，构建模型（4-1）如下：

$$Y_{i,t} = \alpha_0 + \alpha_1 DOI_{i,t} + \alpha_2 \sum Controls_{i,t} + \sum Year$$
$$+ \sum Industry + \varepsilon_{i,t} \qquad (4-1)$$

式中，Y 表示被解释变量，包括是否研发支出资本化（$CAPRD\_1$）和研发支出资本化程度（$CAPRD\_2$）。具体地，当上市公司当期进行了研发支出资本化时，$CAPRD\_1$ 取值为 1，否则为 0。$CAPRD\_2$ 以上市公司当期研发支出资本化金额与总研发支出的比值来衡量，若当期无研发支出资本化时赋值为 0。DOI 为解释变量，是表示上市公司是否认购董责险的虚拟变量，若上市公司 i 在 t 年认购了董责险，则赋值为 1，否则为 0。$Controls$ 表示控制变量，包括公司规模（$Size$）、资产负债率（LEV）、资产收益率（ROA）、两职合一（CEO）、股权集中度（$Top10$）、董事会规模（DBN）、管理层持股比例（$Mshare$）、研发投入（$R\&D$）、有效所得税率（Tax）以及与投资有关的税盾（$Shield$）。同时，考虑到研究样本来自不同年份和行业，控制了年份（$Year$）和行业（$Industry$）虚拟变量，ε 表示残差项。我们所有回归皆在公司层面进行了聚类处理。变量定义详见表 4-1。

表 4-1 变量定义表

变量名称	变量符号	计算方法
是否研发支出资本化	$CAPRD\_1$	上市公司当期进行了研发支出资本化取值为 1，否则为 0
研发支出资本化程度	$CAPRD\_2$	上市公司当期研发支出资本化金额与总研发支出的比值

续表

变量名称	变量符号	计算方法
董责险认购	*DOI*	若上市公司当期认购了董责险赋值为 1，否则为 0
公司规模	*Size*	上市公司当期资产总额取自然对数
资产负债率	*LEV*	上市公司当期总负债与资产总额的比值
资产收益率	*ROA*	上市公司当期净利润与资产总额的比值
两职合一	*CEO*	若上市公司当期董事长与总经理为同一人赋值为 1，否则为 0
股权集中度	*Top*10	上市公司当期前十大股东持股比例之和
董事会规模	*DBN*	上市公司当期董事会总人数
管理层持股比例	*Mshare*	上市公司当期管理层持股总额与总股本的比值
研发投入	*R&D*	上市公司当期研发投入总额与营业收入的比值
有效所得税率	*Tax*	上市公司当期所得税费用与利润总额的比值
与投资有关税盾	*Shield*	上市公司当期发生的折旧和摊销之和与资产总额的比值
行业	*Industry*	上市公司属于某行业时取值为 1，否则为 0
年份	*Year*	上市公司处于某年份时取值为 1，否则为 0

4.1.4　实证结果

1.主要变量描述性统计结果分析

表 4-2 报告了主要变量描述性统计结果，可以看出，董责险认购（*DOI*）均值为 0.217，说明样本期间我国上市公司董责险的认购比率约为 21.7%。从企业研发支出资本化来看，是否研发支出资本化（*CAPRD*_1）和研发支出资本化程度（*CAPRD*_2）均值分别为 0.209 和 0.046，说明样本期间约有 20.9% 的上市公司实施了研发支出资本化决策，且研发支出资本化金额占总研发支出的比例平均约为

4.6%。控制变量方面，公司规模（*Size*）均值为 22.195，资产负债率（*LEV*）平均为 40.8%，资产收益率（*ROA*）平均为 3.6%，且有 31.7% 的上市公司存在两职合一情况（*CEO*）。此外，研发投入（*R&D*）均值为 0.051，说明样本期间上市公司研发投入与营业收入比值平均为 5.1%，有效所得税率（*Tax*）和与投资有关税盾（*Shield*）均值分别为 0.133 和 0.020。其他变量描述性统计结果与现有研究基本一致，此处不再赘述。

表 4-2　主要变量描述性统计结果分析

	N	Mean	SD	Min	P25	P50	P75	Max
*CAPRD*_1	31 883	0.209	0.407	0	0	0	0	1.000
*CAPRD*_2	31 883	0.046	0.128	0	0	0	0	0.734
DOI	31 883	0.217	0.412	0	0	0	0	1.000
Size	31 883	22.195	1.255	19.813	21.298	21.997	22.886	26.253
LEV	31 883	0.408	0.197	0.057	0.250	0.400	0.551	0.911
ROA	31 883	0.036	0.065	−0.273	0.013	0.037	0.067	0.196
CEO	31 883	0.317	0.465	0	0	0	1.000	1.000
*Top*10	31 883	0.578	0.150	0.225	0.470	0.584	0.693	0.903
DBN	31 883	8.438	1.644	3.000	7.000	9.000	9.000	18.000
Mshare	31 883	0.152	0.198	0	0	0.029	0.291	0.674
R&D	31 883	0.051	0.053	0	0.019	0.038	0.060	0.288
Tax	31 883	0.133	0.181	−0.758	0.077	0.137	0.193	0.849
Shield	31 883	0.020	0.014	0	0.009	0.017	0.027	0.067

2. 单变量检验结果分析

表 4-3 报告了单变量检验结果，可以发现在未认购董责险的上市公司样本中，是否研发支出资本化（*CAPRD*_1）以及研发支出资本化程度（*CAPRD*_2）均值分别为 0.193 和 0.043，明显低于认购董责险的上市公司组别中研发支出资本化水平（0.268 和 0.058）。此外，样本均值差异 *T* 检验显示，结果均在 1% 的水平上显著，这初步

表明认购董责险的上市公司研发支出资本化水平更高，即董责险的风险兜底作用诱导企业进行了更多的研发支出资本化以达到短期盈余操纵的目标，支持了研究假设 H_{1a}。

表 4－3　单变量检验结果分析

	$DOI = 0$		$DOI = 1$		均值差异（ T 值）
	观测值	均值	观测值	均值	
$CAPRD\_1$	24 969	0.193	6 914	0.268	-0.075^{***}
$CAPRD\_2$	24 969	0.043	6 914	0.058	-0.015^{***}
$Size$	24 969	22.072	6 914	22.640	-0.568^{***}
LEV	24 969	0.401	6 914	0.430	-0.029^{***}
ROA	24 969	0.038	6 914	0.027	0.011^{***}
CEO	24 969	0.318	6 914	0.312	0.007
$Top10$	24 969	0.579	6 914	0.574	0.004^{**}
DBN	24 969	8.443	6 914	8.419	0.025
$Mshare$	24 969	0.160	6 914	0.126	0.034^{***}
$R\&D$	24 969	0.049	6 914	0.059	-0.011^{***}
Tax	24 969	0.138	6 914	0.112	0.026^{***}
$Shield$	24 969	0.020	6 914	0.019	0.001

注：*、**、*** 分别代表在 10%、5% 和 1% 的水平上显著。

3. 基准回归结果分析

表 4－4 报告了董责险认购与企业研发支出会计政策选择的基准回归结果。其中，列（1）和列（4）仅包含解释变量，列（2）和列（5）进一步控制了年份和行业固定效应，而列（3）和列（6）加入了所有的控制变量。从列（1）~（6）的回归结果来看，董责险认购（DOI）与研发支出资本化（$CAPRD\_1/CAPRD\_2$）回归系数均在 1% 水平上显著为正，表明董责险认购会诱导上市公司进行研发支出资本化的盈余操纵行为。此外，控制变量回归结果显示，公司规模（$Size$）、研发投入（$R\&D$）与研发支出资本化（$CAPRD\_1/CAPRD\_2$）正相关，

而资产收益率（ROA）、股权集中度（Top10）以及投资有关税盾（Shield）与研发支出资本化（CAPRD_1/CAPRD_2）负相关，这与董馨格等（2024）的研究结论基本一致。总之，基准结果表明董责险认购会诱导管理层利用研发支出资本化选择来实施盈余操纵的机会主义行为，验证了研究假设 H_{1a}。

表4-4 董责险认购对企业研发会计政策选择的影响

	(1)	(2)	(3)	(4)	(5)	(6)
	CAPRD_1			CAPRD_2		
DOI	0.249***	0.272***	0.129***	0.015***	0.020***	0.010***
	(8.67)	(6.73)	(3.14)	(4.90)	(4.90)	(2.68)
Size			0.272***			0.016***
			(14.22)			(9.71)
LEV			0.064			0.003
			(0.54)			(0.39)
ROA			−0.341			−0.056***
			(−1.39)			(−2.77)
CEO			−0.104***			−0.002
			(−2.74)			(−0.67)
Top10			−1.032***			−0.062***
			(−8.18)			(−6.23)
DBN			0.009			0.002
			(0.80)			(0.14)
Mshare			−0.329***			−0.013*
			(−2.77)			(−1.83)
R&D			6.058***			0.540***
			(15.13)			(11.89)
Tax			−0.014			0.007
			(−0.25)			(1.43)
Shield			−7.919***			−0.267**
			(−5.49)			(−2.54)
Constant	−0.867***	−5.957***	−11.388***	0.043***	−0.002	−0.301***
	(−44.08)	(−8.01)	(−26.43)	(25.99)	(−0.19)	(−8.31)
Industry FEs	No	Yes	Yes	No	Yes	Yes
Year FEs	No	Yes	Yes	No	Yes	Yes

续表

	(1)	(2)	(3)	(4)	(5)	(6)
	CAPRD_1			CAPRD_2		
Observations	31 883	31 205	31 205	31 883	31 883	31 883
Pseudo/ Adjust-R^2	0.005	0.091	0.178	0.002	0.057	0.115

注：因变量为 CAPRD_1 时报告 Z 统计量，为 CAPRD_2 时报告 T 统计量，＊、＊＊、＊＊＊分别代表在 10%、5% 和 1% 的水平上显著。

4. 稳健性检验

（1）指标敏感性检验。首先，以各年度上市公司公告或文件明确表明会购买董责险且董事会已通过该决议为基准，构建董责险认购虚拟变量进行指标敏感性检验。即首次认购后不再默认后续每一年都会自动续保，而是以实际公告内容来判定当期是否认购董责险。具体地，当上市公司实际公告中表明会认购董责险时赋值为 1，反之为 0，变量符号为 DOI_Report。其次，基于 CNRDS 数据库中披露的董责险保费、保额数据，本部分构建了上市公司董责险庇护程度度量指标进行稳健性检验。其中，董责险保费（DOI_Cost）以当年投保费用总额加 1 取自然对数来衡量，董责险保额（DOI_Amount）以当年规定的最大赔付总额加 1 取自然对数来衡量。表 4-5 回归结果显示，在考虑董责险认购的指标敏感性问题后，结论依旧稳健。

表 4-5　指标敏感性检验

	(1)	(2)	(3)	(4)	(5)	(6)
	CAPRD_1	CAPRD_2	CAPRD_1	CAPRD_2	CAPRD_1	CAPRD_2
DOI_Report	0.095 *** (2.75)	0.007 * (1.84)				
DOI_Cost			0.047 *** (2.98)	0.003 * (1.79)		
DOI_Amount					0.023 *** (3.58)	0.002 ** (2.08)

续表

	(1)	(2)	(3)	(4)	(5)	(6)
	CAPRD_1	CAPRD_2	CAPRD_1	CAPRD_2	CAPRD_1	CAPRD_2
Size	0.276*** (13.24)	0.016*** (9.39)	0.269*** (11.84)	0.015*** (8.48)	0.260*** (11.88)	0.015*** (8.49)
LEV	0.047 (0.38)	0.005 (0.53)	0.057 (0.43)	0.004 (0.38)	0.059 (0.45)	0.003 (0.36)
ROA	−0.476* (−1.91)	−0.065*** (−3.03)	−0.389 (−1.46)	−0.050** (−2.30)	−0.378 (−1.42)	−0.050** (−2.27)
CEO	−0.101** (−2.51)	−0.001 (−0.44)	−0.099** (−2.32)	0.001 (0.17)	−0.097** (−2.28)	0.001 (0.16)
Top10	−0.979*** (−7.40)	−0.063*** (−6.01)	−0.951*** (−6.71)	−0.060*** (−5.84)	−0.938*** (−6.63)	−0.060*** (−5.81)
DBN	0.011 (0.97)	0.001 (0.69)	0.013 (1.03)	0.001 (1.11)	0.012 (0.97)	0.001 (1.07)
Mshare	−0.277** (−2.23)	−0.011 (−1.40)	−0.215* (−1.67)	−0.005 (−0.69)	−0.218* (−1.70)	−0.005 (−0.69)
R&D	6.967*** (15.18)	0.639*** (11.82)	7.164*** (14.68)	0.619*** (11.50)	7.152*** (14.66)	0.620*** (11.50)
Tax	0.042 (0.63)	0.010* (1.73)	0.051 (0.72)	0.012* (1.95)	0.048 (0.68)	0.012** (1.99)
Shield	−7.933*** (−5.22)	−0.273** (−2.29)	−7.890*** (−4.89)	−0.321*** (−2.83)	−7.773*** (−4.82)	−0.309*** (−2.70)
Constant	−11.355*** (−26.40)	−0.304*** (−7.94)	−11.234*** (−26.15)	−0.288*** (−7.56)	−11.251*** (−22.07)	−0.290*** (−7.57)
Industry FEs	Yes	Yes	Yes	Yes	Yes	Yes
Year FEs	Yes	Yes	Yes	Yes	Yes	Yes
Observations	31 205	31 883	31 205	31 883	31 205	31 883
Pseudo/ Adjust-R^2	0.189	0.121	0.187	0.118	0.187	0.116

注：因变量为 CAPRD_1 时报告 Z 统计量，为 CAPRD_2 时报告 T 统计量，*、**、*** 分别代表在 10%、5% 和 1% 的水平上显著。

　　（2）倾向得分匹配法（PSM）。从整个样本期间来看，我国董责险的购买比例尚处在较低的水平（约 22%），这可能导致出现上述结论并非由于董责险的风险兜底作用，而是由于保险公司的"筛选效应"所致。即上市公司投保时经过保险公司的筛选，最终留下研发支出资本化较高的公司，因为研发支出资本化越高时，企业报表中显示的绩效越好。基于此，本部分采用倾向得分匹配法来剔除董责险"筛选效应"的影响：第一步，通过对董责险认购和未认购样本的财务特征等指标进行筛选，并基于1：1和1：2原则匹配出相似的企业；第二步，对筛选后的样本再次进行回归，以剔除"筛选效应"对前文回归结论的干扰。表4-6中列示了1：1和1：2配对筛选后的回归结果，可以看出董责险认购（DOI）系数均至少在5%水平上显著为正，与前文研究结论相一致。

表 4-6　倾向得分匹配法

	1：1 匹配		1：2 匹配	
	CAPRD_1	CAPRD_2	CAPRD_1	CAPRD_2
DOI	0.122** (2.36)	0.012** (2.32)	0.100** (2.14)	0.012*** (2.58)
Size	0.273*** (12.17)	0.016*** (7.93)	0.282*** (13.37)	0.018*** (8.72)
LEV	0.118 (0.83)	0.017 (1.39)	0.051 (0.38)	0.006 (0.55)
ROA	−0.326 (−1.00)	−0.030 (−1.02)	−0.265 (−0.93)	−0.046* (−1.81)
CEO	−0.074 (−1.55)	−0.001 (−0.24)	−0.102** (−2.36)	−0.002 (−0.69)
Top10	−1.041*** (−6.78)	−0.072*** (−5.22)	−1.008*** (−7.14)	−0.071*** (−5.55)
DBN	0.014 (1.06)	0.001 (0.09)	0.014 (1.08)	0.005 (0.35)
Mshare	−0.668*** (−4.59)	−0.029*** (−3.08)	−0.493*** (−3.62)	−0.019** (−2.06)
R&D	6.490*** (13.73)	0.597*** (11.57)	6.025*** (13.96)	0.566*** (11.27)
Tax	−0.022 (−0.27)	0.001 (0.07)	−0.042 (−0.60)	0.001 (0.09)
Shield	−6.053*** (−3.38)	−0.066 (−0.41)	−6.831*** (−4.16)	−0.181 (−1.27)

续表

	1：1 匹配		1：2 匹配	
	CAPRD_1	CAPRD_2	CAPRD_1	CAPRD_2
Constant	−11.492*** (−21.01)	−0.324*** (−6.64)	−11.529*** (−22.37)	−0.347*** (−7.40)
Industry FEs	Yes	Yes	Yes	Yes
Year FEs	Yes	Yes	Yes	Yes
Observations	10 817	10 927	15 611	15 787
Pseudo/Adjust-R^2	0.173	0.127	0.167	0.120

注：因变量为 CAPRD_1 时报告 Z 统计量，为 CAPRD_2 时报告 T 统计量，*、**、***分别代表在 10%、5% 和 1% 的水平上显著。

（3）Heckman 两阶段法。考虑到上市公司董责险认购可能存在样本自选择问题，即购买保险的上市公司研发支出资本化水平本就较高，这会导致估计结果有偏。为此，本部分使用 Heckman 两阶段法来消除样本自选择对研究结论的影响。借鉴 Yuan et al.（2016）和胡国柳等（2019）的研究，补充增加独立董事比例（IND_Ratio）作为第一阶段的控制变量。同时，在 Heckman 模型补充了激励董责险认购的外生冲击变量。

具体而言，2021 年，中国首例证券集体诉讼案（康美药业虚假陈述）判决时任公司董监高的 13 名个人按过错程度分别承担 20%、10%、5% 的连带清偿责任，共计赔偿证券投资者损失 24.59 亿元，其中包括 5 名曾任或在任的独立董事。该案发生后，许多上市公司的独立董事纷纷要求为其购买董责险，中国资本市场也迎来了董责险的购买浪潮。一方面，董责险的首例集体诉讼案促使许多上市公司意识到董责险的重要性并开始积极认购；另一方面，研发支出资本化属于企业会计政策的选择，不太可能受到单个董责险赔偿事件的影响。因此，本部分以此来构建董责险认购的外生冲击变量（DOI_2021），当上市公司处于 2021 年及以后时赋值为 1，否则为 0。回归结果如表 4－7所示，第（2）和（3）列中董责险认购（DOI）与企业研发支出资本化（CAPRD_1/CAPRD_2）仍在 1% 水平上显著为正，支持了前文研究结论。

表 4 - 7　Heckman 两阶段法

	(1)	(2)	(3)
	第一阶段回归	第二阶段回归	
	DOI	CAPRD_1	CAPRD_2
DOI		0.128***	0.010***
		(3.07)	(2.59)
Size	0.192***	0.557***	0.032***
	(9.01)	(14.42)	(9.03)
LEV	−0.038	0.037	0.002
	(−0.32)	(0.31)	(0.22)
ROA	−0.941***	−1.770***	−0.135***
	(−3.97)	(−5.78)	(−5.32)
CEO	−0.087**	−0.233***	−0.009***
	(−2.49)	(−5.71)	(−3.00)
Top10	0.318**	−0.577***	−0.036***
	(2.31)	(−4.22)	(−3.05)
DBN	0.020	0.026**	0.001
	(1.49)	(2.27)	(1.15)
Mshare	−0.579***	−1.249***	−0.063***
	(−5.84)	(−7.97)	(−5.41)
R&D	1.062***	7.681***	0.627***
	(3.09)	(17.09)	(12.91)
Tax	−0.029	−0.059	0.005
	(−0.48)	(−1.03)	(0.92)
Shield	0.762	−6.810***	−0.203*
	(0.44)	(−4.71)	(−1.92)
IND_Ratio	0.468		
	(1.25)		
DOI_2021	2.380***		
	(13.17)		
IMR		1.985***	0.109***
		(8.60)	(5.49)
Constant	−6.620***	−22.471***	−0.920***
	(−12.20)	(−16.40)	(−7.38)

续表

	(1)	(2)	(3)
	第一阶段回归	第二阶段回归	
	DOI	*CAPRD_*1	*CAPRD_*2
Industry FEs	Yes	Yes	Yes
Year FEs	Yes	Yes	Yes
Observations	31 883	31 205	31 883
Pseudo/Adjust-R^2	0.338	0.182	0.117

注：因变量为 *DOI*/*CAPRD_*1 时报告 Z 统计量，为 *CAPRD_*2 时报告 T 统计量，＊、＊＊、＊＊＊分别代表在 10％、5％和 1％的水平上显著。

（4）工具变量法。考虑到内生性问题可能来自同时影响董责险认购和企业研发支出资本化选择的遗漏变量。例如，面对新冠疫情等"黑天鹅"事件导致的经济不景气时，企业既可能进行研发支出资本化决策来提升短期绩效，也可能认购董责险来应对经济下行可能导致的执业风险增加。本部分选用工具变量方法来解决遗漏变量可能导致的内生性问题。借鉴已有研究（Chen et al.，2016；贾莹丹等，2023），选取同年度行业其他上市公司董责险认购的均值（*DOI_Mean*）和有海外工作背景的独立董事比例（*Oversea_IND*）作为工具变量。如表 4 - 8 所示，第一阶段回归结果表明，工具变量通过了不可识别（Kleibergen-Paap rk LM 统计值在 1％的水平上显著）、弱工具变量（Cragg-Donald Wald F 统计值为 46.42）以及过度识别检验（Hansen J 统计值在 10％的水平上不显著）。第二阶段回归结果与前文基本一致，表明在控制潜在的内生性问题后结论依然成立。

表 4 - 8　工具变量法

	(1)	(2)	(3)
	第一阶段回归	第二阶段回归	
	DOI	*CAPRD_*1	*CAPRD_*2
DOI		1.572 ＊＊＊ (4.65)	0.099 ＊＊＊ (2.90)

续表

	（1）	（2）	（3）
	第一阶段回归	第二阶段回归	
	DOI	*CAPRD_1*	*CAPRD_2*
Size	0.037***	0.276***	0.016***
	(8.78)	(9.03)	(7.89)
LEV	−0.016	0.061	0.003
	(−1.42)	(1.01)	(0.69)
ROA	−0.140***	−0.361**	−0.058***
	(−4.69)	(−2.37)	(−4.74)
CEO	−0.014***	−0.105***	−0.002
	(−3.66)	(−5.24)	(−1.33)
*Top*10	0.060***	−1.025***	−0.062***
	(5.04)	(−16.25)	(−12.67)
DBN	0.002	0.009	0.001
	(0.93)	(1.62)	(0.36)
Mshare	−0.078***	−0.337***	−0.014***
	(−8.07)	(−6.10)	(−3.44)
R&D	0.148***	6.076***	0.543***
	(3.82)	(32.66)	(34.45)
Tax	−0.003	−0.015	0.007*
	(−0.33)	(−0.31)	(1.82)
Shield	0.047	−7.904***	−0.266***
	(0.35)	(−10.64)	(−4.84)
DOI_Mean	2.633***		
	(89.66)		
Oversea_IND	0.038***		
	(10.46)		
Constant	−0.923***	−5.114***	−0.219***
	(−18.86)	(−8.83)	(−5.77)
Industry FEs	Yes	Yes	Yes
Year FEs	Yes	Yes	Yes
Kleibergen-Paap rk LM statistic	109.398*** ($p=0.000$)		
Cragg-Donald Wald F statistic	46.42		

续表

	(1)	(2)	(3)
	第一阶段回归	第二阶段回归	
	DOI	$CAPRD\_1$	$CAPRD\_2$
Hansen J statistic	1.163（$p=0.2808$）		
Observations	31 883	31 014	31 883
Pseudo/Adjust-R^2	0.488	—	0.114

注：因变量为 DOI 和 $CAPRD\_1$ 时括号中报告 Z 统计量，为 $CAPRD\_2$ 时报告 T 统计量，*、**、*** 分别代表在 10%、5% 和 1% 的水平上显著。

5. 进一步分析：经营压力和监督作用的调节效应

（1）企业经营压力异质性分析：融资压力和业绩压力。为深入探讨董责险认购塑造企业研发会计政策选择的内在逻辑，本部分从经营压力视角对董责险在研发会计政策选择中的风险兜底作用进行了异质性分析，具体从融资压力和业绩压力两个角度进行分情景检验。

首先，参考已有研究（魏志华等，2014；Liu et al.，2016），从产权性质和融资约束程度两个方面来度量融资压力。具体地，产权性质利用虚拟变量（SOE）来度量，若上市公司当年为非国有企业时，取值为 1，否则为 0。通常，国有企业更受到贷款银行的青睐，面临的融资约束程度也更小（Liu et al.，2016）。因此，当 $SOE=1$ 时，表示上市公司面临的融资约束程度较高。而融资约束程度（KZ）以上市公司当期 KZ 指数来衡量，当 KZ 值越大时表示企业当年面临的融资约束越高。

其次，借鉴现有文献（谢德仁等，2014；孟庆斌等，2019），从分析师盈余预测和相对业绩高低两个视角来衡量业绩压力。具体而言，分析师盈余预测（$Forecast$）以上市公司当年所有分析师预测的每股盈余均值乘以 −1 来衡量，当 $Forecast$ 值越大时表示企业面临越高的业绩压力。相对业绩高低（$Relative\_Perfor$）以虚拟变量来度量，若上市公司上一期资产收益率（ROA）低于同行业其他公司均值时取值为 1，否则为 0。其中，当 $Relative\_Perfor=1$ 时，表示企业当期面临的业绩压力较高。

表 4-9 汇报了企业经营压力的调节效应检验结果。其中，Panel A 检验结果表明，除列（3）中董责险认购（DOI）与融资约束程度（KZ）的交乘项系数不显著外，其余交乘项系数均至少在 5% 水平上显著为正，表明当上市公司面临更高的融资压力时，董责险认购对研发支出资本化的正向作用更明显。此外，Panel B 回归结果显示，除列（1）中董责险认购（DOI）与分析师盈余预测（$Forecast$）的交乘项系数不显著外，其余三组交乘项系数均至少在 10% 水平上显著为正，表明上市公司面临的业绩压力同样会强化董责险的正向影响。总之，上述结果表明当面对更高的经营压力时，企业更有动机通过研发支出资本化来进行短期盈余操纵，也验证了研究假设 H_{1a}。

表 4-9 经营压力异质性分析：融资与业绩压力调节效应

Panel A：融资压力调节效应

	(1)	(2)	(3)	(4)
	$CAPRD\_1$	$CAPRD\_2$	$CAPRD\_1$	$CAPRD\_2$
DOI	0.026 (0.51)	0.001 (0.22)	0.103** (2.28)	0.008** (2.03)
SOE	0.019 (0.40)	−0.003 (−0.92)		
$DOI * SOE$	0.201*** (3.31)	0.020*** (3.68)		
KZ			0.049*** (5.17)	0.004*** (6.29)
$DOI * KZ$			0.019 (1.56)	0.002** (2.13)
$Size$	0.269*** (14.01)	0.016*** (9.59)	0.289*** (14.90)	0.017*** (10.34)
LEV	0.059 (0.50)	0.004 (0.42)	−0.317** (−2.35)	−0.027** (−2.70)
ROA	−0.302 (−1.23)	−0.053*** (−2.66)	0.234 (0.94)	−0.008 (−0.39)
CEO	−0.094** (−2.45)	−0.002 (−0.64)	−0.101*** (−2.66)	−0.002 (−0.57)

续表

	(1)	(2)	(3)	(4)
	CAPRD_1	CAPRD_2	CAPRD_1	CAPRD_2
Top10	−1.053***	−0.064***	−0.962***	−0.056***
	(−8.32)	(−6.36)	(−7.55)	(−5.56)
DBN	0.007	0.002	0.009	0.001
	(0.61)	(0.14)	(0.84)	(0.21)
Mshare	−0.286**	−0.013*	−0.288**	−0.009
	(−2.32)	(−1.77)	(−2.41)	(−1.34)
R&D	6.099***	0.543***	5.941***	0.529***
	(15.25)	(11.98)	(14.77)	(11.78)
Tax	−0.017	0.007	−0.017	0.007
	(−0.30)	(1.41)	(−0.30)	(1.41)
Shield	−7.896***	−0.265**	−7.876***	−0.271***
	(−5.47)	(−2.52)	(−5.46)	(−2.59)
Constant	−11.275***	−0.297***	−11.748***	−0.330***
	(−24.39)	(−8.16)	(−24.24)	(−8.95)
Industry FEs	Yes	Yes	Yes	Yes
Year FEs	Yes	Yes	Yes	Yes
Observations	31 205	31 883	31 205	31 883
Pseudo/Adjust-R^2	0.179	0.116	0.180	0.118

Panel B：业绩压力调节效应

	(1)	(2)	(3)	(4)
	CAPRD_1	CAPRD_2	CAPRD_1	CAPRD_2
DOI	0.102*	0.012**	0.083	0.008*
	(1.83)	(2.40)	(1.02)	(1.74)
Forecast	0.164***	0.012***		
	(5.32)	(6.36)		
DOI * Forecast	0.033	0.010*		
	(0.94)	(1.86)		
Relative_Perfor			−0.133***	−0.005**
			(−3.55)	(−2.06)
DOI * Relative_Perfor			0.180***	0.009*
			(2.90)	(1.79)

续表

	(1)	(2)	(3)	(4)
	*CAPRD*_1	*CAPRD*_2	*CAPRD*_1	*CAPRD*_2
Size	0.283 ***	0.017 ***	0.283 ***	0.016 ***
	(14.55)	(10.12)	(14.48)	(9.71)
LEV	0.084	0.005	0.075	0.004
	(0.70)	(0.57)	(0.63)	(0.42)
ROA	0.189	−0.013	−0.477 **	−0.061 ***
	(0.74)	(−0.64)	(−1.97)	(−3.06)
CEO	−0.094 **	−0.001	−0.104 ***	−0.002
	(−2.48)	(−0.42)	(−2.75)	(−0.67)
*Top*10	−0.977 ***	−0.059 ***	−1.041 ***	−0.062 ***
	(−7.72)	(−5.89)	(−8.25)	(−6.22)
DBN	0.006	−0.001	0.010	0.002
	(0.57)	(−0.07)	(0.86)	(0.17)
Mshare	−0.276 **	−0.009	−0.299 **	−0.011
	(−2.31)	(−1.29)	(−2.51)	(−1.60)
R&D	6.149 ***	0.547 ***	5.943 ***	0.536 ***
	(15.24)	(12.04)	(14.79)	(11.77)
Tax	−0.029	0.006	−0.006	0.007
	(−0.50)	(1.17)	(−0.11)	(1.49)
Shield	−8.374 ***	−0.306 ***	−7.919 ***	−0.267 **
	(−5.75)	(−2.91)	(−5.49)	(−2.55)
Constant	−11.477 ***	−0.310 ***	−11.573 ***	−0.307 ***
	(−24.23)	(−8.52)	(−24.74)	(−8.27)
Industry FEs	Yes	Yes	Yes	Yes
Year FEs	Yes	Yes	Yes	Yes
Observations	31 205	31 883	31 205	31 883
Pseudo/Adjust-R^2	0.182	0.120	0.179	0.116

注：因变量为 *CAPRD*_1 时报告 *Z* 统计量，为 *CAPRD*_2 时报告 *T* 统计量，＊、＊＊、＊＊＊ 分别代表在 10%、5% 和 1% 的水平上显著。

（2）监督作用异质性分析：内部与外部监督。本部分进一步考察了监督异质性视角对基准回归结果的影响。首先，借鉴已有研究（郑志刚等，2021；曹越等，2022），从审计委员会召开和员工持股计划两个视角来度量企业面临的内部监督。具体地，审计委员会召开（*Audit_Meets*）利用上市公司当期召开的审计委员会次数加 1 取自然对数的方式来衡量，员工持股计划（*ESOP_Ratio*）使用员工持股计划激励股份占总股本的比值来衡量。

其次，参考现有文献（米春蕾和陈超，2018；Cheng et al.，2019），从审计师事务所类别和机构投资者调研两个角度来衡量企业面临的外部监督差异。具体地，审计师事务所类别（*Big*4）采用虚拟变量来衡量，若上市公司当期聘用的是国际四大会计师事务所时取值为 1，否则为 0。机构投资者调研以上市公司当期被机构投资者实地调研次数加 1 取自然对数来衡量，变量符号为 *Visits*。

表 4-10 汇报了监督作用异质性的检验结果。其中，Panel A 检验结果表明，董责险认购（*DOI*）与审计委员会召开（*Audit_Meets*）和员工持股比例（*ESOP_Ratio*）的交乘项系数均至少在 10% 水平上显著为负，表明当上市公司面临更强的内部监督时，董责险认购对研发支出资本化的正向作用会被弱化。此外，Panel B 回归结果显示，董责险认购（*DOI*）与审计机构类别（*Big*4）和机构投资者调研频率（*Visits*）的交乘项系数均至少在 5% 水平上显著为负，表明当上市公司面临更强的外部监督时，董责险认购对研发支出资本化的正向作用也会被减弱。总之，上述结果表明当面对更强的内部和外部监督时，企业利用研发会计政策进行盈余操纵的动机将会有所减弱，也验证了研究假设 H_{1a}。

表 4-10   监督作用异质性分析：内部与外部监督者调节效应

Panel A：内部监督者调节效应

	(1)	(2)	(3)	(4)
	CAPRD_1	*CAPRD_2*	*CAPRD_1*	*CAPRD_2*
DOI	0.333*** (3.61)	0.029*** (2.67)	0.146*** (3.50)	0.011*** (2.60)
Audit_Meets	0.014 (0.62)	−0.001 (−0.49)		

续表

	(1)	(2)	(3)	(4)
	CAPRD_1	CAPRD_2	CAPRD_1	CAPRD_2
DOI * Audit_Meets	−0.125**	−0.011*		
	(−2.30)	(−1.73)		
ESOP_Ratio			0.107***	0.007**
			(3.04)	(2.01)
DOI * ESOP_Ratio			−0.414***	−0.018**
			(−3.93)	(−2.07)
Size	0.265***	0.016***	0.284***	0.018***
	(13.24)	(9.45)	(14.45)	(9.56)
LEV	0.001	0.000	0.165	0.010
	(0.01)	(0.02)	(1.38)	(0.97)
ROA	−0.499**	−0.065***	−0.267	−0.050**
	(−1.97)	(−3.14)	(−1.07)	(−2.21)
CEO	−0.094**	−0.000	−0.102***	−0.002
	(−2.36)	(−0.15)	(−2.63)	(−0.59)
Top10	−0.973***	−0.062***	−1.122***	−0.076***
	(−7.40)	(−6.03)	(−8.51)	(−6.33)
DBN	0.007	0.001	0.008	0.002
	(0.63)	(0.04)	(0.71)	(0.30)
Mshare	−0.266**	−0.010	−0.465***	−0.021***
	(−2.16)	(−1.42)	(−3.86)	(−2.62)
R&D	6.360***	0.577***	6.137***	0.566***
	(14.28)	(11.59)	(14.93)	(11.52)
Tax	0.037	0.011**	−0.022	0.007
	(0.59)	(2.10)	(−0.38)	(1.28)
Shield	−8.332***	−0.293***	−7.435***	−0.278**
	(−5.59)	(−2.72)	(−5.04)	(−2.17)
Constant	−11.240***	−0.300***	−7.015***	−0.297***
	(−25.24)	(−8.02)	(−14.72)	(−6.84)
Industry FEs	Yes	Yes	Yes	Yes
Year FEs	Yes	Yes	Yes	Yes
Observations	27 303	27 981	26 463	26 463
Pseudo/Adjust-R^2	0.184	0.120	0.143	0.107

续表

Panel B：外部监督者调节效应

	(1)	(2)	(3)	(4)
	CAPRD_1	*CAPRD_2*	*CAPRD_1*	*CAPRD_2*
DOI	0.084**	0.007*	0.194***	0.017***
	(1.99)	(1.71)	(3.69)	(3.27)
Big4	0.043	−0.003		
	(0.81)	(−0.70)		
*DOI * Big4*	−0.205**	−0.022**		
	(−2.44)	(−2.49)		
Visits			0.061***	0.004
			(3.16)	(0.28)
*DOI * Visits*			−0.065**	−0.006***
			(−2.31)	(−2.62)
Size	0.260***	0.015***	0.269***	0.017***
	(13.31)	(9.09)	(13.99)	(9.56)
LEV	0.079	0.004	0.074	0.003
	(0.67)	(0.50)	(0.63)	(0.37)
ROA	−0.343	−0.055***	−0.424*	−0.053**
	(−1.40)	(−2.75)	(−1.70)	(−2.53)
CEO	−0.107***	−0.002	−0.109***	−0.002
	(−2.81)	(−0.71)	(−2.87)	(−0.54)
Top10	−1.058***	−0.064***	−1.030***	−0.065***
	(−8.39)	(−6.36)	(−8.15)	(−6.25)
DBN	0.010	0.003	0.009	0.005
	(0.87)	(0.15)	(0.80)	(0.18)
Mshare	−0.329***	−0.013*	−0.372***	−0.012*
	(−2.77)	(−1.84)	(−3.11)	(−1.75)
R&D	6.025***	0.539***	5.975***	0.552***
	(15.01)	(11.83)	(14.75)	(11.74)
Tax	−0.017	0.007	−0.008	0.007
	(−0.29)	(1.39)	(−0.13)	(1.39)
Shield	−7.983***	−0.269**	−7.800***	−0.288***
	(−5.53)	(−2.56)	(−5.40)	(−2.59)
Constant	−11.218***	−0.288***	−6.720***	−0.314***
	(−23.14)	(−7.78)	(−14.57)	(−8.07)

续表

	(1)	(2)	(3)	(4)
	CAPRD_1	*CAPRD_2*	*CAPRD_1*	*CAPRD_2*
Industry FEs	Yes	Yes	Yes	Yes
Year FEs	Yes	Yes	Yes	Yes
Observations	31 205	31 883	30 442	30 442
Pseudo/Adjust-R^2	0.179	0.116	0.170	0.113

注：因变量为 *CAPRD_1* 时报告 Z 统计量，为 *CAPRD_2* 时报告 T 统计量，* 、** 、*** 分别代表在 10%、5% 和 1% 的水平上显著。

4.1.5　研究结论

随着近年来我国证券市场监管和民事诉讼制度的完善，上市公司董事及管理层面临的执业责任风险不断增加，他们开始意识到投保董责险的必要性和重要性。那么，董责险的引入会如何影响企业研发会计政策的选择逻辑？本部分以 2007—2023 年中国 A 股上市公司为样本，实证检验了董责险认购对上市公司研发支出资本化的影响。研究发现，董责险认购使得企业研发支出资本化概率显著提升。异质性分析表明，当上市公司面临更大的融资压力和业绩压力时，董责险认购对企业研发支出资本化的促进作用更强。此外，我们还发现当上市公司面临更强的内部监督（审计委员会召开次数较多和员工持股比例较高）和外部监督（聘用国际四大会计师事务所和投资者调研次数越多）时，董责险认购对企业研发支出资本化的正向作用会被弱化。

本部分为企业利用研发会计政策进行盈余操纵的行为提供了新的分析视角，也为监管层完善会计监管和董责险认购制度提供了有益参考。首先，本部分发现董责险认购为企业利用会计政策选择进行盈余操纵进行了风险兜底，支持了董责险的机会主义效应。因而，为确保研发会计政策选择的公允性和价值性，维护中小股东权益和满足投资者高质量信息需求，监管部门可从董责险投保特征和合同契约角度出发，在现有法律法规组成的制度体系下构建更细化地监管制度来约束那些谋求私利的高级管理人员。其次，结论表明过高的融资和业绩压力会促进管理层利用研发会计政策进行盈余操纵。因而，本部分认为相关部门可针对创新企业构建更为健全完善的融资体系，以缓解创新企业的经营压力，尤其是民营企业，从而降低企业研发创新活动中的盈余操纵动机，提升研发信息价值相关性。

4.2　董事高管责任保险与企业审计服务需求

4.2.1　问题提出

高质量审计服务意味着更高的舞弊发现和报告概率（De Angelo，1981）、报表信息的高度准确性（Beatty，1989）以及审计结论与真实情况的高吻合度（孙宝厚，2008）等。研究表明，高质量审计服务不仅能显著降低企业财务风险以及债务成本等（王永海和章涛，2014；郑登津和闫天一，2016；Dalwai et al.，2023），也能缓解企业代理冲突和提升财务信息可信度（Chen et al.，2011；Hou et al.，2023）。因此，高质量审计服务在提升企业治理水平、促进企业高质量发展方面具有积极作用。那么，董责险这一新兴的外部治理机制又将对企业高质量审计需求产生何种影响？我们认为在当前外部监督和机会主义两种观点并存的情况下，董责险的引入对公司高质量审计服务的需求状况尚难确定：一方面，董责险若是发挥了监督作用，使企业管理层更加"循规蹈矩"，则能发挥积极的治理作用，进而对高质量审计服务的治理效应产生替代效果，会降低公司对高质量审计服务的需求；另一方面，董责险若是起到兜底作用，则会使管理层"有恃无恐"并诱发其机会主义行为，从而提高公司对高质量审计服务这一外部治理机制的需求。

基于此，本节以我国 2007—2023 年沪深 A 股上市公司为样本，探讨了董责险与公司高质量审计服务需求的关系，以及董责险影响公司高质量审计服务需求的作用机制和经济后果。本节可能的贡献如下：

首先，研究了董责险对公司高质量审计服务需求的影响，为后续相关学术研究提供了有益的价值参考，我们考察了董责险对公司高质量审计服务需求的影响，有效弥补了已有文献的不足，也有助于更好地揭示董责险和公司高质量审计服务需求的关系；其次，通过对公司选择高质量审计服务的内在机制进行检验，明晰了高质量审计服务实际发挥的治理效应，本节从外部审计的角度观察公司代理问题，深入检验董责险与公司高质量审计服务需求关系的作用机制，明晰了高质量审计服务在公司治理中发挥的作用，具有重要的理论意义和现实意义；最后，研究了不同环境下董责险与公司高质量审计服务关系的异质性，研究表明市场化进程和产权性质都会影响董责险的治理效应。因此，将董责险与公司高质量审计服务需求之间的关系置于不同的内外部环境下进行分析考察，不但有助于更好地理解董责险与公司高质量审计服务之间的关系，而且有利于从新的视角出发，规范引导企业的董责险购买行为。

4.2.2　理论分析与研究假设

已有研究指出，高质量审计服务意味着更高的舞弊发现和报告概率（De Angelo，1981）、高度的财务信息可信性（Watts and Zimmerman，1983）、报表信息的高度准确性（Beatty，1989；Shujah-ur-Rahman et al.，2024）、更强的报表错误和人为操纵的发现消除能力（Davidson，1993）、审计结论与真实情况的高吻合度（孙宝厚，2008）等。此外，如果公司选择了高质量的审计服务，其代理冲突会得到缓解，公司治理会更加规范，信息的可靠性会显著提升，盈余管理也能得到遏制（Fan and Wong，2005；Chen et al.，2011；Santos Jaén et al.，2023）。部分研究表明，得益于高质量审计服务，企业的财务风险和债务成本显著降低（王永海和章涛，2014；郑登津和闫天一，2016；Hou et al.，2023），IPO溢价率也显著增加（胡丹和冯巧根，2013）。因而，高质量的审计服务能有效提升公司治理效率，是一种缓解代理成本的有效外部治理机制。同样，董责险作为一种新兴的外部治理机制，在激励管理者积极执业和提升企业价值上具有积极效果（Bhagat et al.，1987；Chalmers，2002；Hwang and Kim，2018；Zhang et al.，2024）。但董责险也会为管理层提供额外保护，这会诱发管理层更多的激进甚至机会主义行为，加剧管理层和股东之间的代理冲突。此外，董责险的兜底保护降低了管理层的诉讼风险，使得他们对中小股东的利益侵占更加肆无忌惮（Zou et al.，2008；Huang et al.，2024）。Lin et al.（2013）发现，董责险的庇护显著增加了金融公司的贷款利差，其财务重述问题也愈发严重。因而，董责险的引入对企业高质量审计服务需求可能产生两种不同的影响。

一方面，为降低自身风险，保险公司在订立董责险合同时会对投保公司的经营、财务、公司治理、信息披露等状况进行勘察。在保险合同生效后，投保公司还会对公司的经营活动进行监督。因此，董责险认购引入了保险公司作为对公司治理机制的补充，这有利于约束管理者行为（O'Sullivan，1997）。已有研究表明，这种治理机制产生了积极的效应。如 O'Sullivan（1997）认为，董责险投保使高管的投机行为受到限制（Tang et al.，2024；Li et al.，2024）。Core（2000）发现，董责险的监督机制能够有效地改善公司的治理水平。除对董事高管的保护作用外，Yuan et al.（2016）还发现，董责险规范了企业行为，降低了公司的股价崩盘风险。凌士显和白锐锋（2017）发现，董责险缓解了代理冲突，降低了企业的代理成本。此外，董责险改善了企业内部控制，使得财务重述概率降低（袁蓉丽等，2018）。袁蓉丽等（2019）还发现，购买董责险公司的会计信息质量明显改善，增发费用因此降低。因此，董责险的购买使公司的行为和信息在一定程度上暴露于保险公司的监督，这种监督会对其他公司治理机制产生替代作用。此时，股东选择高质量审计服务监督管理层的可能性显著下降。

据此，我们提出研究假设 H_{2a}：

H_{2a}：董责险购买降低了企业对高质量审计服务的需求。

另一方面，董责险对管理层的保护作用增加了公司的"高风险行为"，如更高的风险承担水平、更多的创新行为等（翟淑萍等，2020；Han et al.，2024）。在恶劣的情况下，董责险的购买会导致更多的机会主义行为（胡国柳和常启国，2022；Li et al.，2024）。如 Lin et al.
（2013）发现，董责险导致管理者投机行为和道德风险问题加剧，提
高了企业的融资成本。Boyer and Stern（2014）研究也表明，董责险
加剧了内部人交易，致使企业在 IPO 之后的股票收益率降低，股价波
动更为剧烈。Li and Liao（2014）发现，董责险降低了企业的投资效
率，会加剧企业的过度投资行为（Chiang and Chang，2022）。Donel-
son et al.（2018）发现购买董责险会使公司面临股价下降的风险。而
且，董责险的风险分散作用导致了公司盈余管理幅度的增大（贾宁和
梁楚楚，2013）、财务信息质量的降低（冯来强等，2017）、代理成本
的上升（Liang et al.，2024）以及诉讼风险的增加（曾春华和李源，
2018）。此外，董责险使公司利用短期贷款进行长期投资的行为显著
增加（赖黎等，2019）。

综上，董责险为管理层提供了额外的保护，使管理层激进行为的
代价降低。此时，股东为了保护自身利益，有更强的动机促使由独立
董事担任召集人和主要成员的、包含会计专业人士的、与公司不存在
直接利害关系且有维护公司整体利益义务的审计委员会选择高质量审
计服务来约束管理层可能的机会主义行为。并且，由于高额准租的存
在，高质量审计师有更强的动机和能力进行客户风险管理，避免自身
成为发挥保险作用的"深口袋"（De Angelo，1981）。据此，我们提
出研究假设 H_{2b}：

H_{2b}：董责险购买提高了企业对高质量审计服务的需求。

4.2.3　研究设计

1. 样本选择与数据来源

考虑到我国 2007 开始实施新的会计准则，我们选取 2007—2023
年的沪深 A 股上市公司作为初始研究样本，并按以下原则进行了筛
选：（1）考虑到金融保险业公司财务报表的特殊性，故予以剔除；
（2）剔除了首年上市的公司以保证回归结果具有稳健性；（3）因 ST、
PT 类上市公司财务数据经过了一定处理后才得以披露，故予以剔除；

（4）剔除财务数据有缺失的上市公司样本。经过上述处理，我们最终得到包含 4 152 个上市公司的 27 972 个非平衡面板数据进行实证分析。为控制极端值对回归结果的影响，对连续变量进行 1% 和 99% 的 Winsorize 缩尾处理。董责险相关数据来自 CNRDS 数据库，其余财务数据均来源于 CSMAR 数据库。我们使用 Stata 17.0 对数据进行分析处理。

2. 模型设计与变量选取

考虑到本部分解释变量为二元虚拟变量，参考已有文献做法，我们针对全样本使用模型（4-2）进行 Logit 回归来对研究假设进行检验，若 α_1 显著为负，则假设 H_{2b} 不成立，假设 H_{2a} 得到验证；反之，若 α_1 显著为正，则假设 H_{2a} 不成立，假设 H_{2b} 得到验证。本部分具体模型构建如下：

$$Y_{i,t} = \alpha_0 + \beta_1 DOI_{i,t} + \beta_2 \sum Controls_{i,t} + \beta_3 \sum Year_{i,t}$$
$$+ \beta_4 \sum Industry_{i,t} + \varepsilon_{i,t} \qquad (4-2)$$

式中，Y 表示被解释变量，由于拥有更多优质的审计资源并面对更大的审计失败损失，规模较大的会计师事务所有更强的能力和动机提高自身审计质量，在这一假设下，大型会计师事务所审计成了高质量审计的代名词。已有研究表明，大型会计师事务所拥有更高的审计质量这一假设在多数情况下是成立的（De Angelo，1981）。因此，我们使用审计服务变更为由当年国内排名前十的会计师事务所提供（AUDIT_10）和变更为由国际四大会计师事务所提供（AUDIT_4）来衡量企业的高质量审计服务需求情况。其中，若上市公司当年的审计服务变更为由国内排名前十的会计师事务所提供则赋值为 1，否则为 0。同样，若上市公司当年的审计服务变更为由国际四大会计师事务所提供则赋值为 1，否则为 0。

DOI 为解释变量，为上市公司是否认购董责险的虚拟变量。若上市公司发布的公司章程、股东会或董事会决议等其他公告中披露了其投保董责险的相关信息，则赋值为 1，否则为 0。Controls 表示控制变量，包括资产收益率（ROA）、股权集中度（Top10）、资产负债率（LEV）、成长性（Growth）、公司规模（Size）、董事会规模（DBN）、管理层持股比例（*Mshare*）、两职合一（*CEO*）、管理层薪酬（*Salary*）以及年份（*Year*）和行业（*Industry*）虚拟变量，ε 表示残差项。同时，由于研究样本为来自不同行业的面板数据，年度和行业的固定效应也需要受到关注。因此，我们选取如下财务指标、治理指标作为控制变量以及控制了年度和行业固定效应，详见表 4 - 11。

表 4 - 11　变量定义表

变量名称	变量符号	计算方法
高质量审计服务 1	*AUDIT*_10	审计服务变更为由当年国内排名前十的会计师事务所提供为 1，否则为 0
高质量审计服务 2	*AUDIT*_4	审计服务变更为由国际四大会计师事务所提供为 1，否则为 0
董责险认购	*DOI*	若上市公司当期认购了董责险赋值为 1，否则为 0
资产收益率	*ROA*	上市公司当期净利润与资产总额的比值
股权集中度	*Top*10	上市公司前十大股东持股比例之和
资产负债率	*LEV*	上市公司当期总负债与资产总额的比值
公司成长性	*Growth*	上市公司当期主营业务收入增长率
公司规模	*Size*	上市公司当期资产总额取自然对数
董事会规模	*DBN*	上市公司当期董事会总人数
管理层持股比例	*Mshare*	上市公司管理层当期持股总额与总股本的比值
两职合一	*CEO*	若上市公司当期董事长与总经理为同一人赋值为 1，否则为 0
管理层薪酬	*Salary*	上市公司当期年报中披露的管理层总薪酬加 1 取对数
行业	*Industry*	上市公司属于某行业时取值为 1，否则为 0
年份	*Year*	上市公司处于某年份时取值为 1，否则为 0

4.2.4　实证结果

1. 主要变量描述性统计结果分析

表 4 - 12 报告了主要变量的描述性统计结果，可以发现，是否变更

为由国内排名前十的会计师事务所提供审计服务（$AUDIT\_10$）和是否变更为由国际四大会计师事务所提供审计服务（$AUDIT\_4$）的样本均值分别为 0.074 和 0.036，表明样本期间内约有 7.4% 的上市公司选择将审计服务的提供方变更为国内前十大会计师事务所，约有 3.6% 的上市公司选择将审计服务的提供方变更为国际四大会计师事务所。此外，董责险认购（DOI）样本均值为 0.171，表明样本期间内我国资本市场上约有 17.1% 的上市公司认购了董责险。控制变量方面，资产收益率（ROA）均值为 3.8%、股权集中度（$Top10$）为 58.0%、资产负债率（LEV）为 40.9%、公司成长性（$Growth$）均值为 2.81% 以及公司规模（$Size$）均值为 22.178，以上指标与现有研究基本保持一致。

表 4-12 主要变量描述性统计结果分析

	N	Mean	SD	Min	P50	Max
$AUDIT\_10$	27 972	0.074	0.261	0	0	1.000
$AUDIT\_4$	27 972	0.036	0.187	0	0	1.000
DOI	27 972	0.171	0.377	0	0	1.000
ROA	27 972	0.038	0.065	-0.273	0.039	0.196
$Top10$	27 972	0.580	0.149	0.225	0.587	0.903
LEV	27 972	0.409	0.197	0.057	0.401	0.911
$Growth$	27 972	0.281	0.649	-0.659	0.122	4.037
$Size$	27 972	22.178	1.257	19.813	21.984	26.253
DBN	27 972	8.483	1.652	3.000	9.000	18.000
$Mshare$	27 972	0.151	0.199	0.000	0.025	0.674
CEO	27 972	0.309	0.462	0	0	1.000
$Salary$	27 972	13.963	2.373	0	14.312	16.319

2. 单变量检验结果分析

为初步验证董责险的引入对我国上市公司高审计服务需求的影响，本部分以是否购买董责险为标准将样本分为两组来分别进行单变量均值差异检验。相关检验结果汇报在表 4-13 中。可以发现，在购买了董责险的上市公司组别中，变更为由国内排名前十的会计师事务所提供审计服务（$AUDIT\_10$）和变更为由国际四大会计师事务所提供审计服务（$AUDIT\_4$）的样本均值分别为 0.099 和 0.052，明显大于没有购买董责险的上市公司组别中 $AUDIT\_10$ 和 $AUDIT\_4$ 的均值，且 t 检验结果均在 1% 水平显著。这初步表明董责险的引入会增加我国上市公司对高质量审计服务的需求，对假设 H_{2b} 是一个初步的验证。

表 4-13　单变量检验结果分析

	未认购董责险样本		认购董责险样本		均值差异检验
	样本量	均值	样本量	均值	T 检验
$AUDIT\_10$	23 187	0.068	4 785	0.099	−0.031***
$AUDIT\_4$	23 187	0.033	4 785	0.052	−0.018***
ROA	23 187	0.039	4 785	0.032	0.007***
$Top10$	23 187	0.580	4 785	0.582	−0.003
LEV	23 187	0.401	4 785	0.447	−0.046***
$Growth$	23 187	0.287	4 785	0.257	0.030***
$Size$	23 187	22.057	4 785	22.761	−0.703***
DBN	23 187	8.458	4 785	8.605	−0.148***
$Mshare$	23 187	0.161	4 785	0.103	0.058***
CEO	23 187	0.316	4 785	0.273	0.043***
$Salary$	23 187	13.923	4 785	14.567	−0.644***

注：*、**、***分别代表在 10%、5% 和 1% 的水平上显著。

3. 基准回归结果分析

表 4-14 报告了假设 H_{2a} 和 H_{2b} 的检验结果。其中，列（1）和列（4）仅包含解释变量，列（2）和列（5）进一步控制了年份和行业固定效应，而列（3）和列（6）包含所有的控制变量。可以发现，随着逐步控制行业和年份以及添加控制变量，回归模型中的 Pseudo-R^2 在逐步增加，表明我们控制行业和年份虚拟变量以及添加的控制变量具有合理性。此外，我们从列（1）~（3）的回归结果可以发现，董责险与

高质量审计服务的回归系数均在 1% 的水平上显著为正，表明董责险
的引入显著提升了我国上市公司的高质量审计服务需求。同时，以变
更为由国际四大会计师事务所提供审计服务来作为高质量审计服务代
理变量的情况下，列（4）~（6）的回归结果也显示董责险与高质量审
计服务的回归系数均在 1% 的水平上显著为正，表明董责险的引入显
著提升了我国上市公司的高质量审计服务需求。由此可见，董责险的
购买为管理层提供了额外的保护，从而使管理层有更强的动机采取高
风险行为甚至是机会主义行为，加剧了代理冲突，这使得股东为保护
自身利益促使购买了董责险的企业选择高质量的审计服务，假设 H_{2b}
由此得证。

表 4 - 14　董责险对企业高质量审计需求的影响

	(1)	(2)	(3)	(4)	(5)	(6)
	高质量审计服务 1（AUDIT_10）			高质量审计服务 2（AUDIT_4）		
DOI	0.203 ***	0.365 ***	0.347 ***	0.205 ***	0.336 ***	0.457 ***
	(5.40)	(4.00)	(3.76)	(4.88)	(4.81)	(3.11)
ROA			−0.570 ***			−1.012 ***
			(−2.72)			(−3.67)
Top10			0.067			0.241 *
			(0.70)			(1.94)
LEV			0.086			0.028
			(0.99)			(0.23)
Growth			0.049 **			0.019
			(2.56)			(0.71)
Size			0.043 ***			0.085 ***
			(2.72)			(4.28)
DBN			0.001			−0.010
			(0.08)			(−0.93)
Mshare			−0.292 ***			−0.218 **
			(−3.68)			(−2.21)
CEO			0.340 ***			1.158 ***
			(11.85)			(28.57)
Salary			0.183			0.147
			(0.58)			(0.37)

续表

	(1)	(2)	(3)	(4)	(5)	(6)
	高质量审计服务 1 (AUDIT_10)			高质量审计服务 2 (AUDIT_4)		
Constant	−1.489*** (−97.98)	−1.827*** (−9.39)	−2.945*** (−8.29)	−1.834*** (−98.34)	−2.021*** (−7.77)	−4.403*** (−9.44)
Industry	No	Yes	Yes	No	Yes	Yes
Year	No	Yes	Yes	No	Yes	Yes
Observations	27 972	27 972	27 972	27 972	27 932	27 932
Pseudo-R^2	0.004	0.037	0.052	0.004	0.056	0.169

注：按公司聚类的稳健标准误调整，括号中报告值为 Z 统计量，*、**、*** 分别代表在 10%、5% 和 1% 的水平上显著。

4. 稳健性检验

（1）董责险的保费和保额对高质量审计服务需求的影响。基于 CNRDS 数据库中披露的上市公司数据，来进一步地探讨董责险的保费和保额对高质量审计服务需求的影响，以验证董责险的引入对企业高质量审计服务需求的作用具有稳健性。其中，董责险保费（DOI_COST）以上市公司当年费用总额加 1 取自然对数标准来衡量，董责险保额（DOI_AMOUNT）以上市公司当年规定的最大赔付总额加 1 取自然对数标准来衡量。从表 4 - 15 的回归结果可以看出，除董责险保费和保额的回归结果以外，其余回归结果与我们主结果基本一致，支持了研究假设 H_{2b}。

表 4 - 15　董责险保费和保额与高质量审计服务的回归结果

	(1)	(2)	(3)	(4)
	高质量审计服务 1 (AUDIT_10)		高质量审计服务 2 (AUDIT_4)	
DOI_COST	0.030** (2.46)		0.047* (1.67)	
DOI_AMOUNT		0.018** (2.12)		0.021* (1.80)
ROA	−0.618*** (−2.98)	−0.615*** (−2.96)	−1.061*** (−3.90)	−1.057*** (−3.89)

续表

	(1)	(2)	(3)	(4)
	高质量审计服务 1（AUDIT_10）		高质量审计服务 2（AUDIT_4）	
$Top10$	0.099 (1.02)	0.098 (1.01)	0.278** (2.26)	0.276** (2.24)
LEV	0.080 (0.91)	0.081 (0.92)	0.022 (0.19)	0.023 (0.19)
Growth	0.048** (2.54)	0.048** (2.53)	0.016 (0.63)	0.016 (0.62)
Size	0.059*** (3.54)	0.058*** (3.53)	0.105*** (5.25)	0.104*** (5.21)
DBN	0.001 (0.17)	0.001 (0.16)	−0.009 (−0.83)	−0.009 (−0.82)
Mshare	−0.337*** (−4.24)	−0.336*** (−4.23)	−0.273*** (−2.76)	−0.273*** (−2.76)
CEO	0.331*** (11.49)	0.331*** (11.50)	1.128*** (27.15)	1.128*** (27.10)
Salary	0.275 (0.86)	0.275 (0.86)	0.254 (0.65)	0.257 (0.66)
Constant	−3.284*** (−8.92)	−3.264*** (−8.94)	−4.808*** (−10.30)	−4.791*** (−10.25)
Industry	Yes	Yes	Yes	Yes
Year	Yes	Yes	Yes	Yes
Observations	27 972	27 972	27 932	27 932
Pseudo-R^2	0.045	0.048	0.157	0.162

注：按公司聚类的稳健标准误调整，括号中报告值为 Z 统计量，*、**、*** 分别代表在 10%、5% 和 1% 的水平上显著。

（2）Heckman 两阶段法。董责险的引入对公司高质量审计服务需求的促进作用已经在前文得到证明，但是仍存在一种影响我们结论稳健性的因素需要排除，即选择了高质量审计服务的企业可能对董责险的治理效应存在更多了解，这种更多的了解可能会影响公司的董责险购买决策。针对这种可能存在的内生性问题，我们使用 Heckman 两阶段法进行处理。首先，参考贾宁和梁楚楚（2013）的做法，选取独立董事比例（*Indratio*）和董责险行业购买均值（*Mean*）估计样本选择高质量审计服务的逆米尔斯比（inverse Mill's ratio，IMR）。一般来说，行业平均投保率越高，公司购买董责险的可能性越大，但这与公司的审计服务选择无直接关系。其次，将得到的逆米尔斯比代入模型（4-2）进行回归，结果如表 4-16 所示。从第二阶段的回归结果可以看出，董责险认购（*DOI*）引入的系数依然显著为正，其余变量也同前文和已有研究保持了一致，说明在控制了内生性问题后结论依然成立。

表 4-16　Heckman 两阶段法稳健性测试

	第一阶段回归		第二阶段回归	
	DOI		*AUDIT_*10	*AUDIT_*4
ROA	−0.778*** (−3.21)	*DOI*	0.345*** (7.65)	0.458*** (8.00)
*Top*10	0.314** (2.15)	*ROA*	−1.355*** (−4.64)	−2.036*** (−5.15)
LEV	0.018 (0.14)	*Top*10	0.374*** (3.05)	0.647*** (4.01)
Growth	−0.005 (−0.22)	*LEV*	0.121 (1.39)	0.079 (0.66)
Size	0.186*** (8.27)	*Growth*	0.045** (2.33)	0.012 (0.47)
DBN	0.015 (1.10)	*Size*	0.229*** (4.71)	0.329*** (4.77)
Mshare	−0.820*** (−7.62)	*DBN*	0.009 (1.01)	−0.001 (−0.12)
CEO	−0.091** (−2.40)	*Mshare*	−1.167*** (−4.93)	−1.372*** (−4.16)
Salary	1.282*** (3.38)	*CEO*	0.249*** (6.85)	1.039*** (19.89)
Indratio	0.411 (1.04)	*Salary*	1.507*** (3.41)	1.890*** (2.99)
Mean	2.358*** (12.67)	*IMR*	1.272*** (4.01)	1.677*** (3.72)

续表

	第一阶段回归			第二阶段回归	
	DOI			*AUDIT*_10	*AUDIT*_4
Constant	−6.049*** (−10.96)	*Constant*		−9.768*** (−5.67)	−13.359*** (−5.42)
Industry	Yes	Industry		Yes	Yes
Year	Yes	Year		Yes	Yes
Observations	27 966	Observations		27 966	27 926
Pseudo-R^2	0.226	Pseudo. R^2		0.052	0.170

注：按公司聚类的稳健标准误调整，括号中报告值为 Z 统计量。＊、＊＊、＊＊＊分别代表在10％、5％和1％的水平上显著。

（3）倾向得分匹配法。董责险在我国的购买率偏低，可能导致样本存在选择性偏差，影响回归结果。因此，我们使用倾向得分匹配法对研究样本重新进行匹配后再次进行回归分析。具体而言，我们在近邻匹配的情况下执行了1∶1和1∶2匹配，并将匹配后的样本代入模型（4-2）再次进行回归。表4-17报告了相关的回归结果。可以发现，在经过倾向得分匹配后，无论是高质量审计服务1（AUDIT_10）还是高质量审计服务2（AUDIT_4）下，董责险认购（DOI）的回归系数均在1％水平上显著为正，表明在剔除样本选择偏误后董责险依旧显著提升了我国上市公司对高质量审计服务的需求，支持了我们的研究结论。

表4-17　倾向得分匹配法

	高质量审计服务1（AUDIT_10）		高质量审计服务2（AUDIT_4）	
	1∶1匹配	1∶2匹配	1∶1匹配	1∶2匹配
DOI	0.336*** (5.54)	0.353*** (6.65)	0.420*** (5.68)	0.444*** (6.87)
ROA	−0.533 (−1.47)	−0.519* (−1.73)	−0.696 (−1.42)	−0.956** (−2.47)
*Top*10	0.227 (1.54)	0.169 (1.30)	0.329* (1.68)	0.350** (2.09)
LEV	0.071 (0.47)	0.061 (0.48)	0.055 (0.29)	−0.050 (−0.30)

续表

	高质量审计服务1（AUDIT_10）		高质量审计服务2（AUDIT_4）	
	1：1匹配	1：2匹配	1：1匹配	1：2匹配
Growth	0.031 (0.91)	0.010 (0.32)	0.009 (0.19)	0.003 (0.07)
Size	0.032 (1.34)	0.039* (1.78)	0.051 (1.61)	0.071*** (2.70)
DBN	0.007 (0.49)	0.007 (0.57)	−0.014 (−0.78)	−0.011 (−0.72)
Mshare	−0.549*** (−3.52)	−0.394*** (−3.13)	−0.360* (−1.93)	−0.200 (−1.31)
CEO	0.376*** (7.70)	0.355*** (8.63)	1.024*** (15.06)	1.029*** (18.35)
Salary	−0.114 (−0.22)	0.156 (0.36)	−0.619 (−1.08)	−0.156 (−0.32)
Constant	−3.426*** (−4.73)	−2.895*** (−6.36)	−4.016*** (−4.58)	−4.005*** (−5.62)
Industry	Yes	Yes	Yes	Yes
Year	Yes	Yes	Yes	Yes
Observations	8 006	11 590	7 993	11 572
Pseudo-R^2	0.051	0.054	0.141	0.146

注：按公司聚类的稳健标准误调整，括号中报告值为 Z 统计量，*、**、*** 分别代表在 10%、5% 和 1% 的水平上显著。

（4）指标敏感性检验。我们将高质量的会计师事务所从"大所"的定义转变为"行业专长所"，对高质量审计服务需求进行指标敏感性检验。首先，借鉴 Zeff and Fossum（1967）的市场份额法，以事务所在行业中获取的审计费用与行业审计费用总和的比值来定义"行业专长所"，若该值大于 10%，则认为该事务所具有行业专长。其次，我们在此基础上构建了一个二元虚拟变量（*CIMS*），若公司将自身审计服务提供方变更为具有行业专长的事务所时取值为 1，否则为 0。最后，将上述虚拟变量代入模型（4-2）中重新进行回归，结果如表 4-18 所示。可以发现，列（1）～（3）回归结果与基准回归结果一致，表明在考虑指标敏感性问题后结论依旧成立。

表 4 - 18　指标敏感性检验

	高质量审计服务（CIMS）		
	（1）	（2）	（3）
DOI	0.367***	0.518***	0.200***
	（8.88）	（10.21）	（3.34）
ROA			−0.740**
			（−2.22）
Top10			−0.162
			（−0.92）
LEV			0.384**
			（2.48）
Growth			0.134***
			（4.70）
Size			0.160***
			（6.17）
DBN			0.134***
			（7.99）
Mshare			−8.017***
			（−12.63）
CEO			−0.788***
			（−14.27）
Salary			−1.217*
			（−1.89）
Constant	−0.577***	0.451**	−4.008***
	（−22.47）	（2.08）	（−7.01）
Industry	No	Yes	Yes
Year	No	Yes	Yes
Observations	27 972	27 966	27 966
Pseudo-R^2	0.009	0.084	0.109

注：按公司聚类的稳健标准误调整，括号中报告值为 Z 统计量，*、**、*** 分别代表在 10%、5% 和 1% 的水平上显著。

5. 进一步分析

（1）作用机制检验。前文提供了董责险的购买会刺激公司高质量审计服务需求的经验证据，然而仍有问题有待回答。如前文所述，董责险提供的额外保护降低了管理层的风险成本，进而诱发管理层的风险行为甚至是机会主义行为，升级的代理冲突使股东为保护自身利益而选择高质量的审计服务。若上述观点成立，董责险的购买应该增加了管理层和股东之间的代理成本。因此，为验证我们理论分析的合理性，我们拟检验代理成本在董责险与公司高质量审计服务需求之间发挥的中介作用。参考袁蓉丽等（2018）的研究，我们以管理费用率高低的虚拟变量（AC）衡量代理成本，对其在董责险与公司高质量审计服务需求之间扮演的中介作用进行检验。其中，管理费用率高低的虚拟变量（AC）是管理费用率经年度-行业中位数调整后的结果，超过年度-行业中位数的代表该上市公司具有较高的代理成本，AC 取值为 1，否则为 0。相关回归结果如表 4 - 19 所示，列（1）～（3）显示了高质量审计服务 1（AUDIT_10）下的中介效应检验结果，根据列（1）的无中介变量检验，DOI 系数显著为正；根据列（2）的中介变量检验，DOI 的系数同样显著为正；根据列（3）的含中介变量检验，DOI 和 AC 的系数皆显著为正；同时根据 Sobel 检验的结果，可知代理成本在董责险与公司高质量审计服务之间发挥了显著的中介效应。表 4 - 19 列（4）～（6）的回归结果同样显示，将高质量审计服务定义为变更为由国际四大会计师事务所提供审计服务（AUDIT_4）后，上述结论不变。说明在购买董责险后，管理层的在职消费和勤勉不足等问题更为严重，企业的代理成本显著上升，导致公司对高质量审计服务的需求增加。

　　（2）企业环境异质性检验。前文的回归结果表明，由于董责险为管理层提供了额外保护，管理层的高风险行为甚至是机会主义行为发生的概率显著增加，由此上升的代理成本刺激了公司的高质量审计服务需求。若上述假说成立，这种"刺激效应"在企业内外部环境存在差异时应有不同的表现，并且这种"刺激效应"应源于企业的代理冲突，而高质量审计服务发挥的应为积极治理效应而非保险功能。基于上述问题，本部分从以下方面进一步分析：除了分别考察企业内外部环境存在差异时董责险对公司高质量审计服务需求刺激作用的异质性以外，我们还围绕代理问题，全面考察了购买董责险的公司选择高质量审计服务的作用机制，以及高质量审计服务的实际治理效果。

表4-19　董责险影响公司审计服务选择的作用机制检验

	(1) AUDIT_10	(2) AUDIT_10	(3) AUDIT_10	(4) AUDIT_4	(5) AUDIT_4	(6) AUDIT_4
DOI	0.347*** (7.76)	0.200*** (3.34)	0.332*** (7.35)	0.457*** (8.11)	0.200*** (3.34)	0.445*** (8.00)
AC			0.229*** (5.46)			0.178*** (3.37)
ROA	-0.570*** (-2.72)	-0.740** (-2.22)	-0.525** (-2.47)	-1.012*** (-3.67)	-0.740** (-2.22)	-0.986*** (-3.54)
Top10	0.067 (0.70)	-0.162 (-0.92)	0.039 (0.40)	0.241* (1.94)	-0.162 (-0.92)	0.230* (1.83)
LEV	0.086 (0.99)	0.384** (2.48)	0.062 (0.71)	0.028 (0.23)	0.384** (2.48)	0.013 (0.11)
Growth	0.049** (2.56)	0.134*** (4.70)	0.040** (2.11)	0.019 (0.71)	0.134*** (4.70)	0.014 (0.51)
Size	0.043*** (2.72)	0.160*** (6.17)	0.032** (1.96)	0.085*** (4.28)	0.160*** (6.17)	0.076*** (3.80)
DBN	0.001 (0.08)	0.134*** (7.99)	-0.007 (-0.75)	-0.010 (-0.93)	0.134*** (7.99)	-0.015 (-1.34)
Mshare	-0.292*** (-3.68)	-8.017*** (-12.63)	-0.118 (-1.39)	-0.218** (-2.21)	-8.017*** (-12.63)	-0.127 (-1.24)

续表

	(1)	(2)	(3)	(4)	(5)	(6)
	AUDIT_10	AUDIT_10	AUDIT_10	AUDIT_4	AUDIT_4	AUDIT_4
CEO	0.340***	−0.788***	0.385***	1.158***	−0.788***	1.201***
	(11.85)	(−14.27)	(12.90)	(28.57)	(−14.27)	(29.00)
Salary	0.183	−1.217*	0.278	0.147	−1.217*	0.220
	(0.58)	(−1.89)	(0.88)	(0.37)	(−1.89)	(0.56)
Constant	−2.945***	−4.008***	−2.775***	−4.403***	−4.008***	−4.302***
	(−8.29)	(−7.01)	(−7.66)	(−9.44)	(−7.01)	(−9.17)
Industry	Yes	Yes	Yes	Yes	Yes	Yes
Year	Yes	Yes	Yes	Yes	Yes	Yes
Observations	27 972	27 966	27 972	27 932	27 966	27 932
Pseudo-R^2	0.052	0.409	0.056	0.169	0.409	0.170
Sobel 检验		5.765***			2.110**	

注：按公司聚类的稳健标准误调整，括号中报告值为 Z 统计量，*、**、*** 分别代表在 10%、5% 和 1%的水平上显著。

第一，内部环境异质性检验。基于我国的制度背景，产权性质的差异也存在影响董责险对公司高质量审计服务需求的可能性。相对于非国有企业，由于国有企业能够获得政治上的支持，加上国有企业的考核指标包含政治指标等其他非经济指标，如保持经济增长、降低失业率、维护社会稳定等（Bai et al.，2006；张敏和姜付秀，2010），其经济效益必然受到影响，这可能导致严重的代理问题。为了缓解代理问题，相对于非国有企业，国有企业有更强的动机选择高质量审计服务。因此，我们以产权性质为标准将样本企业分为国有企业和非国有企业两组，并在此基础上检验产权性质的调节效应。具体而言，若企业的产权性质为国有则归于国有企业分组，否则归于非国有企业分组，并将样本代入模型（4-2）进行回归。从表 4-20 中可以看出，变更为由国内排名前十的会计师事务所提供审计服务（AUDIT_10）和变更为由国际四大会计师事务所提供审计服务（AUDIT_4）作为高质量审计服务的情况下，国有企业中董责险认购（DOI）的回归系数分别为 0.299 和 0.468，且均至少在 5% 水平上显著。而在非国有企业组别中，董责险认购（DOI）的回归系数并不显著。上述研究表明董责险引入主要激励了国有企业的高质量审计服务需求。

表 4-20 产权性质的调节效应

	高质量审计服务 1（AUDIT_10）		高质量审计服务 2（AUDIT_4）	
	国有	非国有	国有	非国有
DOI	0.299*** (2.75)	0.078 (1.05)	0.468** (2.23)	0.012 (0.85)
ROA	−0.325 (−1.11)	−0.532* (−1.73)	−0.698* (−1.73)	−1.004** (−2.57)
Top10	0.311** (2.37)	−0.179 (−1.28)	0.559*** (3.13)	−0.120 (−0.67)
LEV	0.034 (0.29)	0.175 (1.37)	−0.050 (−0.30)	0.128 (0.77)
Growth	0.067*** (2.94)	0.010 (0.31)	0.002 (0.04)	0.031 (0.78)
Size	0.024 (1.19)	0.012 (0.45)	0.086*** (3.00)	0.034 (1.18)

续表

	高质量审计服务 1 (AUDIT_10)		高质量审计服务 2 (AUDIT_4)	
	国有	非国有	国有	非国有
DBN	−0.002 (−0.20)	−0.010 (−0.70)	−0.031** (−1.98)	0.003 (0.18)
Mshare	−0.426*** (−2.87)	−0.071 (−0.73)	−0.033 (−0.17)	−0.162 (−1.35)
CEO	0.341*** (7.73)	0.406*** (10.95)	1.084*** (19.04)	1.369*** (20.16)
Salary	−0.295 (−0.72)	0.255 (0.54)	−0.327 (−0.55)	0.176 (0.32)
Constant	−3.202*** (−6.62)	−1.817*** (−3.20)	−4.757*** (−6.91)	−3.375*** (−4.80)
Industry	Yes	Yes	Yes	Yes
Year	Yes	Yes	Yes	Yes
Observations	12 715	15 115	12 681	15 115
Pseudo-R^2	0.042	0.075	0.157	0.207

注：按公司聚类的稳健标准误调整，括号中报告值为 Z 统计量。* 、** 、*** 分别代表在 10%、5%和 1%的水平上显著。

第二，外部环境异质性检验。由于政策、资源及位置不同，我国不同地区的市场化水平和投资者保护程度均存在差异，而这些差异都有可能对董责险与公司高质量审计服务需求之间的关系产生影响。在市场化水平较高且投资者保护较强的地区，较高的信息透明度、健全的法律法规与监管制度带来的高违规成本使董责险的治理机制更好地发挥作用，此时，代理冲突的缓和使购买董责险公司的股东对高质量审计需求降低。而在市场化水平较低的地区，相关法律法规欠缺以及外部监督系统的不完善使董责险带来了更多的代理问题，为缓解代理冲突，股东对高质量审计服务治理作用的依赖会增强。

因此，我们将样本分为高市场化水平和低市场化水平两组来检验市场化水平的调节效应。基于王小鲁等（2019）提出的市场化指数衡量市场化水平，若市场化指数大于均值，则归于高市场化水平组别，否则归于低市场化水平组，并将样本分别代入模型（4-2）再次进行回归，结果分别如表 4 - 21 所示。可以看出，低市场化水平组别中，董责险认购（DOI）的回归系数分别为 0.311 和 0.428，且均在 1% 水平上显著，而在高市场化水平组别中董责险认购（DOI）的回归系数并不显著。

表 4 - 21 市场化程度的调节效应

	高质量审计服务 1（AUDIT_10）		高质量审计服务 2（AUDIT_4）	
	高市场化水平	低市场化水平	高市场化水平	低市场化水平
DOI	0.082 (1.00)	0.311*** (3.02)	0.071 (1.37)	0.428*** (3.08)
ROA	−0.263 (−0.58)	−0.614*** (−2.60)	0.314 (0.49)	−1.263*** (−4.16)
Top10	0.185 (1.36)	−0.075 (−0.58)	0.415** (2.46)	0.010 (0.05)
LEV	0.145 (1.06)	0.045 (0.43)	0.137 (0.75)	0.015 (0.10)
Growth	0.076*** (2.79)	0.025 (0.97)	0.050 (1.33)	−0.004 (−0.11)
Size	0.034 (1.54)	0.043** (2.26)	0.074*** (2.74)	0.079*** (3.14)
DBN	0.006 (0.53)	−0.006 (−0.58)	−0.013 (−0.82)	−0.012 (−0.76)
Mshare	−0.427*** (−3.66)	−0.185* (−1.83)	−0.379** (−2.56)	−0.056 (−0.45)
CEO	0.343*** (8.34)	0.335*** (9.25)	1.114*** (21.07)	1.218*** (22.17)
Salary	0.568 (1.00)	0.064 (0.19)	0.103 (0.15)	0.295 (0.67)
Constant	−2.844*** (−4.95)	−2.845*** (−6.19)	−4.097*** (−5.81)	−4.330*** (−6.80)
Industry	Yes	Yes	Yes	Yes
Year	Yes	Yes	Yes	Yes
Observations	13 026	14 926	12 994	14 926
Pseudo-R^2	0.058	0.051	0.162	0.185

注：按公司聚类的稳健标准误调整，括号中报告值为 Z 统计量，* 、** 、*** 分别代表在 10%、5% 和 1% 的水平上显著。

4.2.5　研究结论

本节考察了董责险对公司高质量审计服务需求的影响，以及这种影响的作用机制和经济后果。研究发现，董责险的引入增加了企业的高质量审计服务需求，且董责险是通过提高代理成本影响企业高质量审计服务需求。此外，我们还发现在市场化水平较低以及产权性质为国有企业的情况下，董责险的引入对公司高质量审计服务需求的正向作用更为显著。

上述结果表明，由于董责险为管理者提供了额外保护，管理层的高风险甚至机会主义行为可能会被诱发，为缓解代理冲突以降低这种情况发生的可能性，股东有更强的动机提高对审计服务的投入，选择高质量审计服务来维护自身利益。且市场化水平较低和企业产权性质为国有企业时，相对激烈的代理冲突使得购买董责险的公司对高质量审计服务的需求被进一步强化。这种代理冲突提高了代理成本，使股东选择高质量审计服务的动机更加强烈，而高质量审计服务发挥了积极的治理作用而非保险功能。

4.3　董事高管责任保险与企业内部控制

4.3.1　问题提出

内部控制是确保企业经营管理合法合规和财务报告真实完整、提升企业经营管理水平和风险防范能力的重要制度（逯东等，2014；Jin et al.，2024），且相比于经营复杂性、公司治理结构等硬性因素，管理层特征因素往往在内部控制体系中起着更为重要的作用（池国华等，2014；朱彩婕和刘长翠，2017）。高阶理论指出，管理层认知能力、风险意识以及价值观等心理特征软因素均会影响其个人行为决策，如年长的经理往往比年轻的经理更厌恶风险并倾向于保守性经营决策（Thomas et al.，1991），女性高管通常比男性高管更道德、更谨慎且更厌恶风险（Gold et al.，2009；Devine et al.，2024），这些心理特征会使得管理层更愿意保持安全有效的内部控制系统（Lin et al.，2014；Ud Din et al.，2021），减少企业内部控制缺陷的产生（Agyei-Mensah，2016；Parker et al.，2017；周虹和李端生，2018；Oradi and E-Vahdati，2021）。那么，董责险是否会对我国企业内部控制体系产生影响是值得我们探讨的一个话题，本研究对完善我国董责险相关制度和构建良好的内部控制制度体系提供了重要的经验参考。

本节检验了董责险的引入对我国上市公司内部控制缺陷的影响及其内在机制。本节可能的贡献之处在于：

首先，考察了董责险对企业内部控制缺陷的影响，为风险防范提供了一个新的研究视角。现有关于企业内部控制缺陷影响因素的研究，主要集中于董事会特征（Parker et al.，2015；Chalmers et al.，2019；杨小娟等，2022）、外部审计特征（Khlif and Samaha，2016；林钟高和邱悦旻，2019）以及部分宏观层面因素，如法律制度（赵渊贤和吴伟荣，2014；Liu and Huang，2020；杨世鉴等，2022）、国家文化（Kanagaretnam et al.，2016；尹律等，2017）、市场化程度（刘启亮等，2012）等，而对于直接作用于企业管理层的董责险而言，尚未有文献考察其对企业内部控制缺陷具有何种影响。不同于以往绝大多数研究发现董责险公司治理的积极效应，我们发现董责险这一外在制度在内部控制方面存在消极影响。

其次，不同于以往学者认为董责险在国内资本市场上的外部监督和激励效应的主流结论，我们发现，董责险在新兴资本市场上发挥机会主义效应的经验证据，丰富了已有董责险经济后果研究的相关文献，对深入理解董责险在新兴资本市场中的角色和作用以及完善国内董责险相关制度具有一定的理论和实际意义。

4.3.2　理论分析与研究假设

董责险旨在降低或分散董事高管群体在履职过程中可能面临的无

形责任风险，提升管理层执业积极性（Wang et al.，2020）。董责险作为一种从欧美国家引入的外在制度，是由资本市场上某类代理人群体（英国保险巨头劳合社）设计而产生的，其基本价值理念是自利观，因而需要依靠强制性法律或惩罚手段来确保其有效性（Kasper et al.，2013）。目前，我国关于董责险相关的法律体系与诉讼制度仍在完善中。那么，从理性经济人的自利性原则来看，董责险的引入更可能为管理层的机会主义行为和高风险决策"松绑"，导致管理者风险意识降低、机会主义行为倾向加剧（赖黎等，2019；Li et al.，2023）。冯来强等（2017）也发现，在我国法律体系与诉讼制度尚未完善的资本市场中，董责险并没有激发更多的股东诉讼反而会增加管理层机会主义行为。因此，我们认为，董责险的引入更可能激发管理层的机会主义动机，弱化内部控制监督，加剧企业内部控制缺陷，尤其在当前我国关于董责险相关监管体系尚未完善的制度环境下，董责险对管理层的机会主义效应更容易显现。

我国 2008 年颁布的《企业内部控制基本规范》及配套指引规定指出，上市公司应建立有效的内部控制体系，具体包括：内部环境、风险评估、控制活动、信息与沟通以及内部监督五大基本要素。我们预期董责险的引入将从这五个方面对企业内部控制的有效性产生不利影响，具体如下。

第一，作为企业实施内部控制的基础，内部环境包括治理结构、机构设置及权责分配、内部审计、人力资源政策以及企业文化等。而从当前国内制度环境来看，董责险更可能为管理层面临的诉讼风险兜底（李从刚和许荣，2020），诱发其道德风险和机会主义行为（Liang et al.，2024），从而损害企业内部控制环境建设。一方面，《企业内部控制基本规范》指出，企业应当加强法制教育，增强董监事及其他高级管理人员的法制观念，建立健全法律顾问制度，使管理层严格依法进行企业的决策和经营。董责险的引入虽能激励高管积极执业（Wang et al.，2020；胡国柳等，2019），但也会使管理层的风险偏向增强，私有化收益，如在职消费（郝照辉和胡国柳，2014）动机加剧，导致企业经营决策合规性不足、内部环境有效性下降等。另一方面，根据《企业内部控制基本规范》及配套指引规定，企业应该建立起规范的治理结构和议事规则，形成科学有效的职责分工和制衡机制。董事会负责内部控制的建立健全和有效实施，监事会对董事会建立与实施内部控制进行监督，而经理层则负责组织领导企业内部控制的日常运行。那么，在董责险的风险兜底作用下，对公司具有较大控制力的管理者（如董事长或总经理）更有动机设计和构建较差的内部控制体系，为其机会主义行为提供便利（Ogneva et al.，2007），例如任命与自己有社会关系的独立董事和内部董事（Johnstone，2011），直接导致难以形成有效的制衡和监督机制，企业内部控制环境有效性降低。

第二，作为企业内部控制的重要环节，风险评估能确保企业及时识别和分析经营决策中的内外部风险，并按照风险发生的可能性及影响程度确定优先控制哪类或具体风险。《企业内部控制基本规范》指出，上市公司应组成专业的风险分析团队，以合理分析并准确掌握管理者的风险偏好和决策行为，对内部控制中存在的风险进行有效控制，避免因个人风险偏好给企业经营带来重大损失。但是，这些及时准确评估出来的风险必然会对管理者的自利行为形成制约，甚至可能迫使其放弃或中止某些激进或自利性决策。因而，董责险的引入会降低决策者对内控风险进行及时评估的动机，为其推行冒险激进性经营决策，如过度投资（Li and Liao，2014；Chiang and Chang，2022）等提供便利。因此，我们认为董责险的风险兜底作用会降低管理层风险评估及确定风险应对策略的动机，导致企业风险评估有效性下降。

第三，作为企业内部控制体系的关键环节，控制活动是指企业在风险评估的基础上运用某些控制措施将风险控制在可承受度之内，是确保内部控制有效性的关键。《企业内部控制基本规范》指出，控制活动的基本措施应包括不相容职务分离控制和会计系统控制等重要机制，但董责险的引入将不利于上述两类机制的实施，从而降低内部控制活动的效率。一方面，不相容职务分离控制要求对经营决策过程中的不相容职务实施分离，并形成各司其职、相互制约的工作机制。而董责险是一种外在制度，需要强制性法律手段来确保制度的有效实施。然而，信息不对称和利己主义的存在必然鼓励管理层实施追逐私利以及弱化内部监督的机会主义行为，尤其是在当前我国关于董责险的法律体系与诉讼制度尚未完善的情形下，管理层的机会主义倾向将会更强，如激发管理层操纵重要人员任命动机（刘诚等，2012），导致不相容职务分离机制的实施效率下降。另一方面，会计系统控制机制要求企业严格执行会计准则以保证会计资料真实完整。然而，当管理层被董责险覆盖时，分散的法律责任风险会鼓励他们违背会计准则，激励其实施财务报告重述或盈余管理行为（Boubakri et al.，2008；Weng et al.，2017；Chang and Chen，2018），导致会计系统控制机制有效性不足，内部控制有效性下降。此外，作为风险控制的基础，风险评估有效性的下降也会导致内部控制活动的效率降低。

第四，作为内部控制的传导环节，信息与沟通要求企业及时准确地收集并传递与内控相关的信息，以确保重要信息在企业内外部进行有效沟通。《企业内部控制基本规范》指出，上市公司应将内部控制相关信息在企业内与各管理层进行沟通和反馈，发现问题应及时报告并加以解决，以确保重要内控信息及时传递给董事会、监事会和经理层。此外，企业应利用信息技术促进信息的集成与共享，充分发挥信息技术在信息与沟通中的作用。但无论是出于构建完善内控体系达到风险管理的目标，还是出于弱化内控体系约束能力达到自利性目的（叶建芳等，2012），管理者都需要依据这些信息来做出相关决策。因而，无论董责险的引入是否能激发管理层自利性动机，他们对于企业内控信息获取的需求基本上是不会变化的，甚至可能为了进行机会主义操作反而进一步加强对信息与沟通环节的构建。因此，董责险的引入可能并不会对信息与沟通要素产生显著影响，甚至可能会促进企业内部控制信息的有效沟通。

第五，作为内部控制的核心环节，内部监督要求企业对内控的建立与实施情况进行全面监督检查并及时评价内部控制有效性，做到对内部控制中存在的缺陷及时改进。《企业内部控制基本规范》指出，上市公司不仅要对内部控制实施情况进行常规持续的日常监督，还要对内部控制某些重点方面进行有针对性的专项监督，对监督过程中发现的内部控制缺陷也要及时向董事会、监事会或经理层报告，并提出整改方案。然而，董责险的引入会导致内部监督有效性明显下降：一方面，内部控制监督制度的实施本就是对管理层的约束，尽管他们有道德良知和实现有效控制的外在压力，但从理性经济人角度看，他们并没有作茧自缚的动机来进行自我约束（杨有红和胡燕，2004）。而董责险的引入则会放大管理层的逐利动机，诱使其弱化或仅仅践行浮于表面的内部监督机制，如干预内部审计委员任命或直接阻止其发挥作用（刘焱和姚海鑫，2014），为其机会主义决策"松绑"。另一方面，内部控制缺陷的整改需要花费大量人力和物力，往往还会追究相关负责人的责任。而内部控制本质上是一项以"人"为核心的企业制度建设行为，且管理层承担着内部控制制度设计和保持其有效性的主要责任（池国华和王钰，2018）。那么，在董责险的风险兜底作用下，管理层进行内控缺陷整改的动机也会下降，导致内部监督有效性不足。基于此，我们提出如下研究假设：

H_{3a}：董责险的引入会导致企业内部控制缺陷加剧。

H_{3b}：董责险通过损害内部环境、风险评估、控制活动以及内部监督四大要素加剧企业内部控制缺陷的产生。

4.3.3 研究设计

1. 样本选择与数据来源

由于我国上市公司内部控制缺陷类型数据披露起始于2009年，故选取2009—2023年的沪深A股上市公司作为初始样本，并按以下原则进行了筛选：（1）考虑到金融保险业公司财务报表的特殊性，故予以剔除；（2）剔除了首年上市的公司以保证回归结果具有稳健性；（3）因ST、PT类上市公司财务数据经过了一定处理后才得以披露，故予以剔除；（4）剔除财务数据有缺失的上市公司样本。经过上述处理，最终得到包含4 337个上市公司的30 680个非平衡面板数据进行实证分析。为控制极端值对回归结果的影响，对连续变量进行1％和99％的Winsorize缩尾处理。其中，董责险相关数据来自CNRDS数据库，其余财务数据均来源于 CSMAR 数据库。

2. 模型设计与变量选取

考虑到企业内部控制缺陷及其类型分别是二元离散变量和有序离散的变量，我们在借鉴 Beck et al.（2010）研究的基础上选择 Logit 回归和 Ordered Logit 回归模型来验证董责险对企业内部控制缺陷的影响，具体模型构建如下：

$$Y_{it} = \alpha_0 + \beta_1 DOI_{it} + \beta_2 \sum Controls_{it} + \beta_3 \sum Year_{it}$$
$$+ \beta_4 \sum Industry_{it} + \varepsilon_{it} \qquad (4-3)$$

式中，Y 为被解释变量内部控制缺陷。我们以二元虚拟变量下是否存在内部控制缺陷（ICD）和有序离散变量下内部控制缺陷的类型（ICD_type）来衡量企业内部控制缺陷。若上市公司当年存在内部控制缺陷则 ICD 赋值为 1，否则为 0。内部控制缺陷类型以有序离散变量来衡量，$ICD\_type = 0$ 时表示上市公司当年不存在内部控制缺陷，$ICD\_type = 1$ 时表示存在一般性内部控制缺陷，$ICD\_type = 2$ 时表示存在重要内部控制缺陷，$ICD\_type = 3$ 则表示存在重大内部控制缺陷，分别对应着企业内部控制缺陷的四种类型。DOI 为解释变量，若上市公司发布的公司章程、股东会或董事会决议等其他公告中披露了其投保董责险的相关信息，则赋值为 1，否则为 0。$Controls$ 表示控制变量，包括资产收益率（ROA）、股权集中度（$Top10$）、资产负债率（LEV）、公司成长性（$Growth$）、公司规模（$Size$）、董事会规模（DBN）、管理层持股比例（$Mshare$）、两职合一（CEO）、管理层薪酬（$Salary$）、年份（$Year$）以及行业（$Industry$）虚拟变量。同时，本节控制了年份和行业的固定效应。变量详细定义见表 4-22。

表 4-22　变量定义表

变量名称	变量符号	计算方法
内部控制缺陷	ICD	若上市公司当年存在内部控制缺陷则赋值为 1，否则为 0

续表

变量名称	变量符号	计算方法
内部控制缺陷类型	*ICD_type*	以有序离散变量0～3对内部控制缺陷类型进行赋值，其中，0="不存在内部控制缺陷"、1="一般缺陷"、2="重要缺陷"、3="重大缺陷"
董责险认购	*DOI*	若上市公司当期认购了董责险赋值为1，否则为0
资产收益率	*ROA*	上市公司当期净利润与资产总额的比值
股权集中度	*Top10*	上市公司当期前十大股东持股比例之和
资产负债率	*LEV*	上市公司当期总负债与资产总额的比值
公司成长性	*Growth*	上市公司当期主营业务收入增长率
公司规模	*Size*	上市公司当期资产总额取自然对数
董事会规模	*DBN*	上市公司当期董事会总人数
管理层持股比例	*Mshare*	上市公司当期管理层持股总额与总股本的比值
两职合一	*CEO*	上市公司当期董事长与总经理为同一人赋值为1，否则为0
管理层薪酬	*Salary*	上市公司当期年报中披露的管理层总薪酬加1取对数
行业	*Industry*	上市公司属于某行业时取值为1，否则为0
年份	*Year*	上市公司处于某年份时取值为1，否则为0

4.3.4 实证结果

1. 主要变量描述性统计结果分析

表4-23汇报了主要变量描述性统计结果，可以发现，企业内部控制缺陷（ICD）样本均值为0.290，表明样本期间内我国约有29%的上市公司存在内部控制缺陷；董责险认购（DOI）的样本均值为0.213，表明样本期间内我国约有21.3%的上市公司认购了董责险。

控制变量方面，资产收益率（ROA）均值为 3.6%、股权集中度（Top10）均值为 57.7%、资产负债率（LEV）均值为 40.8%、公司成长性（Growth）均值为 0.291、公司规模（Size）均值为 22.214，以上指标与现有研究基本保持一致。

表 4 - 23　主要变量描述性统计结果

	N	Mean	SD	Min	P50	Max
ICD	30 680	0.290	0.454	0	0	1.000
ICD_type	30 680	0.327	0.563	0	0	3.000
DOI	30 680	0.213	0.409	0	0	1.000
ROA	30 680	0.036	0.065	−0.273	0.037	0.196
Top10	30 680	0.577	0.151	0.225	0.583	0.903
LEV	30 680	0.408	0.197	0.057	0.399	0.911
Growth	30 680	0.291	0.782	−0.753	0.116	7.268
Size	30 680	22.214	1.258	19.813	22.014	26.253
DBN	30 680	8.433	1.638	4.000	9.000	18.000
Mshare	30 680	0.153	0.198	0	0.029	0.674
CEO	30 680	0.316	0.465	0	0	1.000
Salary	30 680	14.458	0.708	12.647	14.431	16.440

2. 单变量检验结果分析

为初步验证董责险对上市公司内部控制缺陷的影响，我们按照是否认购董责险将样本分为两组进行单变量检验。表 4 - 24 汇报了相关检验结果。可以发现，在未认购董责险的样本企业中，内部控制缺陷（ICD）和内部控制缺陷类型（ICD_type）均值分别为 0.267 和 0.296；而在认购董责险的样本企业中，内部控制缺陷（ICD）和内部控制缺陷类型（ICD_type）均值分别为 0.376 和 0.443，要明显大于未认购董责险组的样本均值且在 1% 水平上显著，初步验证了董责险的引入会加剧我国上市公司内部控制缺陷的产生，支持了研究假设 H_{3a}。

表 4-24　单变量检验结果分析

	未认购董责险样本		认购董责险样本		均值差异
	样本量	均值	样本量	均值	T 检验
ICD	24 147	0.267	6 533	0.376	−0.109***
ICD_type	24 147	0.296	6 533	0.443	−0.148***
ROA	24 147	0.038	6 533	0.028	0.010***
Top10	24 147	0.578	6 533	0.572	0.006***
LEV	24 147	0.400	6 533	0.434	−0.034***
Growth	24 147	0.305	6 533	0.240	0.065***
Size	24 147	22.088	6 533	22.680	−0.592***
DBN	24 147	8.434	6 533	8.429	0.005
Mshare	24 147	0.161	6 533	0.122	0.039***
CEO	24 147	0.318	6 533	0.305	0.013**
Salary	24 147	14.426	6 533	14.858	−0.432

注：*、**、***分别代表在 10%、5% 和 1% 的水平上显著。

3. 基准回归结果分析

表 4-25 报告了董责险与企业内部控制缺陷的回归结果。其中，列（1）和（4）仅包含解释变量，列（2）和（5）进一步控制了年份和行业固定效应，列（3）和（6）包含所有的控制变量。可以发现，随着逐步控制行业和年份以及添加控制变量，回归模型中的 Pseudo-R^2 也逐步提高，表明我们控制行业和年份虚拟变量以及添加的控制变量具有合理性。此外，我们从列（1）～（3）的回归结果可以发现，董责险认购（DOI）与企业内部控制缺陷（ICD）的回归系数均在 1% 水平上显著为正，即董责险的引入显著加剧了企业内部控制缺陷的产生。从列（4）～（6）可以看出，董责险认购（DOI）与内部控制缺陷类型（ICD_type）的回归系数也均在 1% 水平上显著为正，即董责险的引入同样加剧了不同类型内部控制缺陷的产生，上述结果验证了研究假设 H_{3a}。

表 4 – 25 董责险对企业内部控制缺陷的影响

	(1)	(2)	(3)	(4)	(5)	(6)
	内部控制缺陷（ICD）			内部控制缺陷类型（ICD_type）		
DOI	0.306 ***	0.263 ***	0.137 ***	0.322 ***	0.301 ***	0.192 ***
	(11.07)	(6.70)	(3.51)	(11.88)	(7.84)	(5.00)
ROA			−1.180 ***			−1.661 ***
			(−5.73)			(−8.30)
*Top*10			0.348 ***			0.249 **
			(3.01)			(2.32)
LEV			0.312 ***			0.368 ***
			(3.06)			(3.95)
Growth			−0.033 **			−0.038 ***
			(−2.16)			(−2.59)
Size			0.107 ***			0.085 ***
			(6.19)			(5.35)
DBN			0.016			0.014
			(1.52)			(1.60)
Mshare			−0.696 ***			−0.639 ***
			(−7.14)			(−6.96)
CEO			−0.111 ***			−0.087 ***
			(−3.39)			(−2.77)
Salary			−0.295			−0.140
			(−0.82)			(−0.43)
Constant	−0.623 ***	−2.534 ***	−5.215 ***	—	—	—
	(−33.49)	(−10.53)	(−12.22)	—	—	—
Industry	No	Yes	Yes	No	Yes	Yes
Year	No	Yes	Yes	No	Yes	Yes
Observations	30 680	30 673	30 673	30 680	30 680	30 680
Pseudo-R^2	0.008	0.045	0.080	0.008	0.037	0.066

注：按公司聚类的稳健标准误调整，括号中报告值为 Z 统计量，*、**、*** 分别代表在 10%、5% 和 1% 的水平上显著。

4. 稳健性检验

（1）董责险保费和保额对内部控制缺陷的影响。基于 CNRDS 数据库中披露的上市公司董责险相关的保费和保额数据，来进一步地探讨董责险的保费和保额对企业内部控制缺陷的影响，以验证董责险的引入对企业内部控制缺陷的作用具有稳健性，其中，董责险保费（DOI_COST）以上市公司当期费用总额加1取自然对数标准来衡量；董责险保额（DOI_AMOUNT）以上市公司当期规定的最大赔付总额加1取自然对数标准来衡量。从表4-26回归结果可以看出，除董责险保费和保额的回归结果以外，其余回归结果与主结果基本一致，支持了研究假设 H_{3a}。

表4-26　董责险的保费和保额与企业内部控制缺陷的回归结果

	(1)	(2)	(3)	(4)
	内部控制缺陷（ICD）		内部控制缺陷类型（ICD_type）	
DOI_COST	0.099*** (3.06)		0.138*** (4.29)	
DOI_AMOUNT		0.024*** (2.89)		0.083** (2.37)
ROA	−1.195*** (−5.81)	−1.202*** (−5.84)	−1.679*** (−8.41)	−1.687*** (−8.45)
Top10	0.354*** (3.07)	0.358*** (3.10)	0.258** (2.41)	0.263** (2.46)
LEV	0.310*** (3.04)	0.310*** (3.03)	0.365*** (3.92)	0.365*** (3.91)
Growth	−0.033** (−2.17)	−0.033** (−2.17)	−0.038*** (−2.60)	−0.038*** (−2.60)
Size	0.110*** (6.40)	0.113*** (6.52)	0.090*** (5.66)	0.093*** (5.80)
DBN	0.016 (1.54)	0.016 (1.55)	0.015 (1.62)	0.015 (1.63)
Mshare	−0.705*** (−7.23)	−0.707*** (−7.26)	−0.653*** (−7.10)	−0.656*** (−7.14)
CEO	−0.113*** (−3.44)	−0.113*** (−3.44)	−0.090*** (−2.85)	−0.089*** (−2.83)
Salary	−0.283 (−0.79)	−0.269 (−0.75)	−0.123 (−0.38)	−0.104 (−0.32)

续表

	(1)	(2)	(3)	(4)
	内部控制缺陷（ICD）		内部控制缺陷类型（ICD_type）	
Constant	-5.275^{***} (-12.41)	-5.326^{***} (-12.57)	— —	— —
Industry	Yes	Yes	Yes	Yes
Year	Yes	Yes	Yes	Yes
Observations	30 673	30 673	30 680	30 680
Pseudo-R^2	0.079	0.079	0.065	0.064

注：按公司聚类的稳健标准误调整，括号中报告值为 Z 统计量，*、**、*** 分别代表在 10%、5% 和 1% 的水平上显著。

（2）Heckman 两阶段法。参考贾宁和梁楚楚（2013）、袁蓉丽等（2019）的做法，我们选取高管海外工作背景（Oversea）和董责险行业购买均值（Mean）估计样本选择的逆米尔斯比（IMR）。由于在欧美国家等发达资本市场上，董责险的认购比率普遍高于 80%，因而我们认为具有海外工作背景的高管可能更倾向于购买董责险，而高管的海外工作背景一般不会直接影响到企业内部控制体系的建设。一般来说，行业平均投保率越高，公司购买董责险的可能性越大，但这与公司的内部控制体系建设选择无直接关系。将得到的逆米尔斯比代入模型（4 - 3）进行回归，结果如表 4 - 27 所示。从第二阶段回归结果可以看出，DOI 的回归系数基本与主回归结果一致，其余变量也同前文和已有研究保持了一致，说明在控制内生性问题后，研究结论依然成立。

表 4 - 27　Heckman 两阶段法稳健性测试

	第一阶段回归		第二阶段回归	
	DOI		ICD	ICD_type
ROA	-0.899^{***} (-3.74)	DOI	0.137^{***} (3.53)	0.192^{***} (5.04)
Top10	0.309^{**} (2.24)	ROA	-0.913^{***} (-3.70)	-1.280^{***} (-5.45)
LEV	-0.034 (-0.28)	Top10	0.258^{**} (2.07)	0.121 (1.06)

续表

	第一阶段回归		第二阶段回归	
	DOI		*ICD*	*ICD_type*
Growth	−0.009 (−0.47)	*LEV*	0.317*** (3.10)	0.374*** (4.01)
Size	0.194*** (9.03)	*Growth*	−0.031** (−2.00)	−0.034** (−2.35)
DBN	0.022 (1.59)	*Size*	0.051 (1.57)	0.006 (0.19)
Mshare	−0.595*** (−5.83)	*DBN*	0.012 (1.18)	0.010 (1.06)
CEO	−0.087** (−2.45)	*Mshare*	−0.516*** (−3.84)	−0.382*** (−3.05)
Salary	0.893** (2.51)	*CEO*	−0.086** (−2.47)	−0.052 (−1.55)
Oversea	0.574 (1.53)	*Salary*	−0.552 (−1.47)	−0.510 (−1.48)
Mean	2.230*** (17.61)	*IMR*	−0.381* (−1.94)	−0.545*** (−3.06)
Constant	−6.522*** (−11.74)	*Constant*	−3.103*** (−2.70)	— —
Industry	Yes	Industry	Yes	Yes
Year	Yes	Year	Yes	Yes
Observations	30 673	Observations	30 673	30 673
Pseudo-R^2	0.340	Pseudo. R^2	0.080	0.066

注：按公司聚类的稳健标准误调整，括号中报告值为 T 统计量，*、**、*** 分别代表在 10%、5% 和 1% 的水平上显著。

（3）倾向得分匹配法。考虑到我国 A 股非金融类上市公司中认购董责险的样本比例比较有限，可能导致回归结果受样本选择性偏差干扰。我们在模型（4-3）的基础上，采用倾向得分匹配方法进行样本筛选后再次进行回归，结果见表 4-28。具体而言，我们在保证购买董责险样本不变的前提下，按照不放回近邻匹配方式挑选对照组后重新匹配样本再次回归。研究发现，在对样本经过 1:1 和 1:2 近邻匹配筛选之后，董责险认购（*DOI*）与内部控制缺陷（*ICD*）、内部控制缺陷类型（*ICD_type*）回归系数均在 1％水平上显著为正，表明在通过倾向得分匹配法后董责险的引入依旧显著加剧了企业内部控制缺陷的产生，支持了研究结论。

表 4 - 28　倾向得分匹配后回归

	内部控制缺陷（*ICD*）		内部控制缺陷类型（*ICD_type*）	
	1∶1 匹配	1∶2 匹配	1∶1 匹配	1∶2 匹配
DOI	0.138***	0.121***	0.195***	0.179***
	(2.78)	(2.70)	(4.04)	(4.07)
ROA	−0.780***	−0.953***	−1.213***	−1.479***
	(−2.84)	(−3.91)	(−4.49)	(−6.13)
*Top*10	0.483***	0.526***	0.329**	0.384***
	(3.40)	(4.01)	(2.41)	(3.04)
LEV	0.462***	0.399***	0.521***	0.450***
	(3.50)	(3.32)	(4.34)	(4.12)
Growth	−0.031	−0.029	−0.041*	−0.039*
	(−1.34)	(−1.41)	(−1.76)	(−1.87)
Size	0.109***	0.108***	0.078***	0.081***
	(5.14)	(5.47)	(3.78)	(4.26)
DBN	0.015	0.016	0.012	0.015
	(1.12)	(1.36)	(1.09)	(1.47)
Mshare	−0.706***	−0.728***	−0.589***	−0.626***
	(−5.73)	(−6.47)	(−4.89)	(−5.72)
CEO	−0.092**	−0.084**	−0.056	−0.051
	(−2.23)	(−2.23)	(−1.35)	(−1.34)
Salary	0.177	0.226	0.341	0.345
	(0.43)	(0.60)	(0.88)	(1.00)
Constant	−5.188***	−5.284***	—	—
	(−9.20)	(−10.32)	—	—
Industry	Yes	Yes	Yes	Yes
Year	Yes	Yes	Yes	Yes
Observations	10 594	15 242	10 596	15 244
Pseudo-R^2	0.068	0.070	0.049	0.054

注：按公司聚类的稳健标准误调整，括号中报告值为 Z 统计量，＊、＊＊、＊＊＊分别代表在 10％、5％和 1％的水平上显著。

（4）指标敏感性检验。考虑到指标设定可能会影响研究结论稳健

性，我们对企业内部控制缺陷指标进行敏感性分析。基于此，在模型
（4-3）的基础上，选择内部控制质量（Index）作为企业内部控制缺
陷的替代指标再次进行 OLS 估计。其中，内部控制质量以深圳迪博
内部控制数据库披露的内部控制指数除以 100 来衡量。表 4-29 报告
了相关回归结果，可以看出，列（3）中董责险认购与企业内部控制
质量回归系数在 5% 水平上显著为负，表明董责险的引入的确显著降
低了企业内部控制质量，支持了前文研究结论。

表 4-29　企业内部控缺陷指标敏感性检验

	（1）	（2）	（3）
	内部控制质量（Index）		
DOI	−0.189*** （−4.64）	−0.120** （−2.40）	−0.103** （−2.03）
ROA			−6.847*** （−27.50）
Top10			−0.274*** （−3.45）
LEV			0.293*** （3.52）
Growth			−0.030** （−2.27）
Size			−0.175*** （−13.23）
DBN			0.004 （0.56）
Mshare			−0.261*** （−5.39）
CEO			−0.046** （−2.26）
Salary			−0.099 （−0.38）
Constant	−6.455*** （−484.81）	−6.623*** （−43.50）	−2.655*** （−9.00）
Industry	No	Yes	Yes
Year	No	Yes	Yes

续表

	（1）	（2）	（3）
	内部控制质量（$Index$）		
Observations	29 511	29 511	29 511
Adujsted-R^2	0.002	0.035	0.199

注：按公司聚类的稳健标准误调整，括号中报告值为 Z 统计量，*、**、*** 分别代表在10%、5%和1%的水平上显著。

5.进一步分析

（1）作用机制检验。前文论述表明，董责险的引入会损害企业内部控制五要素中的内部环境、风险评估、控制活动以及内部监督四大要素，从而导致企业内部控制缺陷加剧。因此，我们在模型（4-3）的基础上利用 OLS 回归来检验董责险对企业内部控制五要素的影响，以探讨董责险影响企业内部控制缺陷的作用机制，其中内部控制五要素数据来源于深圳迪博内控数据库。表4-30 报告了作用机制的检验结果，可以看出，董责险认购（DOI）与内部环境、风险评估、控制活动以及内部监督的回归系数均至少在10%水平上显著为负，而信息与沟通要素的回归系数并不显著，表明董责险的引入是通过损害内部控制五要素中的内部环境、风险评估、控制活动以及内部监督加剧了内部控制缺陷产生，而并非通过信息与沟通要素来加剧内部控制缺陷的产生，支持了研究假设 H_{3b}。

表 4 - 30　董责险影响企业内部控制缺陷的作用机制检验

	（1）	（2）	（3）	（4）	（5）
	内部环境	风险评估	控制活动	信息与沟通	内部监督
DOI	−0.395*** (−4.39)	−0.163** (−2.31)	−0.146* (−1.83)	−0.103 (−1.60)	−0.200** (−2.56)
ROA	−1.620*** (−4.61)	0.493** (2.40)	−0.799** (−2.26)	0.003 (0.02)	−2.913*** (−7.00)
$Top10$	−1.328*** (−8.12)	−0.246** (−2.34)	−0.432*** (−2.67)	−0.063 (−0.82)	0.122 (0.63)

续表

	(1) 内部环境	(2) 风险评估	(3) 控制活动	(4) 信息与沟通	(5) 内部监督
LEV	0.963*** (6.32)	0.165* (1.80)	0.784*** (5.19)	−0.268*** (−3.84)	0.250 (1.39)
Growth	0.029 (1.21)	0.036** (2.52)	−0.017 (−0.72)	−0.006 (−0.54)	−0.038 (−1.44)
Size	−0.061** (−2.33)	−0.146*** (−8.95)	0.003 (0.12)	−0.047*** (−3.98)	−0.196*** (−7.48)
DBN	−0.025 (−1.61)	−0.006 (−0.62)	0.016 (1.17)	0.029*** (4.44)	−0.023 (−1.46)
Mshare	0.105 (0.82)	−0.139* (−1.66)	−0.782*** (−6.12)	−0.535*** (−8.27)	0.775*** (4.97)
CEO	0.660*** (13.33)	−0.014 (−0.45)	−0.098** (−2.06)	−0.076*** (−3.37)	0.075 (1.36)
Salary	−2.490*** (−4.40)	0.051 (0.16)	−2.475*** (−4.51)	−1.358*** (−5.36)	1.786** (2.52)
Constant	−7.219*** (−12.10)	2.197*** (6.24)	−7.160*** (−14.01)	−0.797*** (−2.88)	0.203 (0.36)
Industry	Yes	Yes	Yes	Yes	Yes
Year	Yes	Yes	Yes	Yes	Yes
Observations	28 048	28 048	28 048	28 048	28 048
Adujsted-R^2	0.409	0.300	0.207	0.265	0.290

注：按公司聚类的稳健标准误调整，括号中报告值为 *T* 统计量，*、**、*** 分别代表在 10%、5%和 1%的水平上显著。

（2）管理层特征异质性检验。已有研究表明，管理层特征是影响企业内部控制有效性的重要因素（Harris and Raviv，2008；Cohen et al.，2012；Ud Din et al.，2021），但鲜有文献探讨管理层成员的中国共产党党员身份特征对内部控制有效性的影响。中国政党制度是近代以来中国历史发展的必然结果，是中国社会主义政治制度的独特优势和鲜明特色。中国政党制度是影响企业经营决策的重要因素（戴亦一等，2017；郑登津和谢德仁，2019；程磊和郑前宏，2023）。在上市公司中，根据《中华人民共和国公司法》、《上市公司治理准则》以及《中国共产党章程》等的规定，近年来基本上都已成立了党组织，并定期合法地开展相关工作与活动，如开展组织活动、召开组织会议以及进行慰问与表彰活动等，使得企业自觉或不自觉地把党的非自利主义基本价值观与理念内化到经营决策过程中，这必然会对管理层的风险意识和行为决策形成一定的影响和制衡。那么，党组织治理在构建我国企业内部控制体系中究竟起到何种角色和作用，以及能否弥补董责险这一外在制度在内部控制有效性上可能存在的不足，有待进一步的验证。

因此，我们在模型（4-3）的基础上，进一步探讨了不同管理层人员党员身份对董责险与企业内部控制缺陷关系的影响差异，以深入理解董责险影响企业内部控制缺陷的内在逻辑。具体而言，我们在李明辉等（2020）和柳学信等（2020）的基础上，将党组织治理中"双向进入"变量细分为三种情形：（1）是否存在党组织成员兼任董事会成员，是则取值为 1，否则为 0，变量符号为 $Enter\_D$；（2）是否存在党组织成员兼任监事会成员，是则取值为 1，否则为 0，变量符号为 $Enter\_J$；（3）是否存在党组织成员兼任高级管理人员，是则取值为 1，否则为 0，变量符号为 $Enter\_G$。表 4-31 报告了相关回归结果，可以看出，党员董事（$Enter\_D$）、党员监事（$Enter\_J$）以及党员高管（$Enter\_G$）与董责险认购（DOI）的交乘项回归系数均至少在 10％水平上显著为负，表明党员董事、党员监事以及党员高管均能有效抑制董责险对企业内部控制缺陷（类型）的不利影响，即三种类型的党组织治理均能有效地抑制管理层机会主义行为，降低董责险引入对我国上市公司内部控制的不利影响。

表 4-31　管理层异质性分析：党员董事、监事与高管的调节效应检验

	(1)	(2)	(3)	(4)	(5)	(6)
	内部控制缺陷（ICD）			内部控制缺陷（ICD_type）		
DOI	0.128 ***	0.051	0.085 *	0.193 ***	0.144 ***	0.138 ***
	(3.18)	(1.60)	(1.66)	(4.87)	(3.04)	(2.73)
$Enter\_D * DOI$	−0.015 *			−0.043 **		
	(−1.81)			(−2.10)		
$Enter\_J * DOI$		−0.209 ***			−0.110 *	
		(−3.25)			(−1.82)	

续表

	(1)	(2)	(3)	(4)	(5)	(6)
	内部控制缺陷（ICD）			内部控制缺陷（ICD_type）		
Enter_G * DOI			−0.027 ** (−1.97)			−0.029 ** (−2.39)
ROA	−1.164 *** (−5.65)	−1.130 *** (−5.27)	−1.221 *** (−4.45)	−1.664 *** (−8.29)	−1.653 *** (−7.89)	−1.609 *** (−6.00)
Top10	0.350 *** (3.02)	0.282 ** (2.35)	0.446 *** (3.32)	0.249 ** (2.32)	0.227 ** (2.08)	0.329 ** (2.55)
LEV	0.300 *** (2.85)	0.327 *** (3.07)	0.258 ** (2.11)	0.370 *** (3.84)	0.381 *** (3.90)	0.288 ** (2.55)
Growth	−0.033 ** (−2.17)	−0.036 ** (−2.36)	−0.016 (−0.90)	−0.038 *** (−2.59)	−0.040 *** (−2.70)	−0.021 (−1.19)
Size	0.108 *** (6.20)	0.106 *** (5.90)	0.141 *** (6.95)	0.085 *** (5.33)	0.083 *** (5.19)	0.118 *** (6.22)
DBN	0.015 (1.52)	0.011 (1.04)	0.022 * (1.90)	0.014 (1.60)	0.011 (1.16)	0.021 ** (2.04)
Mshare	−0.695 *** (−7.13)	−0.691 *** (−6.89)	−0.591 *** (−5.31)	−0.639 *** (−6.96)	−0.659 *** (−6.97)	−0.547 *** (−5.18)
CEO	−0.111 *** (−3.38)	−0.113 *** (−3.35)	−0.123 *** (−3.17)	−0.087 *** (−2.77)	−0.094 *** (−2.97)	−0.107 *** (−2.78)
Salary	−0.301 (−0.84)	−0.261 (−0.67)	−0.239 (−0.58)	−0.139 (−0.42)	−0.122 (−0.34)	−0.152 (−0.40)
Constant	−5.228 *** (−12.25)	−5.207 *** (−11.37)	−6.134 *** (−12.60)	— —	— —	— —
Industry	Yes	Yes	Yes	Yes	Yes	Yes
Year	Yes	Yes	Yes	Yes	Yes	Yes
Observations	30 673	30 673	30 673	30 680	30 680	30 680
Pseudo-R^2	0.080	0.085	0.095	0.066	0.070	0.079

注：按公司聚类的稳健标准误调整，括号中报告值为 Z 统计量，*、**、*** 分别代表在 10%、5% 和 1% 的水平上显著。

4.3.5 研究结论

董责险的引入是完善我国公司治理机制的一个良好实践，随着我国法律环境不断完善以及股东维权意识增强，上市公司面临的诉讼风险日益增加，未来国内资本市场对于董责险的需求也将不断增强。然而，董责险是由某类代理人设计并依靠强制性法律实行的外在制度，信息不对称和利己主义的存在会使得其在公司治理上存在一定的缺陷，需要依靠以利他主义为基本价值观的内在制度来弥补其在资本市场上的不足。

本部分实证检验了董责险的引入对企业内部控制缺陷的影响及作用机制。研究结果表明，董责险的引入加剧了我国上市公司企业内部控制缺陷的产生。机制检验表明，董责险的引入主要损害了内部环境、风险评估、控制活动以及内部监督四大内部控制要素，从而导致内部控制缺陷加剧。在进一步分析中，我们发现党组织成员兼任董事、监事以及高管成员均能有效降低董责险引入对内部控制缺陷的不利影响。

本部分的研究结论具有如下启示：第一，在当前我国资本市场环境下，董责险这一外在制度可能还难以成为提升企业风险防范能力的有效制度，因而监管部门应结合我国具体制度环境来制定董责险本土化的规章制度，在满足投保企业需求的同时，最大限度地降低管理层的机会主义行为；第二，中国政党制度作为一种以利他主义为基本价值观的内在制度，在有效抑制董责险这类外在制度的不利影响上具有明显的积极作用，有利于构建我国良好的风险管理体系，因此，我国监管部门可以考虑进一步健全和完善党组织制度在微观企业中的运用机制，以完善我国资本市场的风险管理监督体系。

4.4 本章小结

20 世纪 30 年代初美国股市大崩盘催生了证券市场问责机制，董责险作为一种激励管理层积极执业的避险工具应运而生。我国在 2001 年首次引入了董责险，为完善我国公司治理机制以及提升资本市场国际形象提供了一个较好的尝试。研究指出，董责险能提升管理层风险承担能力，在激励高管积极执业、提升企业价值上具有积极意义。与此同时，部分研究也指出董责险的引入可能诱发管理层机会主义行为，从而损害中小股东和企业的利益。总体而言，学术界对董责险的治理效应存在着一定的争议。我们选择中国上市公司为研究样本，考察了董责险在我国资本市场上的治理效果。本章主要探讨了董责险的引入对我国上市公司会计行为的影响，具体包括研发会计政策选择、高质量审计服务以及内部控制三个方面。主要研究结论如下：

（1）从研发会计政策选择角度来看，董责险的引入能显著激励上市公司研发支出资本化，且当企业面临更大的融资压力和业绩压力时，董责险认购对企业研发支出资本化的促进作用更强。而当企业面临更强的内外部监督时，董责险的正向作用会被弱化。

（2）从高质量审计角度来看，由于董责险会诱发管理层的高风险甚至机会主义行为，为缓解与股东的代理冲突，企业有更强的动机寻求高质量的审计服务。机制研究也表明，董责险的购买是通过提高企业代理成本影响了我国上市公司的高质量审计服务需求。此外，我们还发现在市场化程度较低以及产权性质为国有企业的情况下，董责险的购买对公司高质量审计服务需求的正向作用更为显著。

（3）从企业内部控制角度来看，董责险的引入加剧了我国上市公司企业内部控制缺陷的产生。机制检验表明，董责险的引入主要是损害了内部环境、风险评估、控制活动以及内部监督四大内部控制要素，从而导致内部控制缺陷加剧。

综上，本章研究表明董责险的引入不仅会加剧我国上市公司的机会主义行为，如盈余管理和更弱的内部控制，同时也能发挥积极有效的外部治理效应，如提升上市公司的会计稳健性。

总体而言，从企业会计行为来看，董责险的引入在我国资本市场上可能尚未起到足够的积极治理效应，本章研究结论显示，董责险的引入能显著促进企业研发支出资本化，同时会增加我国上市公司对高质量审计服务的需求，加剧企业内部控制缺陷。我们认为这是由于在董责险的风险兜底效应下，国内上市公司高管各种经营管理决策都会更加激进，违反了企业内部控制体系的相关规定并损害了企业内部环境、风险评估、控制活动以及内部监督四大内控要素，从而加剧了企业内部控制缺陷的产生。但与此同时，激进的管理层也想通过提高自身审计质量来向外界传递积极的公司治理信号，以满足后续各项融资需求。此外，我们还发现通过提升公司治理水平、引入机构投资者以及党组织治理等有效治理手段，能在很大程度上改善董责险带来的不利影响。因此，为推动董责险在我国资本市场上的良好发展并发挥应有的治理效应，我们认为可从以下几个方面予以改善：

第一，构建本土化的董责险合同条款。随着我国法律环境不断完善以及股东维权意识增强，上市公司对于董责险的需求在不断增强。但在当前我国资本市场环境下，董责险可能还难以成为提升企业风险防范能力的有效制度，因为目前国内的董责险合同条款多是直译国外而来（赖黎等，2019），保险公司应在参考国外条款的基础上结合我国具体情况来制定本土化的董责险合同条款，在满足投保企业需求的同时，最大限度地降低管理层的机会主义行为。

第二，进一步完善董责险的相关制度，规范其发展环境。结论显示，董责险在我国资本市场能有效发挥应有的治理效应，在一定程度上会抑制管理层自利行为。但相较于欧美发达国家资本市场，我国引入董责险的时间较短，相关的法律制度还不够完善。因此，为规范我国企业的经营管理，不断完善公司治理环境，为董责险的应用创造良好的市场环境，我国政府部门应结合我国资本市场的实际情况完善董责险条款，明确划分保险公司需要为管理者承担民事赔偿的情况，降低董责险为管理层自利行为兜底的可能性。

第三，加强企业内外部监督机制。本章研究结论显示，董责险虽会诱发管理层的机会主义行为，但通过有效的内外部监督机制（如引入党组织治理和机构投资者）能有效地抑制管理层的自利行为，从而有效提升和改善公司治理水平。因此，可以从企业内外部监督机制入手对董事和高管的机会主义行为进行更多的监管和约束，提升管理层决策行为质量和有效性，避免管理层通过操纵盈余谋取私利。

第 5 章
董事高管责任保险与企业财务决策

　　财务决策是贯穿企业经营管理始终的话题，是企业维系存续与创造价值的重要基础。科学合理的财务决策不仅有助于企业充分利用弥足珍贵的内外部资源，把握稍纵即逝的投资机会，更有助于企业感知周遭环境变化并及时应对。作为各项财务决策的直接制定者与推动者，企业高管能否充分发挥尽职意愿与执业能力，成为关系到企业生死存亡的核心因素。但在管理实践中，高管履职尽责状况却不尽如人意。委托代理理论指出，两权分离的现代公司制度导致高管与投资者间的利益目标异化。相较于扩大企业价值，高管往往更为关心薪资福利、职业稳固、假期等个人利益。受限于个体智力资本完全绑定工作岗位且无法分散，高管通常需要独自承担财务决策失败所带来的利益损失，包括薪酬缩减、声誉受损，甚至遭受来自投资者的法律诉讼等。理性人的避害天性使得高管在财务决策制定过程中趋于迟钝保守，缺乏主观能动性，表现出强烈的"职业固守"，最终可能损害投资者的利益。

　　董责险的设计初衷即借助财产保险制度为高管财务决策失败后的赔付责任兜底，降低其正常履职可能引致的风险。相较于西方资本市场的青睐，董责险能否在我国资本市场大展拳脚仍存悬念。一种普遍的担忧是，在市场监督不足和公司治理缺失的共同作用下，董责险的兜底效用可能会转化为高管们逃避责罚、谋取私利乃至滥用职权的工具。那么，董责险能否完善公司治理体制，优化企业财务决策？解答该问题不仅关系到董责险制度的本土化前景，也关系到我国资本市场体系的改革方向。

　　本章将从企业资本结构动态调整、创新、风险承担以及差异化战略四个方面详尽阐述董责险与企业财务决策之间的关系。

5.1　董事高管责任保险与企业资本结构动态调整

5.1.1　问题提出

　　合理的资本结构是降低资本成本、获取稳定发展动力的重要支撑。随着供给侧改革的不断深入，"去杠杆"走进人们视野，盲目崇尚高杠杆高收益的生产经营方式受到质疑。企业要在体制不断改革、市场日新月异的现代社会中保持稳定发展，就必须具备战略的前瞻性和应对的灵活性，以保持资本结构的有效动态调整。资本结构的调整速度是衡量企业资本运作效率的重要指标，已被广泛地运用于公司治理研究中。然而，贸然调整资本结构意味着高昂的调整成本，并可能对企业内部经营现状带来冲击，甚至会引发资金链断裂，极大威胁高管的自身利益。

　　已有研究指出，完善的治理机制是推动高管优化企业资本结构的重要因素。董责险作为一种职业责任保险，旨在降低高管从业风险，规避其因积极财务决策所引发的股东诉讼，是近年来兴起的公司治理工具；但也有学者指出，董责险解除股东诉讼的威胁变相促使高管更多地追逐个人利益，加剧代理冲突。那么在我国资本市场，董责险如何影响资本结构动态调整值得深入探讨。本节将利用实证方法研究董责险与资本结构动态调整速度之间的关系，对董责险的治理效果进行验证。

　　本节是国内较早基于实证层面深入研究董责险与资本结构之间关系的文献，通过定量分析董责险对公司资本结构动态调整的影响为现有董责险经济后果的研究做出有益补充；本节还揭示了董责险对我国上市公司融资决策的治理效应，从降低高管决策风险的视角为优化上市公司资本结构提供一种全新的公司治理工具，丰富了资本结构动态调整影响因素的相关研究。

5.1.2 理论分析与研究假设

MM 理论认为，在没有交易成本的理想市场中，企业投资可以达到最优标准，企业价值与资本结构以及股利政策无关。但这种完美的资本市场在现实生活中是不存在的。权衡理论综合考虑了现实市场中存在的各种成本，放宽了 MM 理论完全信息以外的各种假设，考虑了节税收益、财务困境成本与代理成本的存在以及负债的持有比例对企业价值的影响（邹萍，2014；Chen，2021；Brusov et al.，2021）。根据权衡理论，在债务利息的抵税收益与财务困境成本达到平衡时，企业存在最优资本结构，即企业的目标资本结构（姜付秀和黄继承，2013；Demarzo，2019）。

现实中，金融市场利率、政府的货币政策不断变化，同时由于企业自身规模和财务状况一直处于动态发展之中，企业的资本结构必然会不停地偏离最优值。保持自身资本结构接近目标资本结构是企业实现经济利益最大化的有效手段，企业会权衡资本结构调整行为的收益、成本以及风险等各个要素，通过投资、融资等手段使资本结构尽可能地接近自身的目标资本结构，以追求更大的经济利益。董事和高管作为公司的管理者与决策者，在资本结构是否调整、如何调整的问题上起到至关重要的作用（姜付秀和黄继承，2011；丁乙，2022；Wang et al.，2021）。资本结构决策中不论是静态上对目标资本结构的估计还是动态上的调整，都要求高管具有丰富的专业知识、准确把握时局的能力和快速应变的决策能力。

调整资本结构需要权衡相应的收益与成本，更重要的是考验企业和管理层对风险的承受能力。董责险作为上市公司的一项激励机制，旨在鼓励董事和高管积极做出有利于公司管理与绩效的决策，而无须担心决策行动失败后来自股东的控诉（Core，1997、2000；Zou et al.，2008）。董责险的存在可以减少高管对资本结构调整风险的顾虑，从而使管理层在决策时更加果断，在市场和企业的动态发展过程中对投资、融资等资本结构调整的节点也能更好地把握。通过提高可承受的风险程度，拓展了企业改变资本结构方式的广度和深度，从而加快了资本结构的调整速度。

企业运营过程中通常会保持稳健的资本负债率，这既是出于企业发展需要，也是管理者为了满足自我需求的选择。当自身利益与企业利益发生冲突时，高管可能会做出更有利于自身而非企业的决定，导致企业资本结构偏离最优值。董责险的引入，使得保险公司成为监督企业高管的独立外部力量（Core，2000；Yuan et al.，2016），促使企业提高内部控制水平（Priest，1987），抑制高管机会主义行为。另外，董责险能够增强高管对企业的信任感和归属感，促使其调整个人目标与企业相一致（Gutiérrez，2000；Li et al.，2022），进而减弱高管追求个人利益的动机，做出更有利于企业发展的资本结构调整决策。

除此之外，董责险有助于上市公司吸收引进高素质的管理人员（Macminn and Garven，2000），这对企业确定静态最优资本结构具有重要意义。设定错误的目标资本结构，必然会导致资本结构调整速度下降。已有研究表明，高管的专业能力对资本结构决策有显著影响，高管的专业能力越强，资本结构动态调整速度越快（姜付秀，2013）。由此本节提出以下假设：

H_{4a}：购买董责险与资本结构调整速度正相关。

资本结构的调整可以分为两种情况：当资本结构高于目标资本结构时，对应的调整称为向下调整；当资本结构低于目标资本结构时，对应的调整称为向上调整。研究发现，在资本结构低于和高于目标水平时，企业调整资本结构的成本和收益会有所不同，调整速度也存在差异（Byoun，2008；Faulkender et al.，2012）。黄继承等（2015）利用我国上市公司数据实证发现，资本结构高于目标水平时的向下调整速度比低于目标时的向上调整速度快约50%～89%。

资本结构向下调整的困难主要来源于高管对企业战略和长远利益

的考虑，实质性操作障碍相对较小，当调整收益大于调整成本时即可
实现资本结构调整。在这种情况下，董责险对调整速度的促进作用主
要源自其对代理问题的改善，但这种促进作用同样适用于另一种调整
方向。资本结构向上调整的困难在于资本市场中的融资约束、融资风
险等问题，不仅操作难度大，而且增加负债意味着企业财务风险和诉
讼风险的增加。有关研究表明，高管对高债务成本的感知会比提高债
务的潜在收益更敏感（盛明泉等，2016）。然而购买董责险可以提高
管理层承担风险的能力（Chen et al.，2016；胡国柳和胡珺，2017），
减少风险承担对高管决策的负面影响。此外，鉴于董责险能够有效提
升公司治理水平，其积极效应可向资本市场释放正面信号，进而有助
于缓解企业的融资约束难题。因此，在资本结构向上调整时，董责险
能够发挥更大作用。

因此本节认为，虽然董责险对不同调整方向的资本结构均有正向
的调节作用，但是在资本结构向上调整时，董责险可以有效提高管理
者的风险承担能力，降低调整成本，其促进作用会更显著。基于以上
分析，本节提出以下假设：

H_{4b}：董责险对资本结构动态调整的正向作用在资本结构向上调
整时更显著。

5.1.3　研究设计

1.样本选择与数据来源

本节的初始研究样本为 2003—2023 年沪深 A 股上市公司，为了
保证研究结果准确可靠，对数据进行以下处理：（1）考虑到金融保险
业公司财务报表的特殊性，故予以剔除；（2）由于本节将采用动态面
板数据的固定效应回归模型分析董责险对资本结构动态调整的影响，
因此剔除上市时间只有一年的公司；（3）剔除资产负债率大于 1 的公
司；（4）因 ST、PT 类上市公司财务数据经过了一定处理后才得以披
露，故予以剔除；（5）剔除财务数据有缺失的上市公司样本。经过筛
选，获得 4 534 家上市公司共 39 628 个观测值。为控制极端值对回归

结果的影响，对连续变量进行 1％和 99％的 Winsorize 缩尾处理。董责险相关数据来自 CNRDS 数据库，其他数据来自 CSMAR 数据库。

2. 模型设计与变量选取

目前对于资本结构动态调整的研究主要偏重于动态调整速度，即企业资本结构向目标资本结构调整的速度。企业的目标资本结构并不能被直接观测到，但是根据 Heshmati et al. (2001) 和 Hovakimian et al. (2001) 的研究，只要能充分选取影响目标资本结构正负方向的相关变量，就可以将目标资本结构合理地拟合出来。本节参考黄继承等 (2014) 的做法，把目标资本结构设定为其影响因素的线性函数的形式，如式 (5-1) 所示：

$$LEV_{i,t}^* = \alpha_0 + \sum \alpha_j X_{j,i,t} + \varepsilon_{i,t} \qquad (5-1)$$

式中，α_j 是第 j 个公司特征变量的系数；$X_{j,i,t}$ 是影响目标资本结构的公司特征变量。虽然目标资本结构会随宏观经济因素的变化而变化，但最终还是会通过公司特征的变化表现出来。雏敏 (2012) 指出该模型并非线性模型，为了避免此类问题，应采用最小二乘虚拟变量法 (LSDV) 来估计模型 (5-1)，以得到目标资本结构的拟合值。根据已有研究成果，本节选用企业规模、非负债类税盾、有形资产比、成长性、盈利能力以及行业资本结构均值等指标，采用最小二乘虚拟变量法计算企业的目标资本结构 LEV^*。在模型计算出的 LEV^* 基础上，借鉴姜付秀和黄继承 (2011)、盛明泉等 (2012)、黄俊威和龚光明 (2019) 等的研究，利用模型 (5-2) 计算资本结构的动态调整速度。

$$LEV_{i,t} - LEV_{i,t-1} = \lambda(LEV_{i,t}^* - LEV_{i,t-1}) + \varepsilon_{i,t} \qquad (5-2)$$

模型 (5-2) 中 $LEV_{i,t}$ 和 $LEV_{i,t-1}$ 分别表示企业在 t 期和 $t-1$ 期实际的资产负债率；λ 为本节考察的核心，反映了企业在 $t-1$ 期到 t 期的资本结构调整速度，λ 值越大表示调整速度越快。$\lambda=0$，表示调整成本大于调整收益，企业的资本结构维持在上一年的水平；$\lambda<0$，表

示资本结构的调整背离了目标资本结构的方向；$0<\lambda<1$，表示企业在向目标资本结构调整的方向上进行了部分调整；$\lambda>1$，表示企业在向目标资本结构调整的方向上进行了超额调整；$\lambda=1$，表示企业恰好处在目标资本结构。

　　本节考察董责险对资本结构动态调整的影响，参照黄继承（2014）和盛明泉（2016）的做法，以模型（5-2）为基准，通过添加董责险变量及其与资本结构偏离程度交乘项的方式来检验董责险对资本结构调整速度的影响：

$$LEV_{i,t}-LEV_{i,t-1}=(\lambda_0+\lambda_1 DOI_{i,t})(LEV_{i,t}^*-LEV_{i,t-1})$$
$$+DOI_{i,t}+\varepsilon_{i,t} \qquad (5-3)$$

式中，λ_1 是资本结构偏离程度与董责险交互项的回归系数，它衡量了董责险对资本结构调整速度的影响。如果 λ_1 显著为正，则说明购入董责险会使资本结构调整速度变快；如果 λ_1 显著为负，则说明董责险会使调整速度变慢。DOI 为解释变量，为上市公司是否认购董责险的虚拟变量。若上市公司发布的公司章程、股东大会或董事会决议等其他公告中披露了其投保董责险的相关信息，则赋值为 1，否则为 0。其他变量设计及其定义如表 5-1 所示。

表 5-1　变量定义表

变量名称	变量符号	计算方法
当年资产负债率	LEV_t	当年末有息负债总额/当年末资产总额
上一年资产负债率	LEV_{t-1}	上一年年末有息负债总额/上一年年末资产总额
资本结构年度差额	ΔLEV	LEV_t-LEV_{t-1}
目标资本结构	LEV_t^*	目标资本结构
资本结构偏离程度	DEV	$LEV_t^*-LEV_{t-1}$
董责险认购	DOI	若当期认购了董责险赋值为 1，否则为 0

续表

	变量名称	变量符号	计算方法
LEV* 计算 指标	公司规模	*Size*	资产总额取自然对数
	非负债税盾	*Dep*	累计折旧/总资产
	有形资产比例	*Tan*	(固定资产＋存货)/总资产
	成长机会	*TBQ*	(年末流通市值＋非流通股份占净资产的金额＋长期负债合计＋短期负债合计)/资产总额
	资产收益率	*ROA*	净利润/资产总额
	行业资产负债率中位数	*LEV_I*	行业根据证监会公布的行业分类标准统计
拓展性 研究 变量	诉讼风险	*Litigation*	如果企业上期遭遇诉讼事件赋值为1，否则为0
	高管过度自信	*OC*	根据高管薪酬比例、高管持股比例、现金红利再投资的年股票收益率、股权集中度这四个变量组成一个评分机制得到的哑变量

5.1.4　实证结果

1. 主要变量描述性统计结果分析

表 5-2 报告了主要变量的描述性统计结果。通过对比 $LEV_{i,t}$、$LEV_{i,t-1}$、LEV^*、DEV 等变量与以往资本结构相关研究的数据，我们发现这些数据在基本特征上保持一致，从而验证了本研究所用数据的可比性。总样本中，董责险的购买率约20%，意味着在近 4 万个样本中购买董责险的有约 8 000 个。进一步分析表 5-2 的数据，我们发现企业是否购买董责险在资本结构、目标资本结构以及资本结构的变动上均表现出显著的差异。具体而言，未购买董责险的企业，其资产负债率普遍高于已购买董责险的企业，这一趋势为我们后续探讨董责险对企业资本结构影响提供了客观依据。

表 5 - 2   描述性统计

	组别	N	Mean	SD	Min	Median	Max
LEV_t	全样本	39 628	0.214	0.163	0	0.196	0.643
	$DOI=0$	31 819	0.215	0.164	0	0.196	0.643
	$DOI=1$	7 809	0.211	0.157	0	0.196	0.643
LEV_{t-1}	全样本	39 628	0.218	0.165	0	0.202	0.643
	$DOI=0$	31 819	0.219	0.167	0	0.203	0.643
	$DOI=1$	7 809	0.212	0.158	0	0.198	0.643
LEV_t^*	全样本	39 628	0.221	0.160	-0.034	0.207	0.743
	$DOI=0$	31 819	0.223	0.161	-0.034	0.209	0.743
	$DOI=1$	7 809	0.212	0.155	-0.031	0.201	0.743
ΔLEV	全样本	39 628	-0.003	0.051 1	-0.185	0	0.197
	$DOI=0$	31 819	-0.004	0.053 4	-0.185	0	0.110
	$DOI=1$	7 809	-0.001	0.040 9	-0.185	0	0.197
DEV	全样本	39 628	0.003	0.023	-0.062	0.002	0.077
	$DOI=0$	31 819	0.004 02	0.022 2	-0.061 9	0.002 61	0.076 6
	$DOI=1$	7 809	0	0.026 5	-0.061 9	0	0.076 6

2. 回归分析

表 5 - 3 的 Panel A 和 Panel B 分别考察了全样本和不同的调整方向情况下董责险对资本结构动态调整速度的影响。

Panel A 中，列（1）显示的是全样本下模型（5 - 3）的回归结果。其中，资本结构偏离程度（DEV）与资本结构年度差额（ΔLev）显著正相关，符合理论预期，表明企业确实会积极地向其目标资本结构进行调整。具体而言，平均调整速度达到了 72.45%，这一数值相较于以往研究有显著提升。例如，章砚（2017）基于 2004—2014 年数据得出的调整速度为 65.2%，盛明泉（2016）利用 2003—2013 年数据计算的调整速度为 42.31%，而黄继承等（2014）以 1998—2009

表 5-3　回归分析

| | Panel A | | Panel B | | | |
| | 全样本 | | Under_LEV（向上调整） | | Over_LEV（向下调整） | |
	(1)	(2)	(3)	(4)	(5)	(6)
ΔLEV	0.724 5***					
	(65.86)					
DEV		0.704 3***	0.329 0***	0.312 4***	0.421 2***	0.416 2***
		(63.86)	(25.63)	(24.80)	(37.61)	(37.05)
DOI		−0.003 9***		−0.002 2*		−0.001 1
		(−5.80)		(−1.95)		(−1.38)
$DOI \times DEV$		0.445 9***		0.353 9***		0.156 9***
		(16.62)		(5.69)		(8.82)
$Constant$	−0.005 6***	−0.006 1***	0.033 6***	0.033 4***	−0.032 4***	−0.032 7***
	(−28.32)	(−25.54)	(125.98)	(117.18)	(−99.42)	(−86.95)
Year	Yes	Yes	Yes	Yes	Yes	Yes
Industry	Yes	Yes	Yes	Yes	Yes	Yes
Observations	39 612	39 612	16 914	16 914	22 698	22 698
Adjusted-R^2	0.113	0.119	0.061	0.065	0.212	0.214

注：按公司年度聚类的稳健标准误调整，括号中报告值为 T 统计量，*、**、*** 分别代表在 10%、5%和 1%的水平上显著。

年 A 股上市公司为样本得到的调整速度仅为 24.6%。这些对比数据不仅验证了本节计算结果的合理性，还揭示了我国上市公司资本结构调整速度近年来持续快速增长的趋势，这从侧面反映了我国资本市场的蓬勃发展和企业融资环境的不断优化。进一步地，列（2）探讨了董责险对资本结构调整速度的影响。$DOI * DEV$ 的系数为 0.445 9，在 1% 的水平上显著为正。这一发现支持了董责险在提升企业治理效率、促进资本结构优化方面的积极作用，即董责险的治理效应在资本结构调整问题上得到了实证验证，从而证实了假设 H_{4a} 的成立。

Panel B 反映了不同调整方向下资本结构调整速度的变化情况。具体而言，在不涉及其他变量的情境下，列（3）和列（5）分别展示了资本结构向上调整与向下调整的速度，分别为 32.9% 和 42.12%，说明资本结构调整速度在不同方向上存在差异，向下调整时速度更快，这与黄继承等（2014）的研究相一致。列（4）和列（6）则考虑董责险对资本结构调整速度的影响。结果表明，无论调整方向如何，董责险与资本结构偏离度的交乘项 $DOI * DEV$ 和资本结构调整程度 ΔLEV 都显著正相关。向上、向下调整时，董责险与资本结构偏离度的交乘项 $DOI * DEV$ 系数分别为 35.39% 和 15.69%。由于董责险的引入对资本结构向上调整的作用强度高于向下调整，表明董责险影响下企业资本机构向上调整的速度相较于向下调整显得更为迅速。

3. 稳健性检验

（1）指标敏感性。使用 GMM 方法对目标资本结构重新进行估计得到 $LEVS^*$，该目标资本结构与上一期资本结构 LEV_{t-1} 之差为 DEV'，结果如表 5-4 所示。可以看到，重新回归后资本结构动态调整速度有所变化，但是基本研究结论保持不变。

表 5-4　目标资本结构的其他衡量变量

	(1)	(2)
	ΔLEV	ΔLEV
DEV'	0.060 8*** (13.94)	0.034 1*** (5.94)

续表

	(1)	(2)
	ΔLEV	ΔLEV
DOI		$-0.000\ 7$
		(-0.96)
DOI * DEV'		$0.102\ 9^{***}$
		(10.52)
Constant	$-0.003\ 5^{***}$	$-0.003\ 5^{***}$
	(-14.68)	(-12.62)
Year	Yes	Yes
Industry	Yes	Yes
Observations	39 612	39 612
Adujsted-R^2	0.019	0.022

注：按公司年度聚类的稳健标准误调整，括号中报告值为 T 统计量，$*$、$**$、$***$ 分别代表在 10%、5% 和 1% 的水平上显著。

（2）Heckman 两阶段法。认购董责险的决策可能会受到企业财务决策的影响，继而产生样本自选择问题。为此，参考 Yuan et al. (2016) 的研究，我们构建 Heckman 两阶段模型，考察样本自选择对本节研究结论的影响。第一阶段，构建上市公司是否认购董责险的影响因素模型（5-4），控制变量依次为独董比例（IDD）、管理层持股（MS）、交叉上市（$Crosslist$）、公司违规（$Violation$）、股权制衡度（$Balance$）、公司规模（$Size$）、资产负债率（LEV）、资产收益率（ROA）、账面市值比（BM）、产权性质（SOE）、行业董责险均值（$INDDOI$）。随后对模型（5-4）进行回归，在此基础上估算出逆米尔斯比（IMR），相应结果如表 5-5 所示。

$$
\begin{aligned}
DOI_{i,t} =\ & \beta_0 + \beta_1 IDD_{i,t} + \beta_2 MS_{i,t} + \beta_3 Crosslist_{i,t} \\
& + \beta_4 Violation_{i,t} + \beta_5 Balance_{i,t} + \beta_6 Size_{i,t} \\
& + \beta_7 LEV_{i,t} + \beta_8 ROA_{i,t} + \beta_9 BM_{i,t} + \beta_{10} SOE_{i,t} \\
& + \beta_{11} INDDOI_{i,t} + \sum Year + \sum Industry + \varepsilon_{i,t}
\end{aligned}
$$

$$(5-4)$$

表5-5　Heckman 两阶段法——第一阶段

	DOI	
	系数	Z 值
SOE	0.170 0***	(3.50)
LEV	0.027 2	(0.24)
ROA	−0.294 1*	(−1.82)
BM	−0.348 4***	(−4.66)
Balance	−0.003 0**	(−2.31)
Size	0.130 2***	(8.03)
IDD	0.215 9	(0.79)
MS	−0.542 2***	(−5.95)
Crosslist	0.902 1***	(12.30)
Violation	−0.026 8	(−0.77)
INDDOI	3.703 0***	(4.55)
Constant	−5.055 8***	(−12.16)
Year	Yes	
Industry	Yes	
Observations	17 022	
Adujsted-R^2	0.340	

注：按公司年度聚类的稳健标准误调整，括号中报告值为 Z 统计量， *、**、*** 分别代表在 10%、5% 和 1% 的水平上显著。

第二阶段，将上述回归得到的逆米尔斯比带入回归模型（5-3），相应结果如表5-6所示。可以发现，在控制样本自选择偏差的潜在影响后，原回归结果仍保持稳健。

表5-6　Heckman 两阶段法——第二阶段

	全样本 ΔLEV	Under_LEV（向上调整）ΔLEV	Over_LEV（向下调整）ΔLEV
DEV	0.880 5***	0.327 1***	0.572 5***
	(44.01)	(17.51)	(24.94)
DOI	−0.004 2***	−0.003 9**	0.001 0
	(−3.13)	(−2.24)	(0.66)

续表

	全样本 ΔLEV	Under_LEV （向上调整）ΔLEV	Over_LEV （向下调整）ΔLEV
IMR	0.000 6 (0.34)	−0.005 7*** (−3.15)	0.010 7*** (4.11)
DOI×*DEV*	0.603 9*** (10.11)	0.499 2*** (5.31)	0.244 5*** (4.86)
Constant	−0.009 3*** (−2.87)	0.045 0*** (12.50)	−0.059 6*** (−12.06)
Year	Yes	Yes	Yes
Industry	Yes	Yes	Yes
Observations	17 022	7 990	9 032
Adujsted-R^2	0.152	0.068	0.183

注：按公司年度聚类的稳健标准误调整，括号中报告值为 T 统计量。*、**、*** 分别代表在 10%、5%和 1%的水平上显著。

4. 进一步分析

董责险主要通过影响高管决策行为实现对资本结构调整的影响，其作用效果可能会因风险特征和管理风格的不同产生变化。本部分分别选取诉讼风险和高管过度自信来考察企业和高管特征对董责险对资本结构动态调整调节作用的影响。

（1）诉讼风险。表 5-7 是将诉讼风险作为调节变量加入模型后的实证结果。列（1）中 *Litigation* * *DEV* 交乘项系数显著为正，说明诉讼风险对资本结构的动态调整速度存在促进作用。列（2）中 *Litigation* * *DOI* * *DEV* 的系数也显著为正，说明当诉讼风险和董责险同时作用时，会提升资本结构向目标资本结构调整的速度。两者的相互作用导致调整速度增加的原因可能是：董责险通过引入第三方保险公司作为风险规避保障，提高企业高管的风险承受能力，高管对因诉讼所带来风险的顾虑相应减轻，在对资本结构进行调整时能够作出更有利于公司管理与绩效的决策，从而抵消诉讼风险对资本结构动态调整的负向作用。

表 5-7　诉讼风险、董责险与资本结构调整速度

	(1)	(2)
	ΔLEV	ΔLEV
DEV	0.709 4***	0.691 4***
	(56.42)	(54.90)
Litigation	−0.001 2*	−0.002 0***
	(−1.89)	(−2.69)
Litigation * DEV	0.070 0**	0.050 5*
	(2.40)	(1.74)
DOI		−0.003 7***
		(−5.16)
DOI * DEV		0.387 8***
		(13.85)
Litigation * DOI		−0.000 7
		(−0.34)
Litigation * DOI * DEV		0.269 7***
		(3.77)
Constant	−0.005 3***	−0.005 6***
	(−22.56)	(−20.27)
Year	Yes	Yes
Industry	Yes	Yes
Observations	39 612	39 612
Adujsted-R^2	0.113	0.119

注：按公司年度聚类的稳健标准误调整，括号中报告值为 T 统计量，*、**、***分别代表在 10%、5% 和 1% 的水平上显著。

（2）高管过度自信。在规划企业的生产经营策略及投融资活动时，高管需精准预判企业当前状况及市场动态。然而，过度自信的管理者往往会高估所获取信息的准确性，或是低估未来随机事件的波动性，这种心理倾向促使他们更倾向于进行过度投资（郝颖，2005），也因此将可能采取激进的债务融资策略（余明桂等，2006）。对于过度自信的高管，董责险的激励作用可能会转变成对潜在风险的兜底，进而强化对资本结构调整的负向影响；然而，董责险所蕴含的外部监督机制并未因此消失，它依然能够在高管过度自信的情况下，对资本结构动态调整的负向影响起到改善作用。鉴于此，本部分将针对高管

过度自信、董责险以及资本结构动态调整速度之间的关联进行深入的实证检验，以明确三者之间的具体作用机制及影响效果。

对于高管过度自信的度量，本节借鉴梅世强等（2013）的做法，我们选取高管薪酬比例、高管持股比例、现金红利再投资的年股票收益率、股权集中度等四个关键变量，随后基于上述变量是否超过其中位数进行二值化处理，即将超过中位数的变量赋值为 1，否则为 0；接着计算上述四个变量的赋值之和，若总和大于等于 3，则判定为符合高管过度自信，并将此情况赋值为 1；否则为 0。相应实证结果如表 5-8 所示。

表 5-8　高管过度自信、董责险与资本结构调整速度

	(1)	(2)
	ΔLEV	ΔLEV
DEV	0.722 2***	0.700 6***
	(55.22)	(53.36)
OC	−0.000 4	−0.000 5
	(−0.66)	(−0.86)
OC * DEV	0.009 8	0.016 6
	(0.40)	(0.67)
DOI		−0.004 5***
		(−5.92)
DOI * DEV		0.474 0***
		(15.52)
OC * DOI		0.002 6*
		(1.75)
OC * DOI * DEV		−0.111 5*
		(−1.94)
Constant	−0.005 5***	−0.005 9***
	(−22.31)	(−20.22)
Year	Yes	Yes
Industry	Yes	Yes
Observations	39 612	39 612
Adujsted-R^2	0.113	0.119

注：按公司年度聚类的稳健标准误调整，括号中报告值为 T 统计量，*、**、*** 分别代表在 10%、5% 和 1% 的水平上显著。

在列（1）中，$OC*DEV$ 系数大于零但不显著，这说明高管过度自信在推动资本结构向目标资本结构调整方面的作用并不明显。在列（2）中 $OC*DEV$ 和 $DOI*DEV$ 的系数全部为正，并且 $DOI*DEV$ 的系数大于 $OC*DEV$ 的系数，这说明董责险对资本结构动态调整速度的促进作用更大。但值得注意的是，$OC*DOI*DEV$ 的系数小于 0，这说明当高管过度自信和董责险同时作用时，资本结构的动态调整速度反而会有所下降。出现上述现象的原因可能是：对于过度自信的高管而言，董责险的激励效应相对有限，而其提供的兜底功能反而可能加剧其投机行为倾向，诱发管理层的道德风险问题。这导致在资本结构调整决策中，高管更倾向于选择符合个人利益而非企业整体利益的调整方案，使得资本结构调整速度不升反降。

5.1.5 研究结论

本节考察董责险对资本结构动态调整的影响，并区分不同调整方向加以探讨。研究发现董责险对资本结构总体调整速度具有显著的正向影响，该促进作用在资本结构向上调整时更明显。进一步地，在面临较高诉讼风险的企业环境中，董责险对资本结构动态调整的促进作用更为强劲；而高管过度自信的现象会削弱董责险对资本结构调整速度的积极推动作用。以上研究结果表明，认购董责险可以促进资本结构向目标资本结构调整。本节不仅为验证董责险的治理效用提供了坚实证据，也为企业完善高管激励体系、优化融资结构提供了决策参考。

5.2 董事高管责任保险与企业创新

5.2.1 问题提出

创新是形成企业核心竞争力的关键要素，对微观企业发展和宏观经济增长都有重要影响。同时，由于创新投入到产出的过程具有高成本、长期性和不确定性等特征，企业自主创新同样存在较大的机会成本和失败风险。在两权分离的代理机制下，企业经营决策主要由管理者制定实施，但由于人力资本的专用性，管理者出于对职业规划、财产风险和声誉担忧等考虑，往往更倾向于风险规避的短视行为（Shleifer and Vishny，1989；Stein，1989；Hirshleifer and Thakor，1992；蔡庆丰等，2023）。企业自主创新的高风险特征使得管理者通常缺乏足够的创新激励，从而导致企业创新投入不足。

管理者风险容忍是影响企业创新的重要因素，提高管理者对创新风险的容忍程度，关键在于增加创新风险收益和降低创新失败损失（Manso，2011；Tian and Wang，2014；Brav et al.，2018；Chu et al.，2019）。现有文献对增加创新风险收益的探讨已较为丰富，但对降低创新失败损失的探讨却乏善可陈。董责险作为对冲管理人员执业风险、降低决策风险损失的治理工具，被广泛应用于欧美等发达资本市场。相比职位晋升或薪酬激励等传统方式，董责险的优势在于引入第三方保险公司为管理者的决策失误提供风险补偿和财富兜底，以提高其风险承受能力（Core，2000）。虽然国内学者对董责险的公司治理作用进行了一些探讨，但少有研究关注董责险对管理者的风险兜底作用能否促进企业自主创新。由此，本节尝试从管理者风险容忍的视角，探究董责险对企业自主创新的影响。

本节基于认购董责险的独特研究情境，从管理者对创新风险容忍的角度，探讨了董责险的风险兜底作用对企业自主创新的影响，丰富和拓展了企业自主创新的相关文献。与此同时，本节也以企业创新这一重要价值创造活动为对象，探索董责险在高风险性投资方面的经济后果。

5.2.2　理论分析与研究假设

结合董责险公司治理效应的相关文献，以及管理者的风险容忍与企业自主创新的关系探讨，本节认为，企业认购董责险对创新投入可能存在两个方面的影响。

一方面，董责险对管理者财产损失风险潜在的兜底作用，有助于提高管理者对创新失败风险的容忍程度，推动企业自主创新。企业创新投入有着较大不确定性，面临较高的失败风险（Holmstrom，1989；Tian and Wang，2014）。管理者在实施企业决策时，往往表现出风险规避倾向（Shleifer and Vishny，1989；Stein，1989；Hirshleifer and Thakor，1992），导致自主创新的动机不足。已有文献发现，董责险能够为管理者决策行为可能招致的财产损失进行兜底，这不仅有助于企业吸引和保留优秀的管理人员（Priest，1987），还能够有效缓解管理者的风险规避等代理问题，提高企业风险承担水平（胡国柳和胡珺，2017）。通过将管理者实施创新活动可能招致的财产损失风险转移给保险公司，董责险很大程度上解除了管理者在创新决策过程中的后顾之忧，提升对创新失败风险的容忍程度，促进企业自主创新。

另一方面，董责险的风险兜底作用对公司治理而言存在"双刃剑"的效应，也可能诱发管理者潜在的道德风险问题，从而挤出企业自主创新投入。尽管董责险的风险兜底作用有助于降低管理者的风险规避倾向，但董责险对管理者的过度庇护，降低了管理者的自利成本和法律威慑效果，可能引发管理层的机会主义行为（Parsons，2013）。如Chalmers（2002）发现，董责险可能诱发管理者利用内幕交易获取私人利益的自利行为，董责险与企业 IPO 后的股价表现负相关；Lin et al.（2011）指出，受到董责险保护的公司并购绩效更低，主要原因在于董责险庇护下的管理者进行了更多的非相关并购，并且支付更高的并购溢价。这些文献均表明，管理者很可能以董责险作为其自利行为的保护伞，实现对企业利益的攫取。换言之，由于企业认购董责险使得管理者实施自利行为的机会成本更低，在企业资源一定的前提下，董责险可能进一步弱化管理者的创新激励，挤出企业自主创新投入。

综上，董责险一方面有助于提高管理者对创新失败风险的容忍程度，推动企业自主创新，但另一方面也可能诱发管理者的机会主义行为，挤出企业自主创新投入。基于此，本节提出如下竞争性假设：

H_{5a}：认购董责险与企业自主创新投入正相关，对企业自主创新投入存在促进效应。

H_{5b}：认购董责险与企业自主创新投入负相关，对企业自主创新投入存在挤出效应。

5.2.3　研究设计

1. 样本选择与数据来源

因数据库创新数据始于 2006 年,因此本节选取 2006—2023 年沪深 A 股上市公司为初始研究样本,并对原始样本进行了如下处理:(1)考虑到金融保险业公司财务报表的特殊性,故予以剔除;(2)因 ST、PT 类上市公司财务数据经过了一定处理后才得以披露,故予以剔除;(3)剔除财务数据有缺失的上市公司样本。经过上述处理,最终得到 4 367 家公司的 31 201 个样本。为控制极端值对回归结果的影响,对连续变量进行 1% 和 99% 的 Winsorize 缩尾处理。董责险相关数据来自 CNRDS 数据库,其他数据均来自 Wind 数据库和 CSMAR 数据库。

2. 模型设计与变量选取

(1)董责险。已有研究主要采用以下三种方式对企业董责险情况进行衡量:第一,以企业是否认购董责险设置虚拟变量;第二,使用董责险的保费或保额;第三,计算已购买董责险的董事及高管占全部董事及高管的比例。考虑到我国董责险的现实披露情况,本节借鉴胡国柳和胡珺(2017)的研究,采用虚拟变量作为董责险的衡量方式,如果公司公告或文件中说明认购董责险,并且董事会已经通过,则对董责险认购(DOI)赋值为 1,反之为 0。

(2)企业自主创新。创新投入(研发支出)和产出(专利申请)是衡量企业创新的两个主要指标。本节考察董责险对企业自主创新的影响,根据理论预期,以创新投入作为衡量企业自主创新的指标与本研究更为契合。因此,借鉴已有文献的方法(唐跃军和左晶晶,2014;周铭山和张倩倩,2016;赵国庆和王光辉,2019;Migliori et al.,2020),本节分别以 RD_1 和 RD_2 两个指标作为企业自主创新的指标,其中 RD_1 以企业研发支出除以期末资产总额进行度量,RD_2 以企业研发支出除以当期营业收入予以度量。稳健性检验部分采用企业专利申请数量和创新投入的其他指标进行替代性的检验。

（3）控制变量。借鉴现有研究（唐跃军和左晶晶，2014；周铭山和张倩倩，2016；王姝勋等，2017），我们选取公司规模（$Size$，期末资产总额取对数）、资产负债率（LEV，期末负债总额除以资产总额）、资产收益率（ROA，总资产报酬率）、产权性质（SOE，国有企业为1，其他为0）、公司成长性（$Growth$，销售收入增长率）、股权集中度（$Top10$，前十大股东持股比例之和）、上市年龄（Age，上市年限＋1取自然对数）、自由现金流量（FCF，当年经营活动现金流量净额除以资产总额）、现金持有水平（$Cash$，现金及现金等价物除以资产总额）作为控制变量。

参考 Tian and Wang（2014）、Yuan et al.（2016）、胡国柳和胡珺（2017）的研究，本节设计模型（5-5）以检验董责险对企业自主创新的影响，具体如下：

$$RD_{i,t} = \alpha_0 + \alpha_1 DOI_{i,t} + \alpha_2 Size_{i,t} + \alpha_3 LEV_{i,t} + \alpha_4 ROA_{i,t}$$
$$+ \alpha_5 SOE_{i,t} + \alpha_6 Growth_{i,t} + \alpha_7 Top10_{i,t} + \alpha_8 Age_{i,t}$$
$$+ \alpha_9 FCF_{i,t} + \alpha_{10} Cash_{i,t} + \sum Year$$
$$+ \sum Industry + \lambda_{i,t} \tag{5-5}$$

式中，RD 表示企业的自主创新水平，分别采用企业研发支出除以期末资产总额（RD_1）和企业研发支出除以当期营业收入（RD_2）进行衡量；DOI 表示董责险认购，为解释变量。此外，我们在模型中还加入了年份虚拟变量（$Year$）和行业虚拟变量（$Industry$），以分别控制经济周期和行业环境对回归结果的影响。变量定义详见表5-9。

表5-9　变量定义表

变量名称	变量符号	计算方法
创新指标1	RD_1	企业研发支出除以期末资产总额
创新指标2	RD_2	企业研发支出除以当期营业收入
董责险认购	DOI	企业购买董责险且董事会已经通过取值为1，否则为0
公司规模	$Size$	期末资产总额取对数

续表

变量名称	变量符号	计算方法
资产负债率	*Lev*	期末负债总额除以资产总额
资产收益率	*ROA*	年末净利润除以平均资产
产权性质	*SOE*	国有企业为 1，非国有企业为 0
公司成长性	*Growth*	销售收入增长率
股权集中度	*Top*10	前十大股东持股比例之和
上市年龄	*Age*	企业上市年限加 1
自由现金流量	*FCF*	当年经营活动现金流量净额除以资产总额
现金持有水平	*Cash*	现金及现金等价物除以资产总额

5.2.4　实证结果与分析

1. 主要变量描述性统计结果分析

表 5 - 10 报告了本节主要变量的描述性统计分析结果，可以看出董责险认购（*DOI*）的均值为 0.065，说明样本中董责险的购买率为 6.5%，同当前学者研究结论基本保持一致（胡国柳和胡珺，2017），但与美国 95% 以及加拿大 75% 的董责险参保率相比，还存在较大差距。衡量企业自主创新水平的指标 *RD_1* 和 *RD_2* 均值分别为 0.020 和 0.036，说明样本中的企业自主创新活动之间存在着一定的差异。控制变量方面，公司规模（*Size*）均值为 22.130，资产负债率（*LEV*）均值为 40.8%，资产收益率（*ROA*）平均为 4.3%，有 31.8% 的公司为国有企业（*SOE*）。公司成长性（*Growth*）方面，均值为 25.7%，最小值和最大值分别为 -0.382 和 2.540，说明样本公司在成长性方面存在一定差异。以上指标与现有研究基本保持一致。其他变量的描述性统计也列示在表 5 - 10 中，此处不再赘述。

表 5 - 10　主要变量的描述性统计

	N	Mean	SD	Min	Median	Max
RD_1	31 201	0.020	0.014	0	0.018	0.101

续表

	N	Mean	SD	Min	Median	Max
RD_2	31 201	0.036	0.026	0	0.035	0.254
DOI	31 201	0.065	0.247	0	0	1
Size	31 201	22.130	1.253	19.860	21.94	26.02
LEV	31 201	0.408	0.196	0.054	0.400	0.883
ROA	31 201	0.043	0.059	−0.217	0.042	0.191
SOE	31 201	0.318	0.466	0	0	1
Growth	31 201	0.257	0.490	−0.382	0.131	2.540
Top10	31 201	0.390	0.247	0.019	0.387	0.802
Age	31 201	8.972	7.471	0	7	30
FCF	31 201	0.052	0.066	−0.147	0.050	0.236
Cash	31 201	0.197	0.156	0.017	0.150	0.680

2.单变量分析

为了更加直观地显示董责险与企业自主创新之间的关系，本节以企业是否认购董责险分组，比较这两类公司的创新投入，并进行差异检验。表 5-11 报告了单变量检验结果：未认购董责险样本的企业自主创新水平（RD_1 和 RD_2）均值分别为 0.019 和 0.035，低于认购董责险组企业自主创新水平（0.026 和 0.051），中位数检验也验证了以上结论。对两者差异进行 T 检验和 Z 检验，结果在 1% 的水平上显著。以上结果初步表明，认购董责险的公司有较高的创新投入水平；基于创新投入的中位数检验也表明，认购董责险和未认购董责险组存在显著差异。以上结果初步表明，董责险对企业自主创新有积极的促进作用，支持了前文的假设 H_{5a}。

表 5-11　单变量分析（以是否认购董责险分组）

	未认购董责险 DOI=0			认购董责险 DOI=1			差异 T/Z 检验	
	N	Mean	Median	N	Mean	Median	T 检验	Z 检验
RD_1	29 170	0.019	0.018	2 031	0.026	0.021	−0.006 ***	−11.165 ***

续表

	未认购董责险 $DOI=0$			认购董责险 $DOI=1$			差异 T/Z 检验	
	N	Mean	Median	N	Mean	Median	T 检验	Z 检验
RD_2	29 170	0.035	0.034	2 031	0.051	0.037	−0.015***	−8.867***
$Size$	29 170	22.075	21.902	2 031	22.942	22.741	−0.867***	−25.726***
LEV	29 170	0.404	0.395	2 031	0.463	0.460	−0.059***	−13.085***
ROA	29 170	0.044	0.043	2 031	0.033	0.035	0.011***	9.005***
SOE	29 170	0.306	0.000	2 031	0.484	0.000	−0.178***	−16.657***
$Growth$	29 170	0.259	0.132	2 031	0.235	0.107	0.024**	3.721***
$Top10$	29 170	0.385	0.376	2 031	0.457	0.485	−0.072***	−12.407***
Age	29 170	1.896	2.079	2 031	2.428	2.639	−0.532***	−26.237***
FCF	29 170	0.051	0.050	2 031	0.057	0.056	−0.006***	−4.388***
$Cash$	29 170	0.198	0.151	2 031	0.185	0.138	0.012***	4.397***

注：*、**、***分别代表在10%、5%和1%的水平上显著。

3. 董责险与企业自主创新的回归结果

为进一步考察董责险与企业自主创新的关系，本节对模型（5-5）进行回归检验。为了控制可能存在的自相关或异方差问题，本节在公司层面进行了聚类调整，并逐步控制了年份和行业固定效应，结果如表5-12所示。表中列（1）和列（2）董责险认购（DOI）对企业自主创新（RD_1 和 RD_2）的回归系数分别为0.009 2和0.007 2，均在1%的水平上显著；列（3）和列（4）控制了年份和行业固定效应，董责险认购（DOI）的回归系数仍显著为正。实证结果表明，董责险与企业自主创新之间保持了显著的正相关关系，支持了本节的假设 H_{5a}，不支持 H_{5b}，即认购董责险对企业自主创新投入存在促进效应。控制变量的回归结果显示，公司规模（$Size$）、产权性质（SOE）、股权集中度（$Top10$）和上市年龄（Age）均与企业的创新投入负相关，这与袁建国等（2015）的研究结论相一致。

表 5-12 董责险与企业自主创新回归结果

	(1)	(2)	(3)	(4)
	RD_1	*RD_1*	*RD_2*	*RD_2*
DOI	0.009 2*** (7.98)	0.007 2*** (6.89)	0.020 8*** (7.99)	0.017 1*** (7.29)
Size	−0.001 9*** (−8.17)	−0.001 5*** (−6.76)	−0.001 7*** (−4.57)	−0.001 0*** (−2.91)
LEV	0.003 1** (2.42)	0.004 0*** (3.32)	−0.026 1*** (−11.38)	−0.025 3*** (−11.74)
ROA	0.027 7*** (8.05)	0.032 5*** (9.80)	−0.033 6*** (−5.19)	−0.018 5*** (−2.97)
SOE	−0.002 6*** (−5.73)	−0.000 5 (−1.32)	−0.005 5*** (−7.45)	−0.001 7** (−2.45)
Growth	−0.001 3*** (−4.92)	−0.000 9*** (−3.74)	0.002 1*** (3.91)	0.002 1*** (4.36)
Top10	0.001 5*** (2.80)	−0.002 9** (−2.04)	0.004 3*** (4.43)	−0.015 6*** (−6.42)
Age	−0.000 1*** (−4.39)	−0.000 2*** (−4.93)	−0.000 4*** (−7.05)	−0.000 5*** (−9.13)
FCF	0.019 9*** (7.91)	0.020 6*** (8.50)	−0.004 2 (−0.94)	−0.002 2 (−0.49)
Cash	0.002 7** (2.03)	0.002 6** (2.01)	0.008 1*** (3.44)	0.008 9*** (3.96)
Constant	0.058 4*** (12.47)	0.028 7*** (6.31)	0.087 0*** (11.23)	0.034 9*** (4.67)
Year	No	No	Yes	Yes
Industry	No	No	Yes	Yes
Observations	31 201	31 073	31 201	31 073
Adujsted-R^2	0.103	0.270	0.160	0.346

注：按公司年度聚类的稳健标准误调整，括号中报告值为 T 统计量，*、**、*** 分别代表在 10%、5% 和 1% 的水平上显著。

综上，对模型（5-5）的回归结果显示，董责险认购对企业自主创新存在显著的促进作用，且在控制年份和行业效应后仍然存在。回归结果说明，董责险通过风险转移降低了管理者的执业风险，使得管理者在实施创新活动的过程中不必过多担心创新失败而导致自身利益损失，管理者对创新失败风险的容忍程度提升，企业自主创新水平也相对增加。

5.2.5　进一步分析

表 5 - 11 的回归结果表明，企业认购董责险有助于提升企业的自主创新投入。根据前文的理论逻辑，董责险对企业自主创新的影响主要在于其风险兜底作用，提高了管理者的风险容忍程度。基于此逻辑，根据边际效应递减规律，如果在一个以资源作为投入的企业，单位资源对产品产出的效用是不断递减的。具体到本节的研究，相对于风险容忍度高的管理者，董责险对风险容忍度低的管理者边际效果更明显。因此，董责险对企业自主创新的影响在管理者风险容忍度相对更低的企业中更加明显。对于风险容忍程度而言，不同的企业和管理者特质可能对其存在影响，因此本部分试图分别从企业和管理者个人特征的角度，进一步分析董责险与企业自主创新之间的关系，以厘清其内在机制。

1. 企业风险异质性：诉讼风险与产权性质

企业层面风险的异质性会直接影响管理者的风险判断，导致他们风险容忍度存在差异。当企业所处的外部环境风险较高时，管理者出于对职业规划、声誉担忧等考虑（Shleifer and Vishny，1989；Hirshleifer and Thakor，1992），其表现更加保守和稳健，因而对风险有较低容忍度。根据边际效应递减规律，相同的激励机制对于风险容忍度较低的管理者的激励作用更强，即在外部风险较高的企业中，董责险对管理者的激励作用更为明显。虽然企业外部风险与创新活动风险存在差异，但从本质上来讲，最终都反映了管理者在决策过程中的风险态度，而董责险通过对管理者决策时心理状态和风险特征产生影响（胡国柳和胡珺，2017），最终影响其决策行为，因此，基于企业外部风险横截面差异的检验能够较好地验证本节的理论预期。基于此，我们从诉讼风险以及产权性质角度探讨不同企业风险的异质性对董责险与企业自主创新关系的影响。

首先，诉讼违规风险是企业风险的重要组成部分，董责险通过降低此类风险对企业的威慑作用，提高管理者的风险承受能力（Lin et al.，2013）。因此，在诉讼风险较高的企业中，董责险对管理者风险容忍水平的提升作用也就更为明显。基于此，本节预期董责险对企业自主创新的促进作用在诉讼风险较高的企业中更为明显。其次，国有企业的管理者可以借助政治资源等优势，降低外部风险对自身不确定性的影响（李文贵和余明桂，2012），因此其对风险容忍水平可能并不敏感；而在非国有企业中，管理人员更多担负了职业经理人的职责，在外部风险相同的情况下，职业经理人会考虑职业规划以及声誉因素（Hirshleifer and Thakor，1992），因而非国有企业的管理者的风险容忍水平相对更低，此时董责险的边际激励作用也就更明显。

基于此，我们预期董责险对企业自主创新投入的促进作用在非国有企业中更为明显。本节从企业异质性（诉讼风险和产权性质）出发，对董责险与企业自主创新关系进行进一步探讨。诉讼风险借鉴潘越等（2015）的做法采用企业上期诉讼金额除以总资产乘以 100，用 $Litiamount$ 表示；产权性质的定义与前文一致。表 5 - 12 报告了相关的回归结果。首先，在列（1）和列（2）中，诉讼风险与董责险的交乘项（$DOI * Litiamount$）显著为正，说明董责险对企业自主创新的促进作用在诉讼风险越高的企业中越明显。其次，列（3）和列（4）的结果表明董责险对企业自主创新的促进作用在非国有企业中更明显。

表 5 - 13 的检验结果表明，董责险对企业自主创新的促进作用在风险较高的企业中更明显。当企业有较高的风险时，管理者的风险容忍度更低，因而其边际风险容忍度也就较高，此时董责险的风险激励效果更为明显，这也进一步验证了前文的理论机制，即董责险的风险兜底作用提升了管理者的风险容忍度，企业自主创新投入更多。

表 5 - 13 董责险企业自主创新——企业风险容忍的异质性

	（1）	（2）	（3）	（4）
	*RD*_1	*RD*_2	*RD*_1	*RD*_2
DOI	0.006 7***	0.015 2***	0.010 2***	0.024 1***
	(5.75)	(6.01)	(5.69)	(5.97)
Litiamount	−0.000 3***	−0.000 3*		
	(−2.87)	(−1.77)		
DOI * *Litiamount*	0.001 5***	0.003 8***		
	(7.80)	(6.23)		
DOI * *SOE*			−0.006 2***	−0.015 7***
			(−3.24)	(−3.73)
Size	−0.001 7***	−0.001 4***	−0.001 6***	−0.001 3***
	(−7.09)	(−3.75)	(−6.94)	(−3.62)
LEV	0.005 7***	−0.022 9***	0.005 3***	−0.023 4***
	(4.36)	(−10.30)	(4.11)	(−10.49)
ROA	0.032 8***	−0.014 1**	0.033 4***	−0.013 4**
	(10.49)	(−2.56)	(10.59)	(−2.44)
SOE	−0.000 4	−0.001 5**	0.000 1	−0.000 5
	(−0.85)	(−2.29)	(0.16)	(−0.72)
Growth	−0.000 7***	0.002 3***	−0.000 7***	0.002 3***
	(−2.80)	(4.30)	(−2.78)	(4.40)
*Top*10	−0.002 7*	−0.015 3***	−0.002 5	−0.014 8***
	(−1.74)	(−6.05)	(−1.58)	(−5.89)
Age	−0.000 1***	−0.000 5***	−0.000 2***	−0.000 5***
	(−4.17)	(−8.58)	(−4.44)	(−8.76)
FCF	0.023 3***	−0.002 7	0.022 9***	−0.003 7
	(9.02)	(−0.62)	(8.86)	(−0.84)
Cash	0.004 6***	0.010 9***	0.004 3***	0.010 2***
	(3.05)	(4.72)	(2.87)	(4.43)
Constant	0.034 2***	0.041 5***	0.032 9***	0.040 2***
	(6.75)	(5.28)	(6.57)	(5.21)
Year	Yes	Yes	Yes	Yes
Industry	Yes	Yes	Yes	Yes
Observations	23 350	23 350	23 350	23 350
Adujsted-R^2	0.280	0.350	0.279	0.347

注：按公司年度聚类的稳健标准误调整，括号中报告值为 *T* 统计量，* 、** 、*** 分别代表在 10%、5%和 1%的水平上显著。

2.管理者的个人特征：三年困难时期经历

心理学的研究发现早年经历会影响人的行为决策，如投资组合决策（Bucciol and Zarri，2013）、风险承担决策（Bernile et al.，2017）等，而困苦经历则更具持久性（Holman and Silver，1998）。管理者的人生经历反映了其对风险的态度（Bamber et al.，2010；Schoar and Zuo，2011），有困苦经历的管理者对风险有更高的评估和判断能力，表现更加保守，风险规避倾向更高。Dittmar and Duchin（2015）的研究表明，有困苦经历的管理者更加保守，倾向于持有更少债务和更多储蓄。这也就是说，困苦经历致使管理者在财务决策方面表现出更高的风险规避倾向，风险容忍水平更低。基于前文逻辑，根据边际收益递减规律，我们预期董责险对企业自主创新的作用会在有困苦经历管理者的企业中更明显。

本节以管理者三年困难时期经历为具体研究问题，进一步探讨不同管理者风险容忍度水平下董责险对企业自主创新投入的影响。借鉴许年行和李哲（2016）的研究，我们将出生在1940—1955年之间的管理者定义为有三年困难时期经历（$Famine=1$，反之为0）。在表5-14的列（1）和列（2）中未控制固定效应，董责险与管理者三年困难时期经历交乘项（$DOI * Famine$）的系数显著为正，这说明董责险对企业自主创新的促进作用对有着三年困难时期经历的管理者更明显；列（3）和列（4）中，董责险与管理者困苦经历交乘项（$DOI * Famine$）的系数显著为正，说明董责险对企业自主创新活动的促进作用对有困苦经历的管理者更明显。与前文的理论预期一致，有困苦经历的管理者风险容忍水平较低，董责险的风险激励效果也就更加明显，对企业创新的影响也就更强。上述的研究支持了本节的理论机制，即董责险通过提高管理者的风险容忍水平，从而增加了企业的自主创新投入。

表5-14　董责险与企业自主创新——管理者风险容忍的异质性

	(1)	(2)	(3)	(4)
	RD_1	RD_2	RD_1	RD_2
DOI	0.008 9 *** (7.62)	0.020 4 *** (7.71)	0.007 0 *** (6.63)	0.016 8 *** (7.05)

续表

	（1）	（2）	（3）	（4）
	RD_1	*RD_2*	*RD_1*	*RD_2*
Famine	−0.003 1***	−0.004 1***	−0.001 6**	−0.000 2
	（−4.37）	（−3.16）	（−2.43）	（−0.19）
*DOI * Famine*	0.073 5***	0.146 0***	0.070 1***	0.137 7***
	（43.87）	（4.28）	（28.00）	（4.26）
Size	−0.001 9***	−0.001 7***	−0.001 4***	−0.001 0***
	（−8.18）	（−4.51）	（−6.70）	（−2.77）
LEV	0.003 1**	−0.026 1***	0.004 0***	−0.025 3***
	（2.45）	（−11.28）	（3.36）	（−11.67）
ROA	0.027 6***	−0.033 9***	0.032 4***	−0.019 1***
	（7.99）	（−5.19）	（9.68）	（−3.03）
SOE	−0.002 6***	−0.005 5***	−0.000 6	−0.001 6**
	（−5.74）	（−7.38）	（−1.33）	（−2.36）
Growth	−0.001 4***	0.002 0***	−0.000 9***	0.002 1***
	（−5.22）	（3.67）	（−3.90）	（4.25）
*Top*10	0.001 3**	0.003 9***	−0.002 9**	−0.015 6***
	（2.39）	（4.04）	（−2.04）	（−6.39）
Age	−0.000 1***	−0.000 4***	−0.000 2***	−0.000 5***
	（−4.24）	（−6.97）	（−4.81）	（−9.11）
FCF	0.020 5***	−0.002 9	0.021 2***	−0.001 1
	（8.13）	（−0.64）	（8.73）	（−0.26）
Cash	0.002 8**	0.008 0***	0.002 6**	0.008 8***
	（2.12）	（3.46）	（2.03）	（3.91）
Constant	0.058 5***	0.086 8***	0.028 0***	0.033 5***
	（12.52）	（11.23）	（6.25）	（4.47）
Year	No	No	Yes	Yes
Industry	No	No	Yes	Yes
Observations	30 619	30 619	30 494	30 494
Adujsted-R^2	0.110	0.168	0.275	0.353

注：按公司年度聚类的稳健标准误调整，括号中报告值为 T 统计量，*、**、***分别代表在 10％、5％和 1％的水平上显著。

3. 替代性解释：董责险的"眼球效应"

我国资本市场中董责险的购买比例尚处于较低水平，认购董责险

的公司尚为少数，这些企业很有可能成为资本市场中的"明星"，会
受到资本市场的关注以及更多的外部监督，这种现象称为"眼球效
应"（Yuan et al.，2016）。眼球效应认为，认购董责险的公司存在更
多的外部监督，会使公司代理问题减轻，管理者亦会更为积极履职，
实施更多的创新活动（余明桂等，2017；陈钦源等，2017）。眼球效
应对董责险与企业自主创新解释是由于企业受到了更多的外部关注，
将减少管理者的自利行为，使得机会主义行为对企业自主创新投入的
挤出效应减弱，导致企业自主创新投入增加。这可能成为本节的一种
替代性的解释。

　　基于上述分析，我们进一步考察了董责险对分析师跟踪和媒体监
督的影响，其中，分析师跟踪（$Analyst$）采用跟踪某上市公司的分
析师人数取对数进行衡量；媒体报道（$Media$）采用当年某上市公司
报道的数量取对数衡量。借鉴 Bhushan（1989）、Yu（2008）以及 Yuan
et al.（2016）的研究，在原有控制变量基础上增加了市账比（MK，市
场价值除以期末账面价值）作为控制变量，采用模型（5-6）进行
检验：

$$
\begin{aligned}
Analyst_{i,t}/Media_{i,t} =\ & \alpha_0 + \alpha_1 DOI_{i,t} + \alpha_2 Size_{i,t} + \alpha_3 LEV_{i,t} \\
& + \alpha_4 ROA_{i,t} + \alpha_5 SOE_{i,t} + \alpha_6 Growth_{i,t} \\
& + \alpha_7 Top10_{i,t} + \alpha_8 Age_{i,t} + \alpha_9 FCF_{i,t} \\
& + \alpha_{10} Cash_{i,t} + \alpha_{11} MK_{i,t} + \sum Year \\
& + \sum Industry + \lambda_{i,t} \qquad (5-6)
\end{aligned}
$$

　　表 5-15 列示了替代性解释的回归结果，表中列（1）和列（2）
列示了董责险对当期和下一期的分析师跟踪的回归结果，董责险认
购（DOI）的系数并不显著；列（3）和列（4）报告了董责险对当
期和下一期媒体报道的影响，董责险认购（DOI）的系数为正，但
并不显著。可以看出，基于董责险眼球效应的替代性解释在本节中
并不成立，这与 Yuan et al.（2016）的研究相一致，可以排除这一替
代性解释。

表 5 - 15 董责险的"眼球效应"

	(1)	(2)	(3)	(4)
	$Analyst_t$	$Analyst_{t+1}$	$Median_t$	$Median_{t+1}$
DOI	0.001 0	0.008 4	0.096 0	0.081 7
	(0.02)	(0.15)	(1.51)	(1.24)
Size	0.570 2***	0.533 4***	0.546 3***	0.561 2***
	(34.72)	(31.32)	(23.63)	(21.90)
LEV	−0.382 3***	−0.581 1***	0.275 9**	0.107 1
	(−4.49)	(−6.34)	(2.54)	(0.88)
ROA	5.590 8***	3.164 5***	1.597 4***	1.088 4***
	(18.54)	(10.36)	(5.64)	(3.43)
SOE	−0.200 6***	−0.228 4***	0.051 6	0.031 5
	(−7.25)	(−8.02)	(1.46)	(0.82)
Growth	0.114 0***	−0.082 1***	−0.057 9***	−0.039 8
	(5.97)	(−3.19)	(−2.73)	(−1.25)
Top10	−0.682 7***	−0.593 4***	−0.113 9	−0.112 9
	(−6.97)	(−5.67)	(−0.80)	(−0.73)
Age	−0.253 8***	−0.263 8***	−0.098 8***	−0.061 1*
	(−13.47)	(−11.31)	(−3.81)	(−1.84)
FCF	0.418 1**	0.350 9*	0.745 5***	0.777 8***
	(2.54)	(1.93)	(3.74)	(3.35)
Cash	−0.028 2	−0.051 9	0.360 1***	0.486 9***
	(−0.31)	(−0.52)	(3.11)	(3.54)
MK	0.196 9***	0.175 8***	0.092 4***	0.066 6***
	(12.58)	(11.61)	(5.94)	(4.27)
Constant	−10.884 0***	−9.531 6***	−8.343 0***	−8.585 1***
	(−29.87)	(−25.65)	(−16.82)	(−16.12)
Year	Yes	Yes	Yes	Yes
Industry	Yes	Yes	Yes	Yes
Observations	18 659	14 291	18 659	14 291
Adujsted-R^2	0.352	0.298	0.479	0.495

注：按公司年度聚类的稳健标准误调整，括号中报告值为 T 统计量，*、**、*** 分别代表在 10%、5% 和 1% 的水平上显著。

5.2.6 稳健性检验

本节基于风险容忍的角度，阐述了董责险对企业自主创新的影响及其内在机理。为保证文章结论的稳健性，本节从内生性检验、指标敏感性检验等角度进行稳健性检验。

1. 倾向得分匹配法

由于保险公司在客户投保时可能进行一定的筛选，最终留下本身创新绩效较好的公司承保。也就是说，创新绩效好并非由于董责险的激励作用，而是由于保险公司的"筛选效应"所致。基于此，本部分采用倾向得分匹配法：第一步，通过对认购董责险的样本与未认购保险的样本筛选财务特征等指标相似的企业，以消除保险公司的"筛选效应"；第二步，对筛选后的样本进行再回归，结果在图 5-1 和表 5-16 中列示。通过图 5-1 可以看出，在经过配对筛选之后，原样本间的差异显著下降，对照组和实验组之间的"筛选效应"得到剔除。表 5-16 中列示了配对后的回归结果，可以看出董责险认购（DOI）系数均保持一定的显著性，与前文的研究结论相一致。

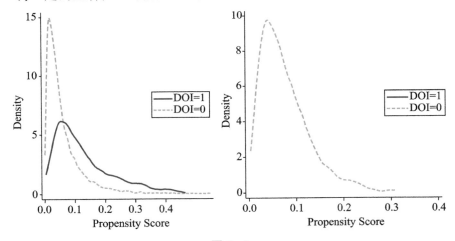

图 5-1

表 5-16　董责险与企业自主创新投入——倾向得分匹配法

	(1) RD_1	(2) RD_1	(3) RD_2	(4) RD_2
DOI	0.009 8*** (7.87)	0.007 7*** (6.71)	0.021 5*** (7.20)	0.016 9*** (6.52)
Size	−0.002 5*** (−8.87)	−0.001 7*** (−5.74)	−0.002 6*** (−5.35)	−0.000 8* (−1.79)
LEV	0.002 9* (1.74)	0.002 7* (1.75)	−0.027 7*** (−8.45)	−0.028 7*** (−9.54)
ROA	0.029 5*** (5.78)	0.029 4*** (5.85)	−0.033 8*** (−3.41)	−0.028 8*** (−2.98)
SOE	−0.003 1*** (−6.50)	−0.000 8* (−1.67)	−0.007 2*** (−7.98)	−0.002 4*** (−2.87)
Growth	−0.001 2*** (−3.08)	−0.001 0*** (−2.75)	0.002 7*** (2.82)	0.001 9** (2.29)
Top10	−0.000 2 (−0.20)	−0.002 5 (−1.34)	0.001 3 (0.92)	−0.016 8*** (−4.99)
Age	−0.001 8*** (−5.60)	−0.001 1*** (−3.54)	−0.004 9*** (−7.71)	−0.004 2*** (−6.93)
FCF	0.020 9*** (5.81)	0.024 9*** (7.03)	−0.006 2 (−0.91)	0.003 7 (0.55)
Cash	0.000 6 (0.34)	0.001 1 (0.63)	0.005 3 (1.38)	0.005 7 (1.58)
Constant	0.075 8*** (13.40)	0.033 6*** (5.86)	0.114 5*** (11.78)	0.036 7*** (3.77)
Year	No	Yes	No	Yes
Industry	No	Yes	No	Yes
Observations	14 479	14 479	14 479	14 479
Adujsted-R^2	0.135	0.271	0.191	0.351

注：按公司年度聚类的稳健标准误调整，括号中报告值为 T 统计量，*、**、*** 分别代表在 10%、5% 和 1% 的水平上显著。

2. Heckman 两阶段法

企业购买董责险可能存在自选择问题，即购买保险的公司本身创新投入较高，这可能导致前文估计结论有偏。因此，本节考虑使用

Heckman 两阶段法重新进行估计。借鉴 Yuan et al.（2016）的研究，我们补充增加董事会人数（Nod）作为第一阶段的控制变量，由于 Heckman 模型中需要考虑影响企业购买董责险的外生变量，我们补充了 IV - 2011。2011 年，美亚保险在广汽长丰民事赔偿诉讼案中迈出了我国董责险个案理赔的第一步，本节以此外生冲击作为董责险的工具变量。董责险的首例理赔案可能会促使部分公司意识到董责险的重要作用，积极认购保险；而创新活动属于企业投资决策，难以受到单个赔偿事件的影响。因此，选择这一赔偿事件理论上具有一定的合理性。鉴于赔偿事件发生在 2011 年 11 月份，本节将 2012 年及以后定义为 1，用 IV - 2011 表示。回归结果如表 5 - 17 所示，将第一步计算的逆米尔斯比（IMR）放入第二步中，列（2）和列（3）的结果表明董责险均对企业的创新活动产生积极影响，支持了前文的研究结论。

表 5 - 17　董责险与企业自主创新投入——Heckman 两阶段法

	(1)	(2)	(3)
	DOI	*RD_1*	*RD_2*
DOI		0.006 8*** (6.50)	0.016 3*** (6.85)
IMR		0.010 1 (1.60)	−0.002 1 (−0.20)
IV - 2011	0.415 4* (1.79)		
Size	0.169 2*** (13.23)	−0.000 1 (−0.09)	−0.001 6 (−1.00)
LEV	−0.325 1*** (−3.85)	0.001 7 (0.80)	−0.025 0*** (−6.98)
ROA	−1.249 8*** (−5.26)	0.022 0*** (3.08)	−0.017 7 (−1.47)
SOE	0.145 3*** (5.06)	0.000 3 (0.31)	−0.003 1** (−1.99)
Growth	0.012 5 (0.48)	−0.000 8*** (−3.04)	0.002 1*** (4.02)

续表

	(1)	(2)	(3)
	DOI	*RD_1*	*RD_2*
*Top*10	0.244 7** (2.41)	−0.000 5 (−0.27)	−0.014 7*** (−4.49)
Age	0.234 2*** (12.20)	0.001 2 (0.94)	−0.003 2 (−1.46)
FCF	0.480 3** (2.18)	0.025 9*** (6.88)	−0.001 0 (−0.15)
Cash	0.254 8*** (2.85)	0.004 5** (2.50)	0.007 0** (2.30)
Board	0.020 9*** (2.81)		
Constant	−6.315 9*** (−18.09)	−0.029 0 (−0.76)	0.055 8 (0.87)
Year	Yes	Yes	Yes
Industry	Yes	Yes	Yes
Observations	29 949	29 949	29 949
a. R^2/p. R^2	0.116	0.269	0.342

注：按公司年度聚类的稳健标准误调整，括号中报告值为 Z/T 统计量，*、**、***
分别代表在 10%、5% 和 1% 的水平上显著。

3. 固定效应模型和双向聚类方法

为了控制可能遗漏的不随时间改变的公司层面固定因素对回归结
果的影响，以及控制潜在的异方差和序列相关问题，本节通过采用固
定效应模型（fix effect model）和双向聚类方法（two-way cluster
method）进一步对模型的设定进行稳健性检验，回归的结果在
表 5 - 18 中列示。表中列（1）和列（2）展示了控制公司固定效应的
回归结果，列（3）和列（4）的回归同时控制了公司层面和时间层面
潜在的异方差和序列相关问题，董责险的回归系数仍旧保持显著，说
明前文的研究结论是稳健的。

表 5-18　固定效应模型和双向聚类处理

	(1)	(2)	(3)	(4)
	固定效应模型		双向聚类方法	
	RD_1	RD_2	RD_1	RD_2
DOI	0.001 4	0.004 5**	0.007 1***	0.016 7***
	(1.61)	(2.54)	(6.51)	(6.17)
Size	−0.002 9***	0.000 1	−0.001 6***	−0.001 3***
	(−8.48)	(0.14)	(−7.34)	(−3.56)
LEV	−0.000 1	−0.018 2***	0.003 9***	−0.025 4***
	(−0.07)	(−8.79)	(3.10)	(−11.06)
ROA	0.014 0***	−0.032 7***	0.032 3***	−0.019 3**
	(6.65)	(−8.01)	(6.34)	(−2.42)
SOE	−0.000 5***	−0.000 8**	−0.000 **	−0.002 6***
	(−2.67)	(−2.28)	(−2.01)	(−3.52)
Growth	−0.000 6***	−0.000 6*	−0.000 9***	0.002 0***
	(−4.25)	(−1.78)	(−3.19)	(2.60)
Top10	−0.000 3	−0.003 0	−0.002 5*	−0.014 3***
	(−0.18)	(−1.39)	(−1.81)	(−6.08)
Age	−0.001 5***	−0.001 7***	−0.001 0***	−0.003 0***
	(−4.85)	(−3.27)	(−3.76)	(−7.00)
FCF	0.010 9***	−0.005 0*	0.021 3***	−0.000 2
	(7.66)	(−1.89)	(6.63)	(−0.04)
Cash	−0.005 0***	−0.001 0	0.002 0	0.007 2***
	(−5.47)	(−0.59)	(1.37)	(3.41)
Constant	0.071 5***	0.027 9**	0.031 4***	0.043 1***
	(10.27)	(2.57)	(7.12)	(5.68)
Year	Yes	Yes	Yes	Yes
Industry	—	—	Yes	Yes
Observations	31 201	31 201	31 073	31 073
Adujsted-R^2	0.108	0.133	0.268	0.341

注：按公司年度聚类的稳健标准误调整，括号中报告值为 T 统计量，*、**、*** 分别代表在 10%、5% 和 1% 的水平上显著。

4.遗漏变量问题

宏观层面和微观层面的一些因素可能影响本节结论的稳健性，比如制度和政策（安同良等，2009；文建东和冯伟东，2018）、外部市场竞争（Aghion et al.，2005）、管理者个人特征（Faccio，2016）等。遗漏变量可能导致本节的内生性问题，即企业较高的创新水平可能是由于宏观政策推动，或只是基于管理者个人创新偏好等。基于此，本节增加了一些可能遗漏的变量，包括市场竞争（*HHI*，以收入计算的赫芬达尔指数）、管理层性别比例（*Gender*，女性管理人员占比）和管理层平均学历（*Degree*，分中专及以下、大专、本科、硕士、博士，赋值为1、2、3、4、5，并求平均值），回归结果在表5-19中列示。可以看出，在增加部分遗漏变量后，董责险对企业自主创新的促进作用并未发生明显改变，支持了前文的结论。

5.指标敏感性检验

考虑到指标的设定问题可能影响文章的研究结论，本节对企业自主创新的指标和董责险的指标进行敏感性分析。借鉴 Yuan et al. (2016)的研究，我们重新定义董责险变量，以公司发布公告为准判断企业是否购买董责险，用 *Insnew* 表示，采用模型（5-5）重新进行回归分析，回归结果如表5-20列（1）和列（2）所示，结果显示，研究结论与前文保持一致。除此之外，本节以研发投入（*RD_3*，研发投入取对数）以及专利申请数量（*Patents*，专利申请数量加1取对数）作为替代指标，重新对模型进行数据验证，回归结果在表5-20中列示：列（3）列示了企业研发投入的回归结果，董责险的回归系数为正且保持1%的显著性水平；列（4）采用企业的专利申请数量作为被解释变量，董责险系数显著为正，同样表明董责险对企业自主创新的积极影响。本部分的研究结论均与前文一致。

表5-19　董责险与企业自主创新投入——遗漏变量

	(1) RD_1	(2) RD_2	(3) RD_1	(4) RD_2	(5) RD_1	(6) RD_2
DOI	0.005 5*** (4.07)	0.010 7*** (4.15)	0.007 2*** (6.92)	0.017 1*** (7.27)	0.006 7*** (6.04)	0.015 8*** (6.55)
Size	−0.001 6*** (−6.81)	−0.001 3*** (−3.90)	−0.001 5*** (−6.81)	−0.001 0*** (−2.88)	−0.001 8*** (−8.04)	−0.001 7*** (−4.83)
LEV	0.003 2*** (2.63)	−0.022 1*** (−11.62)	0.003 9*** (3.29)	−0.025 2*** (−11.72)	0.004 0*** (3.30)	−0.024 7*** (−11.54)
ROA	0.044 2*** (14.30)	−0.002 9 (−0.62)	0.032 5*** (9.79)	−0.018 5*** (−2.97)	0.033 0*** (9.71)	−0.016 5*** (−2.65)
SOE	−0.000 3 (−0.74)	−0.001 0* (−1.81)	−0.000 6 (−1.45)	−0.001 6** (−2.43)	−0.001 0** (−2.28)	−0.002 2*** (−3.34)
Growth	−0.001 3*** (−6.48)	0.000 5 (1.28)	−0.000 9*** (−3.73)	0.002 1*** (4.36)	−0.001 2*** (−4.99)	0.001 5*** (3.00)
Top10	−0.002 8* (−1.84)	−0.016 9*** (−7.22)	−0.002 9** (−2.02)	−0.015 6*** (−6.43)	−0.002 4 (−1.62)	−0.014 9*** (−6.09)
Age	−0.000 2*** (−4.88)	−0.000 5*** (−9.24)	−0.000 2*** (−4.94)	−0.000 5*** (−9.12)	−0.000 2*** (−5.60)	−0.000 6*** (−9.87)
FCF	0.015 5*** (7.16)	−0.004 2 (−1.27)	0.020 7*** (8.51)	−0.002 2 (−0.49)	0.020 9*** (8.38)	−0.001 3 (−0.28)

续表

	(1) RD_1	(2) RD_2	(3) RD_1	(4) RD_2	(5) RD_1	(6) RD_2
Cash	0.000 9 (0.64)	0.010 4*** (4.79)	0.002 6** (2.01)	0.008 9*** (3.96)	0.001 5 (1.11)	0.007 4*** (3.29)
HHI	0.002 2 (0.65)	−0.003 2 (−0.57)				
Gender			−0.001 4 (−1.40)	0.000 3 (0.19)		
Degree					0.003 9*** (10.15)	0.007 6*** (11.73)
Constant	0.031 6*** (6.54)	0.042 2*** (5.71)	0.029 3*** (6.40)	0.034 7*** (4.61)	0.025 0*** (5.23)	0.028 1*** (3.60)
Year	Yes	Yes	Yes	Yes	Yes	Yes
Industry	Yes	Yes	Yes	Yes	Yes	Yes
Observations	19 433	19 433	31 071	31 071	28 549	28 549
Adjusted-R^2	0.249	0.344	0.270	0.346	0.275	0.360

注：按公司年度聚类的稳健标准误调整，括号中报告值为 T 统计量。*、**、*** 分别代表在 10%、5% 和 1% 的水平上显著。

表 5 - 20 董责险与企业自主创新投入——敏感性检验

	(1)	(2)	(3)	(4)
	RD_1	*RD_2*	*RD_3*	*Patents*
Insnew	0.009 0***	0.021 3***		
	(6.22)	(6.94)		
DOI			0.556 9***	0.214 2***
			(11.34)	(3.30)
Size	−0.001 5***	−0.001 0***	0.898 4***	0.134 5***
	(−6.73)	(−2.74)	(44.71)	(7.31)
LEV	0.003 8***	−0.025 6***	−0.208 3*	−0.104 6
	(3.18)	(−11.72)	(−1.82)	(−1.23)
ROA	0.032 5***	−0.018 5***	1.961 5***	0.565 6***
	(9.85)	(−2.99)	(7.71)	(2.98)
SOE	−0.000 5	−0.001 5**	−0.010 6	0.178 1***
	(−1.16)	(−2.23)	(−0.25)	(5.53)
Growth	−0.000 9***	0.002 1***	−0.002 0	0.004 9
	(−3.78)	(4.36)	(−0.08)	(0.28)
*Top*10	−0.002 7*	−0.015 0***	−0.511 3***	−0.245 8**
	(−1.86)	(−6.15)	(−3.51)	(−2.19)
Age	−0.000 1***	−0.000 5***	−0.024 2***	−0.010 5***
	(−4.36)	(−8.44)	(−6.70)	(−4.33)
FCF	0.020 4***	−0.002 8	1.062 9***	−0.057 1
	(8.40)	(−0.62)	(4.94)	(−0.33)
Cash	0.002 4*	0.008 5***	0.182 5*	0.243 2***
	(1.90)	(3.84)	(1.85)	(3.10)
Constant	0.028 2***	0.033 8***	−5.068 6***	−2.611 8***
	(6.29)	(4.57)	(−9.20)	(−6.70)
Year	Yes	Yes	Yes	Yes
Industry	Yes	Yes	Yes	Yes
Observations	31 073	31 073	31 073	29 796
Adujsted-R^2	0.268	0.343	0.411	0.077

注：按公司年度聚类的稳健标准误调整，括号中报告值为 T 统计量，* 、** 、*** 分别代表在 10%、5% 和 1% 的水平上显著。

5.2.7　研究结论

管理者的风险容忍程度是影响企业自主创新的重要因素。不同于以往从收益激励角度对企业自主创新驱动因素的研究，本节基于风险容忍的角度，研究了董责险对自主创新活动的影响。研究发现，企业认购董责险有助于促进其增加自主创新投入，而在违规风险大以及非国有企业中，董责险对企业自主创新的影响更为明显；当管理者有三年困难时期经历时，董责险对企业自主创新的促进作用相对更强。研究结果不仅支持了本节对董责险具有风险兜底作用的理论预期，还为该效应的适用情境提供了经验证据。企业引入董责险形成的眼球效应也可能是推动自主创新的潜在原因，但本节发现董责险对分析师跟踪以及媒体关注不存在显著影响，在一定程度上排除此替代性解释。

本节不仅为投资者评判企业预期创新决策提供来自治理结构层面的决策依据，为市场监管部门引导公司优化其治理体制提供思路借鉴，同时也为经济决策者推进企业创新引领战略、实现高质量发展提供全新视野。

5.3　董事高管责任保险与企业风险承担

5.3.1　问题提出

自 Acemoglu and Zilibotti（1997）提出企业风险承担是社会经济持续增长的根本动力以来，企业风险承担一直都是理论界和实务界探讨和争论的一个重要话题。许多学者认为企业风险承担源于企业对风险较大但净现值为正的项目投资，体现企业对投资机会的充分利用，具有积极的价值创造效应；但较高的风险承担水平也可能引发企业的经营危机和财务风险，如过度投资等，从而损害企业价值。无论是何种观点，代理问题都被视作影响企业风险承担水平的重要因素，管理层基于不同利益动机的风险承担可能导致经济后果异质。

　　董责险作为新兴公司治理机制，在欧美发达国家已被广泛应用，引入我国后能否补充现行公司治理制度仍受到诸多质疑。董责险旨在保障公司管理层在履行职责过程中的不当行为所招致的法律责任和个人财产损失，通过发挥兜底作用激励其积极进取，缓解潜在风险规避倾向，但需要指出的是，该保险的"免责"设计同时降低了管理层的自利行为成本，从而可能无意识地诱发和加剧管理层潜在的道德风险问题。那么，在当前我国资本市场中，董责险将会如何影响管理层风险承担倾向，成为本部分着重讨论的问题。

　　不同于企业并购、融资和投资等具体财务决策，本节分析了董责险对企业风险承担的影响，丰富了董责险在整体风险倾向方面经济后果的相关文献。此外，本节将董责险的理论假说与企业风险承担相结合，为缓解管理者代理冲突和投资者利益保护提供全新方案，丰富了风险承担影响因素的研究范畴。

5.3.2　理论分析与研究假设

　　现代企业资本理论指出，所有者与管理者的契约不完全性、信息不对称性和利益冲突等可能导致管理者的决策差异，从而诱发过度投资、资产替代和投资不足等问题（Jensen and Meckling，1976）。不同于中小股东可以通过分散化投资以降低财产风险，管理者的职业追求和人力资本等都无法通过投资多元化以优化风险。管理者执业报酬通常依赖于企业绩效，但由于过失决策可能导致辞退、赔偿、声誉和职业生涯受损等影响，管理者一般表现为风险规避倾向（Pathanz，2009；Christensen et al.，2015；Kara et al.，2023）。因此，在资本市场各利益相关者中，投资者通常至少是风险中性的，更多表现为风险追逐倾向。但多数管理者则体现出风险规避或职位固守特征（Wright and Awasthi，1996；Wright et al.，2007；Tan et al.，2022）。董责险作为企业风险管理的对冲工具，为管理者提供风险庇护和财产保障，降低了管理者在执业过程中的财产风险。作为直接受益人和被庇护对象，这对管理者行为决策的心理账户和风险特征都将产生一定影响。

　　一方面，董责险对企业管理者存在激励效应，有助于调节管理者的风险规避特征，从而积极承担风险。由于管理者人力资本的专用性特征，其执业报酬无法通过投资多元化以优化风险，从而可能表现为风险规避倾向。在保障股东利益的前提下，董责险鼓励管理者实施以公司利益最大化为目的的积极行为，并为管理者提供了充分施展才能而无财产后顾之忧的平台，这在一定程度上有利于上市公司吸引和甄别优秀的经理人（Priest，1987）。在多数西方国家，董责险甚至已成为优秀经理人入职的必需条件之一，平庸而保守的管理者在这种保险机制下难以立足（Rosh，1988）。此外，董责险的风险对冲机制，将管理者因决策过失可能导致的索赔风险分散成保险费用，有助于平滑管理层人力资本报酬的波动性，降低了管理者的执业风险，从而在一定程度上可以缓解管理者的风险规避或职位固守等代理问题（Jensen，1993；Core，1997）。

　　另一方面，董责险使管理者免于外部诉讼风险，降低了法律震慑效果，可能诱发管理者潜在的机会主义行为，从而增加企业风险。由于无后顾之忧，管理者可能改变谨慎的决策态度从而导致自利行为，这也是董责险一直被人诟病的主要原因。Lin et al.（2011，2013）分别从债务融资、股权融资和公司并购行为等角度探讨了认购董责险是否诱发管理者的机会主义投资等道德风险。他们的研究表明，认购董责险的费用越高，投保公司外部融资越频繁但融资效率越低，支付的并购溢价越高但并购宣告效应与协同效应越低。Chi et al.（2012）对董责险与公司多元化投资绩效的检验表明，董责险加速了公司多元化尤其是非相关性的多元化投资战略。他们推断，董责险可能招致管理层潜在的机会主义行为，管理者通过频繁并购、多元化等方式构建企业帝国以求利益最大化。

　　基于以上分析，企业认购董责险，无论是管理层激励效应还是机会主义效应，都将对管理者的风险投资决策产生影响。基于此，本节提出如下假设：

　　H_6：企业认购董责险有助于提升企业风险承担水平。

5.3.3　研究设计

1. 样本选择与数据来源

本节选取 2002—2023 年沪深 A 股上市公司作为初始样本展开研究，初始样本按照以下原则进行了筛选：（1）考虑到金融保险业公司财务报表的特殊性，故予以剔除；（2）剔除了首年上市的公司以保证回归结果具有稳健性；（3）因 ST、PT 类上市公司财务数据经过了一定处理后才得以披露，故予以剔除；（4）剔除财务数据有缺失的上市公司；（5）由于本节用 3 年内 ROA 的标准差度量企业风险承担，故剔除企业年度数据少于 3 个的样本。经上述处理后，共得到 34 716 个企业年度初始观测值。为控制极端值对回归结果的影响，对连续变量进行 1％ 和 99％ 的 Winsorize 缩尾处理。董责险相关数据来自 CNRDS 数据库，其余财务数据均来自 Wind 数据库和 CSMAR 数据库。

2. 模型设计与变量选取

（1）董责险。已有文献对董责险的衡量可以分为三类：一是以上市公司股东大会、董事会和年度报告信息披露是否认购董责险为基准设置"0/1"虚拟变量，表示董责险的认购情况；二是以上市公司披露的董责险保费或保额为标准，衡量董责险对董事和高管的保护程度；三是以董事高管认购董责险数量占全体董事高管的比率为标准，衡量董责险对企业的庇护程度。由于监管部门尚没有提出对上市公司认购董责险信息披露的规定，国内学者如胡国柳和胡珺（2014）等都以第一种衡量方法对董责险展开实证探讨。因此，本节借鉴此方法，设置"0/1"二元哑变量表示是否认购董责险，变量符号为 DOI。

（2）企业风险承担。参考国内学者余明桂等（2013）、郑祯等（2024）的研究，运用资产收益率的波动性衡量企业风险承担水平，变量符号用 $Risk$ 表示。这里，ROA 为企业 i 相应年度的息税前利润（$EBIT$）与当年末资产总额的比值。为了消除经济周期和行业环境对

企业 *ROA* 的影响，先将企业每一年的 *ROA* 减去该年度企业所在行业的平均值，然后计算企业在每一个观测时段三年内经行业调整的 *ROA* 的标准差，用以衡量企业对应时段的风险承担水平。*Risk* 表示企业 i 在第 t 年的最终风险承担水平，*Risk* 越大，企业风险承担越高，在稳健性测试部分，参考 John et al.（2008）、Faccio et al.（2011），我们分别以四年和五年为基础计算 *ROA* 的标准差作为企业风险承担指标的敏感性检验。

参考 John et al.（2008）、Faccio et al.（2011）、李文贵和余明桂（2012）等的研究，设计模型（5-7）以检验董事高管责任保险对企业风险承担的影响，具体如下：

$$Risk_{i,t} = \alpha_0 + \alpha_1 DOI_{i,t} + \alpha_2 Size_{i,t} + \alpha_3 LEV_{i,t} + \alpha_4 ROA_{i,t}$$
$$+ \alpha_5 SOE_{i,t} + \alpha_6 Grow_{i,t} + \alpha_7 Top5_{i,t} + \alpha_8 Age_{i,t}$$
$$+ \sum Year + \sum Industry + \lambda_{i,t} \qquad (5-7)$$

式中，*Risk* 表示企业风险承担；*DOI* 表示企业是否认购董责险；控制变量包含企业规模（*Size*，资产总额取自然对数）、资产负债率（*LEV*，负债/资产总额）、期初收益（*ROA*，资产收益率）、股权集中度（*Top*5，前五大股东持股的 *HHI* 指数）、产权性质（*SOE*，1 为国有，0 其他）、公司成长性（*Growth*，销售收入增长率）和上市年龄（*Age*，上市年限加上 1 取自然对数）；*Year* 和 *Industry* 分别表示年份和行业效应。变量定义详见表 5-21。

表 5-21　与董责险发展直接相关的法律法规

变量名称	变量符号	计算方法
风险承担	*Risk*	详见正文
董责险认购	*DOI*	股东会、董事会和年度报告信息披露中购买了董责险取值为 1，否则为 0
公司规模	*Size*	资产总额的自然对数
资产负债率	*LEV*	期末负债总额除以资产总额
资产收益率	*ROA*	年末净利润除以平均资产

续表

变量名称	变量符号	计算方法
股权集中度	$Top5$	前五大股东持股的 HHI 指数
产权性质	SOE	国有企业为 1，非国有企业为 0
公司成长性	$Growth$	销售收入增长率
上市年龄	Age	企业上市年限加 1 后取自然对数

5.3.4　实证结果

1.描述性统计和单变量分析

表 5 - 22 报告了主要变量的描述性统计结果。可以发现，董责险认购（DOI）的均值为 0.084，说明样本中董责险的购买率约为 8.4%，这与西方国家普遍超过 80% 的投保率还存在一定差距，说明我国资本市场董责险的发展还稍显滞后。企业风险承担（$Risk$）的均值 0.038，标准差为 0.047，说明我国各上市公司的风险承担水平个体差异较大。表 5 - 23 报告了单变量检验的结果，结果显示：$DOI = 1$ 组企业 $Risk$ 的均值为 0.047，大于 $DOI = 0$ 组的 0.037，均值 T 检验和中位数 Z 检验均至少在 1% 水平上显著，这说明购买董责险有助于提升企业风险承担，与本节的假说 H_6 预期相一致。其他变量的均值，如企业规模 $Size$、盈利能力 ROA、产权性质 SOE 等，在购买和没有购买保险的企业组中也存在一定的差异，考虑到这些变量可能对企业风险承担存在影响，因此在后面的回归检验中需对这些变量进行控制，以提高结论的稳健性。

表 5 - 22　主要变量的描述性统计

	N	Mean	SD	Min	Median	Max
$Risk$	34 716	0.038	0.047	0.002	0.022	1.028
DOI	34 716	0.084	0.277	0	0	1
$Size$	34 716	22.17	1.335	19.29	21.99	26.05

续表

	N	Mean	SD	Min	Median	Max
LEV	34 716	0.475	0.197	0.064	0.479	0.980
ROA	34 716	0.023	0.050	−0.251	0.029	0.191
Top5	34 716	0.315	0.212	0.017	0.282	0.758
SOE	34 716	0.497	0.500	0	0	1
Growth	34 716	0.211	0.451	−0.382	0.102	2.540
Age	34 716	2.289	0.629	1.099	2.303	3.296

表 5-23　单变量分析（以是否认购董责险分组）

	未认购董责险（DOI=0）			认购董责险（DOI=1）			差异 T/Z 检验	
	N	Mean	Median	N	Mean	Median	T 检验	Z 检验
Risk	31 803	0.037	0.022	2 913	0.047	0.022	−0.010 ***	−3.165 ***
Size	31 803	22.071	21.922	2 913	23.226	23.117	−1.155 ***	−37.517 ***
LEV	31 803	0.471	0.475	2 913	0.515	0.526	−0.044 ***	−11.930 ***
ROA	31 803	0.022	0.029	2 913	0.031	0.031	−0.009 ***	−6.923 ***
Top5	31 803	0.307	0.272	2 913	0.401	0.396	−0.094 ***	−21.738 ***
SOE	31 803	0.484	0.000	2 913	0.631	1.000	−0.147 ***	−15.192 ***
Growth	31 803	0.209	0.103	2 913	0.235	0.100	−0.026 ***	0.069
Age	31 803	2.259	2.303	2 913	2.624	2.708	−0.365 ***	−30.734 ***

注：*、**、*** 分别代表在 10%、5% 和 1% 的水平上显著。

2. 董责险对企业风险承担的检验

表 5-24 报告了董责险与企业风险承担的回归结果。在 OLS 模型中，用 OLS 的方法进行估计，回归结果表明，DOI 的估计系数都至少在 1% 的水平上显著为正。为控制可能遗漏的不随时间改变的公司固定因素对回归结果的影响，我们用固定效应模型重新进行回归，结果表明 DOI 与 Risk 仍至少在 1% 的水平上显著正相关。为进一步考察认购董责险前后企业风险承担的变化，我们用差分模型对模型（5-7）进行

了回归，结果表明，董责险认购（DOI）都至少在1%水平上显著为正。以上结果表明，与没有认购董责险的企业相比，认购董责险的企业风险承担水平更高，各种回归模型的估计结果均支持了本节的假设预期 H_6。控制变量方面，LEV、Age 基本与 $Risk$ 显著正相关，$Size$、ROA、SOE 与 $Risk$ 显著负相关，估计结果与已有文献的发现基本一致。

表 5 - 24　董责险与企业风险承担

	(1)	(2)	(3)	(4)
	OLS 模型		固定效应模型	差分模型
	$Risk$	$Risk$	$Risk$	$Risk$
DOI	0.017 5***	0.017 2***	0.009 2***	0.010 3***
	(5.94)	(5.84)	(3.16)	(3.81)
$Size$	−0.004 2***	−0.004 0***	−0.009 1***	−0.013 1***
	(−9.23)	(−8.43)	(−8.55)	(−7.23)
LEV	0.005 9**	−0.001 4	0.012 3***	0.014 0***
	(2.03)	(−0.47)	(2.79)	(2.70)
ROA	−0.314 3***	−0.309 6***	−0.246 9***	−0.131 7***
	(−31.50)	(−31.59)	(−24.50)	(−14.68)
$Top5$	−0.002 1	−0.003 2	0.000 4	0.002 6
	(−1.10)	(−1.03)	(0.07)	(0.54)
SOE	−0.004 9***	−0.005 8***	−0.004 0***	0.002 0*
	(−5.87)	(−6.91)	(−3.35)	(1.80)
$Growth$	0.001 1	0.000 5	0.001 4	0.002 3***
	(0.97)	(0.47)	(1.48)	(3.61)
Age	0.003 2***	0.004 6***	0.017 3***	0.011 4***
	(4.49)	(6.29)	(7.45)	(3.22)
$Constant$	0.129 2***	0.119 6***	0.170 2***	−0.001 2
	(14.36)	(12.88)	(3.95)	(−0.63)
Year	No	Yes	Yes	Yes
Industry	No	Yes	Yes	Yes
Observations	34 716	34 508	34 508	31 288
Adujsted-R^2	0.142	0.215	0.143	0.073

注：按公司年度聚类的稳健标准误调整，括号中报告值为 T 统计量，* 、** 、*** 分别代表在10%、5%和1%的水平上显著。

3. 作用机制分析

正如理论分析所述，企业认购董责险对管理者可能存在类似"双刃剑"的作用。如何有效识别董责险与企业风险承担两者间的正相关关系，究竟是基于积极动机的激励效应，还是基于自利动机的机会主义效应？本节试图结合管理者在董责险庇护下的投资效率和经济后果进行分析，以进一步检验董责险增加企业风险承担的内在机理。

从企业投资效率的角度来讲，若企业认购董责险提高企业风险承担是基于机会主义效应，那么在董责险庇护下的管理者自利行为动机应该相对更强；相反，若企业认购董责险提高企业风险承担是基于激励效应，那么在董责险庇护下，管理者的风险规避动机应该相对更弱。也就是说，当董责险的机会主义效应占主导作用时，企业过度投资可能增加，企业投资效率相对降低；但当董责险的激励效应占主导作用时，可能缓解企业投资不足，但也可能导致过度投资，即激励效应对于投资效率的影响可能是提升或降低。以上分析意味着：第一，若回归结果支持董责险降低企业投资效率，则我们可能无法区分机会主义效应和激励效应；第二，若回归结果支持董责险提高企业投资效率，则我们就可以排除机会主义效应的影响。根据前文的理论分析，如果董责险通过激励效应降低了管理者的风险规避等代理成本，从而促进企业风险承担，那么董责险应当与企业价值正相关；相反，如果董责险招致了管理者更多的自利行为等道德风险，从而提升了企业风险承担，那么董责险应当与企业价值负相关。

基于以上分析，我们参考刘行和叶康涛（2013）、胡国柳和胡珺（2014）以及卢闯等（2015）的研究，设计模型（5-8）检验董责险分别对企业投资效率和企业价值的影响，以探讨其影响企业风险承担的作用路径：

$$IneffInv_{i,t}(Conse_{i,t}) = \alpha_0 + \alpha_1 DOI_{i,t} + \alpha_2 Size_{i,t} + \alpha_3 LEV_{i,t}$$
$$+ \alpha_4 Growth_{i,t} + \alpha_5 SOE_{i,t} + \alpha_6 FCF_{i,t}$$
$$+ \alpha_7 Cash_{i,t} + \alpha_8 Top5_{i,t} + \alpha_9 Age_{i,t}$$

$$+ \sum Year + \sum Industry + \lambda_{i,t}$$

$$(5-8)$$

式中，DOI 表示是否认购董责险，控制变量包括公司规模（$Size$）、资产负债率（LEV）、公司成长性（$Growth$）、产权性质（SOE）、自由现金流（FCF）、现金持有水平（$Cash$）、股权集中度（$Top5$）和上市年龄（Age）等；$Year$ 和 $Industry$ 分别表示年份和行业固定效应。$Conse$ 表示企业价值，分别用托宾 Q 值（$TobinQ$）和资产收益率（ROA）进行度量；$Ineffinv$ 表示企业投资效率，借鉴 Richardson（2006）的研究，我们通过模型（5-9）来估计企业的非效率投资，具体如下：

$$NewInv_{i,t} = \alpha_0 + \alpha_1 Growth_{i,t-1} + \alpha_2 LEV_{i,t-1} + \alpha_3 Cash_{i,t-1}$$
$$+ \alpha_4 Age_{i,t-1} + \alpha_5 Size_{i,t-1} + \alpha_6 Ret_{i,t-1}$$
$$+ \alpha_7 NewInv_{i,t-1} + \sum Year + \sum Industry + \varepsilon_{i,t}$$

$$(5-9)$$

式中，被解释变量表示企业 i 第 t 年的新增投资，新增投资＝（企业购建固定资产、无形资产和其他长期资产支付的现金-处置固定资产、无形资产和其他长期资产收回的现金）/总资产。解释变量分别为企业 i 第 $t-1$ 年的成长性（$Growth$）、资产负债率（LEV）、现金持有水平（$Cash$）、上市年龄（Age）、规模（$Size$）、股票收益率（Ret）以及新增投资水平（$NewInv$）。$Year$ 和 $Industry$ 分别表示年份和行业固定效应。ε 为残差，表示实际投资偏离理想投资的水平，即非效率投资水平。

表5-25 报告了上述分析的回归结果。可以发现，列（1）中 DOI 的估计系数显著为负，这说明从整体来讲企业认购董责险提高了企业投资效率；表5-25 中列（2）和列（3）考察了董责险对企业价值的影响，可以发现无论以 $TobinQ$ 还是 ROA 作为被解释变量，董责险认购（DOI）的估计系数都显著为正，说明认购董责险的企业创造了更多价值。总体来讲表5-23 的回归结果说明，董责险增加企业风险

更多是基于积极动机的激励效应，机会主义效应在回归结果中没有得到支持。

表 5-25　董责险、投资效率和企业价值

	(1) *Ineffinv*	(2) *ROA*	(3) *TobinQ*
DOI	−0.002 5** (−2.36)	0.003 8* (1.79)	0.464 4*** (7.40)
Size	−0.001 8*** (−3.91)	0.011 3*** (24.33)	−0.572 2*** (−23.57)
LEV	−0.006 8*** (−2.90)	−0.087 9*** (−29.83)	−0.604 8*** (−5.66)
Growth	0.017 5*** (13.29)	0.015 6*** (17.65)	0.111 0*** (4.91)
SOE	−0.004 4*** (−5.06)	−0.002 4*** (−2.85)	−0.043 8 (−1.58)
FCF	−0.036 8*** (−2.81)	0.035 7*** (3.34)	−0.053 5 (−0.60)
Cash	−0.016 3*** (−5.10)	0.038 6*** (10.28)	0.379 2*** (2.97)
Top5	0.003 2 (0.97)	0.016 5*** (4.98)	0.684 3*** (6.16)
Age	−0.007 1*** (−8.62)	−0.006 3*** (−8.17)	0.045 8 (1.34)
Constant	0.092 9*** (10.06)	−0.181 0*** (−18.82)	15.831 5*** (33.54)
Year	Yes	Yes	Yes
Industry	Yes	Yes	Yes
Observations	27 321	27 321	27 321
Adujsted-R^2	0.100	0.197	0.372

注：按公司年度聚类的稳健标准误调整，括号中报告值为 T 统计量，*、**、*** 分别代表在 10%、5% 和 1% 的水平上显著。

4. 进一步检验：管理者性别、诉讼风险等因素的调节效应

Faccio et al. (2016) 指出，高管性别是影响企业风险承担的一个

重要因素，女性相对于男性更加稳健而保守，因此 CEO 为女性的企业风险承担水平相对更低；潘越等（2015）发现，企业投资决策会考虑外部环境不确定的影响，当企业面临较高的诉讼风险时，管理者会削减创新投入，从而降低企业风险承担。本节前文的回归结果表明：董责险有助于提升企业风险承担水平，且两者正相关关系的内在机制更多表现为激励效应。为保证上述结论的可靠性，我们结合企业管理者性别和诉讼风险做进一步的检验。

参考 Faccio et al.(2016) 和潘越等（2015）等的研究，我们在模型（5-7）的基础上分别加入衡量高管性别和诉讼风险的调节变量：*Female* 和 *Litigation*。由于我国上市公司超过 99% 的 CEO 为男性，且董责险的承保对象为企业董事和高管，故本节中 *Female* 用企业女性董事和高管的比率来衡量；*Litigation* 的定义与潘越等（2015）一致，用企业上一期的被起诉涉案次数（*Count*）和被起诉涉案金额（*Amount*）来衡量。表 5-26 报告了上述回归结果，可以发现当 *X* 分别表示 *Female*、*Amount*、*Count* 时，交互项 *DOI* * *X* 的估计系数都显著为正。这说明，当企业管理层更趋于风险规避或处于风险更高的环境时，董责险对企业风险承担的促进作用更为明显。上述结果也进一步支持了前文的理论分析和回归结果，说明董责险的风险庇护功能对企业管理层存在积极的激励效应。

表 5-26　管理者性别、诉讼风险等因素的调节效应

	(1)	(2)	(3)
	Risk	*Risk*	*Risk*
	($X = Female$)	($X = Count_{t-1}$)	($X = Amount_{t-1}$)
DOI	0.012 6***	0.014 6***	0.014 7***
	(4.62)	(5.43)	(5.45)
DOI * *X*	0.022 6*	0.048 9**	0.006 1**
	(1.78)	(2.54)	(2.34)
X	0.001 8	0.004 5***	0.000 3***
	(1.07)	(5.85)	(5.12)
Size	−0.003 9***	−0.003 8***	−0.003 8***
	(−8.11)	(−8.18)	(−8.01)

续表

	(1) Risk ($X=Female$)	(2) Risk ($X=Count_{t-1}$)	(3) Risk ($X=Amount_{t-1}$)
LEV	−0.001 4 (−0.45)	−0.003 0 (−1.00)	−0.002 5 (−0.85)
ROA	−0.309 6*** (−31.64)	−0.308 9*** (−31.59)	−0.309 0*** (−31.77)
Top5	−0.003 1 (−1.01)	−0.002 9 (−0.97)	−0.002 7 (−0.92)
SOE	−0.005 6*** (−6.63)	−0.005 5*** (−6.56)	−0.005 5*** (−6.48)
Growth	0.000 4 (0.39)	0.000 5 (0.47)	0.000 5 (0.47)
Age	0.004 5*** (6.13)	0.004 1*** (5.54)	0.004 1*** (5.54)
Constant	0.116 7*** (12.49)	0.116 5*** (12.82)	0.115 7*** (12.57)
Year	No	Yes	Yes
Industry	No	Yes	Yes
Observations	34 508	34 508	34 508
Adujsted-R^2	0.216	0.225	0.227

注：按公司年度聚类的稳健标准误调整，括号中报告值为 T 统计量。 $*$ 、 $**$ 、 $***$ 分别代表在 10%、5% 和 1% 的水平上显著。

5.3.5　稳健性测试

1. 倾向得分匹配法

第一，由于我国董责险购买比率相对较低，为避免样本偏差，我们使用倾向得分匹配法重新匹配样本进行回归，图 5-2 列示了倾向得分匹配前后样本间的拟合程度，可以发现匹配之后实验组与对照组基本贴近，表明匹配效果良好。表 5-27 报告了倾向得分匹配样本的回归结果，可以发现 DOI 的系数依然显著为正。

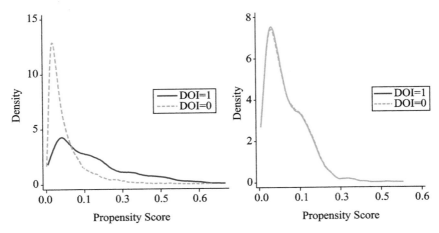

图 5 - 2

表 5 - 27   董责险与企业风险承担——倾向得分匹配法

	(1)	(2)	(3)
	Risk	*Risk*	*Risk*
DOI	0.019 7 ***	0.009 2 **	0.011 0 ***
	(5.17)	(2.32)	(3.51)
Size	−0.003 7 ***	−0.010 0 ***	−0.012 4 ***
	(−5.11)	(−5.83)	(−5.17)
LEV	−0.000 9	0.012 7 *	0.015 0 **
	(−0.19)	(1.79)	(2.28)
ROA	−0.297 2 ***	−0.227 9 ***	−0.115 5 ***
	(−19.12)	(−12.78)	(−9.65)
Top5	−0.005 9	0.002 5	−0.002 5
	(−1.34)	(0.34)	(−0.33)
SOE	−0.005 9 ***	−0.004 6 ***	0.001 6
	(−5.04)	(−2.97)	(1.11)
Growth	−0.001 2	0.000 1	0.002 7 ***
	(−0.67)	(0.10)	(3.23)
Age	0.004 9 ***	0.017 1 ***	0.011 3 **
	(5.03)	(4.94)	(2.32)
Constant	0.106 8 ***	0.232 0 ***	0.001 1
	(7.68)	(6.24)	(0.46)
Year	Yes	Yes	Yes

续表

	（1）	（2）	（3）
	Risk	*Risk*	*Risk*
Industry	Yes	Yes	Yes
Observations	17 884	17 884	16 511
Adujsted-R^2	0.189	0.114	0.071

注：按公司年度聚类的稳健标准误调整，括号中报告值为 T 统计量。 *、**、*** 分别代表在 10%、5%和 1%的水平上显著。

2. Heckman 两阶段法

企业购买董责险可能存在自选择问题，从而导致我们的回归估计有偏，因此我们利用 Heckman 两阶段法重新进行了估计，表 5 - 28 汇报的检验结果表明 *DOI* 的系数依然显著为正。

表 5 - 28　董事高管责任保险与企业风险承担——Heckman 两阶段法

	（1）	（2）	（3）	（4）
	DOI	*Risk*	*Risk*	*Risk*
DOI		0.018***	0.010***	0.010***
		(6.048)	(3.378)	(3.848)
IMR		−0.135***	−0.134***	0.002*
		(−5.183)	(−4.689)	(1.669)
Size	0.218***	−0.028***	−0.033***	−0.012***
	(20.877)	(−5.997)	(−6.236)	(−6.558)
LEV	−0.020	−0.002	0.012***	0.013**
	(−0.287)	(−0.519)	(2.582)	(2.340)
ROA	1.829***	−0.529***	−0.461***	−0.132***
	(7.165)	(−11.859)	(−9.861)	(−14.649)
*Top*5	0.117	−0.015***	−0.010*	0.003
	(1.370)	(−3.657)	(−1.697)	(0.701)
SOE	0.167***	−0.025***	−0.022***	0.002**
	(6.725)	(−6.571)	(−5.379)	(1.976)
Growth	−0.017	0.002*	0.003***	0.002***
	(−0.688)	(1.764)	(2.850)	(3.360)

续表

	(1)	(2)	(3)	(4)
	DOI	*Risk*	*Risk*	*Risk*
Age	0. 279 ***	−0. 028 ***	−0. 018 **	0. 007
	(12. 716)	(−4. 433)	(−2. 218)	(1. 596)
Constant	−6. 726 ***	1. 012 ***	1. 064 ***	−0. 002
	(−29. 543)	(5. 854)	(5. 373)	(−0. 714)
Year	Yes	Yes	Yes	Yes
Industry	Yes	Yes	Yes	Yes
Observations	33 117	33 117	33 117	30 532
Adujsted-R^2	0. 129	0. 218	0. 139	0. 074

注：按公司年度聚类的稳健标准误调整，括号中报告值为 Z/T 统计量，*、**、***分别代表在 10%、5% 和 1% 的水平上显著。

3. 管理层变更

管理层变更可能潜在地影响企业投融资风险特征，为避免估计偏差，我们剔除以每三年为基准的观测区间内发生了管理层变更的样本重新回归，表 5 - 29 汇报的结果表明 *DOI* 的系数依然显著为正。

表 5 - 29　董责险与企业风险承担——管理层变更

	(1)	(2)	(3)
	Risk	*Risk*	*Risk*
DOI	0. 015 2 ***	0. 005 9 *	0. 017 7 ***
	(4. 76)	(1. 68)	(3. 09)
Size	−0. 006 0 ***	−0. 010 7 ***	−0. 010 1 ***
	(−8. 80)	(−6. 54)	(−3. 79)
LEV	0. 005 3	0. 022 7 ***	0. 005 9
	(1. 32)	(3. 56)	(0. 73)
ROA	−0. 310 6 ***	−0. 227 3 ***	−0. 141 6 ***
	(−24. 89)	(−15. 72)	(−11. 79)
*Top*5	−0. 000 2	−0. 000 9	0. 004 5
	(−0. 06)	(−0. 12)	(0. 65)
SOE	−0. 006 4 ***	−0. 003 9 **	−0. 002 4
	(−4. 91)	(−2. 00)	(−1. 40)

续表

	（1）	（2）	（3）
	Risk	*Risk*	*Risk*
Growth	0.001 4 （1.04）	0.001 3 （0.91）	0.002 5** （2.43）
Age	0.005 6*** （4.80）	0.019 9*** （5.25）	0.007 9 （1.48）
Constant	0.155 5*** （11.63）	0.183 3*** （3.12）	0.001 9 （0.48）
Year	Yes	Yes	Yes
Industry	Yes	Yes	Yes
Observations	9 675	9 675	8 827
Adujsted-R^2	0.244	0.157	0.081

注：按公司年度聚类的稳健标准误调整，括号中报告值为 T 统计量，＊、＊＊、＊＊＊分别代表在 10%、5% 和 1% 的水平上显著。

4. 敏感性分析

借鉴 Faccio et al.（2011）与李文贵和余明桂（2012）的研究，分别利用四年和五年资产收益率的波动性等检验企业风险承担衡量的敏感性，表 5-30 汇报的结果证明 DOI 的系数依然显著为正。以上稳健性检验结果均表明，考虑上述因素对回归估计的影响后，本节的结论依然成立。

5.3.6　研究结论

本节以 2002—2023 年中国沪深 A 股上市公司为研究对象，考察了企业认购董责险对企业风险承担的影响及其作用机制。研究发现，企业在引入董责险后风险承担水平显著提高；作用机制分析表明，董责险通过改善企业投资效率来增加企业价值；进一步检验表明，董责险在企业女性高管比例更高、外在诉讼风险程度更大时，对企业风险承担的提升作用更为明显。

表 5 - 30　董责险与企业风险承担（敏感性分析）

	(1) Risk	(2) Risk	(3) Risk	(4) Risk	(5) Risk	(6) Risk
DOI	0.015 2*** (4.76)	0.005 9* (1.68)	0.017 7*** (3.09)	0.028 2*** (4.80)	0.011 0* (1.70)	0.032 0*** (3.09)
Size	-0.006 0*** (-8.80)	-0.010 7*** (-6.54)	-0.010 1*** (-3.79)	-0.011 3*** (-8.94)	-0.020 5*** (-6.80)	-0.019 2*** (-3.88)
LEV	0.005 3 (1.32)	0.022 7*** (3.56)	0.005 9 (0.73)	0.009 7 (1.30)	0.043 2*** (3.62)	0.015 7 (1.06)
ROA	-0.310 6*** (-24.89)	-0.227 3*** (-15.72)	-0.141 6*** (-11.79)	-0.588 1*** (-25.54)	-0.430 0*** (-16.15)	-0.261 3*** (-11.77)
Top5	-0.000 2 (-0.06)	-0.000 9 (-0.12)	0.004 5 (0.65)	-0.000 2 (-0.03)	0.000 2 (0.01)	0.009 4 (0.75)
SOE	-0.006 4*** (-4.91)	-0.003 9** (-2.00)	-0.002 4 (-1.40)	-0.012 3*** (-5.09)	-0.008 1** (-2.21)	-0.004 4 (-1.43)
Growth	0.001 4 (1.04)	0.001 3 (0.91)	0.002 5** (2.43)	0.002 5 (1.03)	0.002 5 (0.92)	0.004 7** (2.46)
Age	0.005 6*** (4.80)	0.019 9*** (5.25)	0.007 9 (1.48)	0.010 7*** (4.98)	0.037 1*** (5.28)	0.014 8 (1.52)
Constant	0.155 5*** (11.63)	0.183 3*** (3.12)	0.001 9 (0.48)	0.295 5*** (11.83)	0.352 9*** (3.25)	0.004 0 (0.54)
Year	Yes	Yes	Yes	Yes	Yes	Yes

续表

	(1)	(2)	(3)	(4)	(5)	(6)
	Risk	*Risk*	*Risk*	*Risk*	*Risk*	*Risk*
Industry	Yes	Yes	Yes	Yes	Yes	Yes
Observations	9 675	9 675	8 827	9 675	9 675	8 827
Adujsted-R^2	0.244	0.157	0.081	0.250	0.163	0.084

注：按公司年度聚类的稳健标准误调整，括号中报告值为 T 统计量，*、**、*** 分别代表在 10%、5% 和 1% 的水平上显著。

本节展示出董责险参与公司治理的积极经济效应，为监管部门进一步规范资本市场良性发展，提升企业风险承担意愿提供了参考信息。监管部门应当逐渐改善董责险发挥积极作用的外部环境，引导董责险的运用发展。

5.4　董事高管责任保险与企业差异化战略

5.4.1　问题提出

企业战略是一种从全局考虑谋划实现整体目标的规划，是企业所有决策中最为重要的，战略决策失误可能会导致一个企业陷入困境甚至破产。如何制定具有特色的发展战略对于企业发展而言尤为重要。差异化战略注重产品研发和市场占有，较高的研发投入以及市场占有率有利于企业快速成长，提高产品核心竞争力，避免激烈的行业竞争（Deephouse，1999；Huang et al.，2023），进而提升企业价值和盈利能力。然而实施激进战略的企业融资需求较高（Miles and Snow，1978），更容易因资金链断裂陷入财务困境（Ittner et al.，1997），且产品研发具有较高的不确定性，因而注重产品研发以此隔离市场的差异化战略往往面临较高的经营风险。作为企业发展方向与经营方针的制定者，管理层在企业战略制定与推行过程中扮演着至关重要的角色。然而在公司管理实践中，由于代理问题的存在，管理层更倾向于固守职位而非开拓进取（Wright and Awasthi，1996；Wright et al.，2007；Tan et al.，2022），不愿意产品研发，从而导致企业创新研发不足，丧失核心竞争力，被行业淘汰。在此背景下，如何权衡管理者的职业风险已成为中国企业发展战略决策中的重要话题，完善管理层风险对冲机制，提高企业风险承担水平，激励管理层把握投资机会、作出风险战略决策显得尤为重要。

在众多管理层风险对冲机制中，董责险无疑占据非常重要的位置。董责险最基本的作用就在于分散风险，将管理层潜在的诉讼风险转移给第三方承保人，从而提高管理层的执业积极性和创新动力。但董责险在发挥风险对冲作用的同时，诱发了管理层机会主义行为，进而损害股东权益。那么公司购买董责险会对企业战略选择产生怎样的影响呢？能否有效发挥风险对冲作用，提高管理层风险容忍度，激励管理层实施差异化战略呢？本节将对上述问题进行解答。

本节从保险视角出发，探讨董责险对企业战略选择的影响，增进了我们对企业差异化战略的认识。同时，本节从企业战略层面考察董责险的公司治理效应，为董责险的风险兜底作用提供了理论支撑。

5.4.2　理论分析与研究假设

一个行业从诞生到成熟的发展过程中，积累了众多企业的成败经验，并在结合主要经营业务方向基础上形成了一套传统的投资战略模式（Meyer and Rowan，1977）。采用差异化战略可能增加经营过程中的不确定性，造成次优战略效率损失，增加业绩的波动性（Tang et al.，2011；Chen et al.，2016）。管理层具有风险规避倾向，这是由于其过失决策可能面临辞退、赔偿和薪酬损失等惩罚。差异化战略未经检验，通常具有较大的不确定性（Denrell，2005；Habib et al.，2024），管理层出于风险厌恶考量，不愿实施风险较大的差异化战略。董责险作为对冲管理人员执业风险、提高风险容忍程度的治理工具，能够有效提高管理层的执业积极性和创新动力，具体到差异化战略而言，董责险可能对差异化战略产生两方面的影响。

基于激励角度，董责险有助于降低管理层风险厌恶程度，让管理层积极承担风险从而实施差异化战略。当公司购买董责险以后，能够为管理层风险决策行为兜底，降低了管理层职业风险，为管理层提供了一个展示才华的平台（Core，1997）。且高风险项目能比低风险项目带来更高的预期回报，因而差异化战略具有积极的价值创造效应。购买董责险能够激励管理层实施有利于提高企业价值的战略决策，降低管理层风险厌恶程度，提高风险承担水平，进而实施差异化战略。

基于自利角度，董责险降低了法律的威慑效应，诱发了管理层机会主义行为，进而实施差异化战略。Chi et al.（2013）研究发现，购买董责险的公司更倾向于实施多元化战略，管理层通过多元化战略等行为构建企业帝国追求个人利益的最大化。此外，差异化战略加剧了管理层与投资者之间的信息不对称程度（叶康涛等，2015），投资者无法用常规战略标准衡量差异化战略，降低了净利润信息含量（叶康涛等，2014），为管理层攫取私利提供了空间。因而可以预期公司购买董责险后，一方面诱发管理层道德风险，促使管理层实施关联交易、溢价并购、无效率投资等企业财务决策获取个人私利，进而增加企业战略偏离行业传统战略的程度；另一方面，差异化战略加剧了投资者与企业之间的信息不对称程度，管理层的机会主义行为将变得更加隐蔽，因而基于自利角度，管理层更有意愿实施差异化战略。据此，本节提出如下假设：

　　H_{7a}：控制其他因素不变，购买董责险的公司更倾向于实施差异化战略。

　　企业产权性质不同，董责险对差异化战略的影响也会有所不同。首先，差异化战略主要通过产品研发和市场占有获得核心竞争力，这就决定了差异化战略需要大量的资金投入，融资需要高于常规战略（Miles and Snow，1978），更容易因资金链断裂陷入财务困境（Ittner et al.，1997；Zhang et al.，2024）。相较于国有企业，非国有企业的融资约束程度更高（谢德仁和陈运森，2009），非国有企业更可能因实施差异化战略陷入财务困境，董责险能发挥更强的风险兜底作用。其次，国有企业普遍承担着社会性和战略性政策使命，更容易获得产品竞争优势，更容易进入管制行业（Faccio，2007），是否实施差异化战略并非由管理层风险厌恶水平所决定，而非国有企业受到政府的扶持较少，更有意愿实施差异化战略获得产品竞争优势和市场占有，董责险能发挥更强的风险对冲作用。最后，非国有企业的高管外部薪酬与企业业绩正相关，但国有企业高管薪酬受更多非市场因素影响（黎文靖等，2014），差异化战略能够提升企业价值，因此在非国有企业中管理层更容易受到董责险的激励，实施差异化战略。据此，本节提出假设：

H_{7b}：相较于国有企业，非国有企业中董责险与差异化战略正相关关系更显著。

差异化战略具有巨额的前期投入以及较高的不确定性等特征，风险承担水平较高且易面临投资者诉讼风险，当企业诉讼风险较高时，一方面企业出于控制总风险的目的，更有意愿实施风险较低的常规战略而非差异化战略；另一方面，较高的诉讼风险意味着巨额的潜在风险赔偿，管理层出于自身声誉和职业生涯的考量，更有可能体现出风险规避倾向，实施差异化战略的意愿减弱。董责险旨在保障上市公司的高管在履行其职务行为过程中引起的法律责任给其个人带来的损失，并支付法律诉讼赔偿费用。因而在诉讼风险较高的企业中，董责险能发挥更强的风险对冲作用，降低管理层执业风险，提高实施差异化战略的意愿；在诉讼风险较低的企业中，无论是否购买董责险，只要企业面临较好的投资机会，均有意愿实施差异化战略。据此，本节提出如下假设：

H_{7c}：当企业面临较高的诉讼风险时，董责险与差异化战略正相关关系更显著。

5.4.3　研究设计

1. 样本选择与数据来源

本节选取 2002—2023 年沪深 A 股上市企业作为样本，借鉴已有研究（胡国柳和胡珺，2014；叶康涛等，2015）对数据进行筛选：（1）考虑到金融保险业公司财务报表的特殊性，故予以剔除；（2）因 ST、PT 类上市公司财务数据经过了一定处理后才得以披露，故予以剔除；（3）剔除财务数据有缺失的上市公司样本。经过筛选，最终得到 52 014 个观测值，为消除极端值的影响，对连续变量在 1% 和 99% 的水平上进行 Winsorize 缩尾处理。董责险相关数据来自 CNRDS 数据库，其余财务数据来自 Wind 数据库和 CSMAR 数据库。

2.模型设计与变量选取

（1）差异化战略。差异化战略指标参考了已有文献（Tang et al.，2011；叶康涛等，2014；余怒涛等，2024）的研究模型，反映企业战略偏离行业传统战略的程度。企业对不同的战略倾注的资源是不等的，本节 Ds_1 指标从 6 个维度入手，分别计算企业集团在这些领域的资金投入情况，借以衡量企业的差异化战略模式。这 6 个维度分别是营销投入（销售费用/营业收入）、研发投入（无形资产净值/营业收入）、资本密集度（固定资产/员工人数）、管理费用投入（管理费用/营业收入）、固定资产更新程度（固定资产净值/固定资产原值）和企业财务杠杆（（短期借款＋长期借款＋应付债券）/净资产）。这6 个维度分别衡量了企业在营销、创新、生产投入方面的行为，都从侧面映射出企业的战略。具体模型如下：

$$DS=\frac{1}{6}\left\{\left|\left(\frac{SC}{BI}-\partial_1\right)\middle/\sigma_1\right|+\left|\left(\frac{NVIA}{BI}-\partial_2\right)\middle/\sigma_2\right|\right.$$
$$+\left|\left(\frac{FA}{NS}-\partial_3\right)\middle/\sigma_3\right|+\left|\left(\frac{GA}{BI}-\partial_4\right)\middle/\sigma_4\right|$$
$$\left.+\left|\left(\frac{NFA}{OFA}-\partial_5\right)\middle/\sigma_5\right|+\left|\left(\frac{SD+LD+BP}{TE}-\partial_6\right)\middle/\sigma_6\right|\right\}$$

$$(5-9)$$

式中，SC 代表销售费用；BI 代表营业收入；$NVIA$ 代表无形资产净值；FA 代表固定资产；NS 代表员工人数；GA 代表管理费用；NFA 和 OFA 分别代表固定资产净值和原值；SD、LD、BP 和 TE 分别代表短期借款、长期借款、应付债券和权益账面价值。

在构建六维战略差异度指标时，本节曾采用销售费用作为广告宣传投入的替代变量，无形资产净值代替研发投入，这种代替未必合理，因而剔除营销投入和无形资产净值，构建四维度战略进攻性指标 Ds_2。

（2）董责险。由于上市公司购买董责险的信息在我国不属于强制性信息披露的范围，难以获得企业参保的明细数据，如保额、保费和免赔额等。因此，以是否认购董事高管责任保险设置虚拟变量（DOI）作为董责险的替代变量。具体来说，若上市公司发布的公司章程、股东大会或董事会决议等其他公告中披露了其投保董责险的相关信息，则 DOI 赋值为 1，否则为 0。

（3）控制变量。本节借鉴 Faccio et al.（2011）、叶康涛等（2014）和胡国柳和胡珺（2017）的做法，控制如下变量。具体变量定义见表 5-31。

表 5-31　变量定义表

变量名称	变量符号	计算方法
战略差异化 1	Ds_1	战略差异化程度衡量方式 1
战略差异化 2	Ds_2	战略差异化程度衡量方式 2
董责险认购	DOI	购买董责险为 1，否则为 0
公司规模	$Size$	期末账面总资产对数
资产收益率	ROA	总资产收益率
资产负债率	LEV	资产负债率
现金流	$Cash\,flow$	经营产生现金流量/期末总资产
固定资产	PPE	企业固定资产比重
股权集中度	$Top1$	第一大股东持股比例
两职合一	CEO	董事长与总经理两职合一取 1，否则为 0
董事会	DBN	董事会规模取对数
高管薪酬	Pay	前三位高管薪酬取对数
法律环境	Law	采用《中国市场化指数》（樊纲等，2011）中地区法律环境指数用以衡量诉讼风险强弱
审计机构类别	$Big4$	由国际四大会计师事务所审计为 1，否则为 0
经济发展	GDP	省级 GDP 取对数
产权性质	SOE	国有企业为 1，非国有企业为 0

3. 模型设计

在上述变量定义基础上，本节构建模型（5-10）：

$$Ds = \alpha_0 + \alpha_1 DOI + \alpha_2 Size + \alpha_3 LEV + \alpha_4 ROA + \alpha_5 Top1$$

$$+\alpha_6 Big4 + \alpha_7 CEO + \alpha_8 Pay + \alpha_9 DBN$$
$$+\alpha_{10} Cashflow + \alpha_{12} PPE + \alpha_{13} GDP + \alpha_{14} SOE$$
$$+\sum Industry + \sum Year + \zeta \qquad (5-10)$$

5.4.4　实证结果与分析

1. 主要变量描述性统计结果分析

表 5-32 列示了文中主要变量的描述性统计结果。差异化战略指标 Ds_1 和 Ds_2 均值分别为 0.614 和 0.612，与叶康涛等（2014）研究结论基本保持一致，这表明中国上市公司均实施了差异化战略，但差异化战略程度有所差异。董责险认购（DOI）均值 0.165，表示购买董责险的公司占样本的 16.5%，说明我国资本市场董责险覆盖率较低、发展稍显滞后。其他变量的分布均在合理范围内。

表 5-32　主要变量的描述性统计

	N	Mean	SD	Median	$DOI=0$ (N=43 414)		$DOI=1$ (N=8 600)	
					Mean	Median	Mean	Median
Ds_1	52 014	0.614	0.305	0.535	0.606	0.530	0.654	0.563
Ds_2	52 014	0.612	0.336	0.524	0.603	0.520	0.657	0.546
DOI	52 014	0.165	0.371	0	0	0	1	1
$Size$	52 014	22.000	1.290	21.810	21.880	21.720	22.600	22.360
ROA	52 014	0.034	0.067	0.037	0.036	0.038	0.026	0.031
LEV	52 014	0.431	0.210	0.425	0.428	0.420	0.448	0.448
$Top1$	52 014	0.349	0.152	0.324	0.352	0.329	0.332	0.305
$Big4$	52 014	0.058	0.233	0	0.044	0	0.127	0
CEO	52 014	0.269	0.443	0	0.267	0	0.276	0
DBN	52 014	1.695	0.981	2.197	1.697	2.197	1.688	2.197
Pay	52 014	13.500	3.516	14.340	13.270	14.230	14.660	14.820
$Cashflow$	52 014	0.048	0.072	0.047	0.047	0.046	0.048	0.048
PPE	52 014	0.221	0.162	0.189	0.224	0.193	0.205	0.168

续表

	N	Mean	SD	Median	DOI＝0 （N＝43 414)		DOI＝1 （N＝8 600)	
					Mean	Median	Mean	Median
GDP	52 014	10.350	0.978	10.490	10.250	10.380	10.830	10.890
Law	52 014	10.590	4.524	10.660	9.821	9.758	14.450	15.190
SOE	52 014	0.395	0.489	0	0.394	0	0.403	0

2. 回归分析

（1）董责险与差异化战略。表 5－33 报告了假设 H_{7a} 的检验结果：列（1）中使用差异化战略 Ds_1 作为被解释变量，仅控制了年份与行业效应，我们发现董责险认购（DOI）系数为 0.036 9 且在 1％ 水平上显著为正，初步验证本节假设；在列（3）中，我们继续加入一系列公司特征、董事会特征以及其他控制变量，董责险认购（DOI）依然在 1％ 水平上显著为正，这说明董责险发挥良好的风险对冲作用，提高风险承担水平，激励管理层实施差异化战略。当我们将差异化战略度量指标更换为 Ds_2 时，回归结果如列（2）和列（4）所示，依然稳健。

表 5－33　董责险与差异化战略

	（1）	（2）	（3）	（4）
	Ds_1	Ds_2	Ds_1	Ds_2
DOI	0.036 9***	0.037 1***	0.030 6***	0.022 0**
	(3.97)	(3.27)	(3.42)	(2.14)
Size			−0.006 5*	−0.003 6
			(−1.68)	(−0.84)
ROA			−0.856 2***	−0.776 4***
			(−18.81)	(−17.06)
LEV			0.087 1***	0.219 2***
			(3.91)	(9.38)
Top1			−0.029 7	−0.016 6
			(−1.35)	(−0.73)
Big4			0.057 6***	0.043 7**
			(3.64)	(2.42)

续表

	(1)	(2)	(3)	(4)
	Ds_1	Ds_2	Ds_1	Ds_2
CEO			0.006 9 (1.18)	0.009 2 (1.51)
DBN			−0.002 7 (−0.76)	−0.006 5* (−1.74)
Pay			−0.007 9*** (−4.14)	−0.009 1*** (−4.45)
Cash flow			0.029 7 (1.02)	−0.071 2** (−2.34)
PPE			−0.066 3** (−2.54)	0.095 2*** (3.11)
GDP			−0.032 6*** (−5.45)	−0.030 0*** (−4.95)
Law			−0.002 2 (−1.40)	0.000 2 (0.10)
SOE			−0.017 7** (−2.29)	−0.003 6 (−0.44)
Constant	0.666 0*** (23.08)	0.670 8*** (21.22)	1.077 8*** (10.96)	0.874 0*** (8.33)
Year	Yes	Yes	Yes	Yes
Industry	Yes	Yes	Yes	Yes
Observations	52 014	52 014	52 014	52 014
Adujsted-R^2	0.025	0.026	0.081	0.094

注：按公司年度聚类的稳健标准误调整，括号中报告值为 T 统计量，*、**、*** 分别代表在10%、5%和1%的水平上显著。

（2）产权性质、董责险与差异化战略。我们按照产权性质，将企业分为国有企业和非国有企业，重新估计模型。表5-34汇报了假设 H_{7b} 的回归结果，在国有企业分组中，公司购买董责险对企业差异化战略无显著影响，但在非国有企业样本中，董责险与企业差异化战略在1%水平上显著正相关，这表明董责险在非国有企业发挥更强的风险对冲作用，降低管理层执业风险，激励管理层实施差异化战略，支持了假设 H_{7b}。

表 5 - 34 产权性质、董责险与差异化战略

	(1)	(2)	(3)	(4)
	国有企业		非国有企业	
	Ds_1	Ds_2	Ds_1	Ds_2
DOI	0.021 9	0.012 1	0.029 8***	0.023 5**
	(1.42)	(0.66)	(3.15)	(2.31)
Size	−0.004 4	0.002 2	−0.011 1**	−0.012 4**
	(−0.82)	(0.36)	(−2.13)	(−2.22)
ROA	−0.699 9***	−0.631 8***	−0.930 8***	−0.839 5***
	(−9.62)	(−7.78)	(−16.96)	(−15.92)
LEV	0.208 4***	0.342 7***	0.019 7	0.149 0***
	(6.15)	(8.94)	(0.69)	(5.26)
Top1	−0.052 2	−0.031 2	−0.009 9	−0.010 1
	(−1.53)	(−0.81)	(−0.36)	(−0.39)
Big4	0.051 9**	0.031 0	0.057 0***	0.048 7**
	(2.39)	(1.21)	(2.67)	(2.18)
CEO	−0.007 0	−0.005 4	0.009 6	0.010 2
	(−0.60)	(−0.40)	(1.45)	(1.54)
DBN	−0.004 4	−0.003 8	−0.001 9	−0.007 3*
	(−0.83)	(−0.66)	(−0.42)	(−1.67)
Pay	−0.009 4***	−0.010 5***	−0.004 6	−0.004 4
	(−4.62)	(−4.35)	(−1.29)	(−1.28)
Cashflow	0.037 6	−0.006 5	0.024 3	−0.111 7***
	(0.87)	(−0.13)	(0.62)	(−2.88)
PPE	0.062 0*	0.267 3***	−0.183 7***	−0.059 5
	(1.70)	(6.17)	(−5.04)	(−1.45)
GDP	−0.031 9***	−0.050 9***	−0.028 3***	−0.011 1
	(−3.51)	(−4.99)	(−3.89)	(−1.62)
Law	0.003 2	0.006 8**	−0.006 3***	−0.004 7**
	(1.36)	(2.57)	(−3.13)	(−2.30)
Constant	0.926 9***	0.807 5***	1.207 3***	0.988 5***
	(6.63)	(5.19)	(9.15)	(7.15)
Year	Yes	Yes	Yes	Yes
Industry	Yes	Yes	Yes	Yes
Observations	20 570	20 570	31 444	31 444
Adujsted-R^2	0.107	0.132	0.081	0.085

注：按公司年度聚类的稳健标准误调整，括号中报告值为 T 统计量，$*$、$**$、$***$ 分别代表在 10%、5% 和 1% 的水平上显著。

（3）诉讼风险、董责险与差异化战略。本节采用《中国分省份市场化指数报告（2016）》（王小鲁等，2016）中的地区法律环境指数衡量诉讼风险强弱，按照中位数分为诉讼风险高和诉讼风险低两组，重新估计模型。表 5-35 汇报了假设 H_{7c} 的检验结果，可以观察到，当企业诉讼风险较低时，是否认购董责险与企业差异化战略的实施无显著关系；当企业面临的诉讼风险较高时，认购董责险能够显著激励管理层实施差异化战略，这表明董责险发挥良好的风险兜底作用，保障上市公司的高管在履行其职务行为过程中引起的法律责任给其个人带来的损失，提高风险容忍度。

表 5-35　诉讼风险、董责险与差异化战略

	(1)	(2)	(3)	(4)
	诉讼风险低		诉讼风险高	
	Ds_1	Ds_2	Ds_1	Ds_2
DOI	0.018 9 (1.35)	0.014 5 (0.92)	0.036 4*** (3.37)	0.029 5** (2.34)
Size	−0.006 0 (−1.11)	−0.001 6 (−0.27)	−0.005 9 (−1.19)	−0.004 1 (−0.74)
ROA	−0.833 0*** (−12.76)	−0.707 3*** (−10.86)	−0.871 7*** (−14.49)	−0.844 7*** (−13.86)
LEV	0.170 7*** (5.19)	0.321 6*** (9.60)	0.011 8 (0.43)	0.125 0*** (4.16)
Top1	−0.048 1 (−1.61)	−0.034 1 (−1.07)	−0.014 8 (−0.50)	−0.002 6 (−0.09)
Big4	0.048 5** (2.14)	0.053 2* (1.93)	0.060 8*** (3.01)	0.037 0* (1.69)
CEO	0.004 1 (0.43)	0.002 3 (0.24)	0.008 1 (1.17)	0.012 7* (1.74)
DBN	−0.002 0 (−0.41)	−0.004 0 (−0.81)	−0.004 9 (−1.01)	−0.009 9** (−1.97)
Pay	−0.010 9*** (−4.60)	−0.008 9*** (−3.53)	−0.003 8 (−1.22)	−0.008 7*** (−2.68)
Cash flow	−0.043 3 (−0.97)	−0.136 7*** (−2.87)	0.093 1** (2.49)	−0.007 5 (−0.19)

续表

	(1)	(2)	(3)	(4)
	诉讼风险低		诉讼风险高	
	Ds_1	Ds_2	Ds_1	Ds_2
PPE	0.016 0	0.228 5***	−0.153 8***	−0.052 2
	(0.47)	(5.97)	(−4.16)	(−1.15)
GDP	−0.035 0***	−0.028 4***	−0.012 9	−0.014 0*
	(−3.91)	(−3.10)	(−1.60)	(−1.69)
Law	−0.008 2**	−0.007 3*	−0.000 1	0.006 0
	(−2.13)	(−1.78)	(−0.02)	(1.52)
SOE	−0.037 8***	−0.024 0**	0.001 7	0.013 5
	(−3.57)	(−2.12)	(0.16)	(1.20)
Constant	1.055 4***	0.751 5***	0.930 5***	0.813 5***
	(7.63)	(5.08)	(6.91)	(5.58)
Year	Yes	Yes	Yes	Yes
Industry	Yes	Yes	Yes	Yes
Observations	23 079	23 079	28 935	28 935
Adujsted-R^2	0.114	0.141	0.065	0.070

注：按公司年度聚类的稳健标准误调整，括号中报告值为 T 统计量，*、**、*** 分别代表在 10%、5% 和 1% 的水平上显著。

5.4.5　进一步分析

1. 影响机制分析

虽然前文的分析支持了假设 H_{7a}，购买董责险的企业更有意愿实施差异化战略，但这背后的机理尚不清晰，因为存在两种可能的机制影响董事高管责任保险的风险对冲作用。机制一是激励效应，公司购买董责险能够发挥风险对冲作用，降低管理层风险厌恶程度，进而促使管理层把握投资机会，实施风险战略决策；机制二是基于机会主义效应，即购买董责险能够发挥兜底作用，替管理层偿付违约损失，诱发了管理层机会主义行为，进而实施差异化战略构建企业帝国，攫取个人私利。基于此，本节试图对购买董责险后差异化战略的经济后果进行分析，以进一步检验购买董责险加剧企业战略差异化的内在作用机理。

从企业市场价值角度来讲，若企业认购董责险提高战略差异化程度是基于激励效应，那么董责险应该发挥更强的风险对冲效应，降低管理层风险厌恶程度，减少风险规避行为，激励管理层实施风险较高的差异化战略，注重产品研发创新和市场占有，也就是说当激励效应占主导作用时，引入董责险有利于提升企业价值；当董责险自利效应占主导地位时，管理层风险规避动机更弱，更有可能因攫取私利而实施差异化战略，从而损害企业价值。以上分析意味着，若引入董责险与企业价值正相关，则支持激励效应影响路径假说；若引入董责险与企业价值负相关，则支持自利效应影响路径假说。

参考陈信元和黄俊（2007）的方法，利用模型（5-10）求得董责险认购（DOI）的回归系数，我们可以估计购买董责险增加的企业差异化战略程度，我们定义其为过度差异化战略；其次，将过度差异化战略变量与企业市场价值进行回归，以考察购买董责险增加的差异化战略对企业市值的影响。

具体而言，利用等式 $Exd = \alpha_1 * DOI$，求得企业过度差异化战略变量，然后将 Exd 置于下述企业价值回归方程，考察购买董责险增加的差异化战略对企业市值的影响。

$$Value = \beta_0 + \beta_1 Exd + \beta_2 Size + \beta_3 LEV + \beta_4 Growth$$
$$+ \beta_5 Age + \sum Industry \qquad (5-11)$$

式中，$Value$ 是企业价值变量，我们采用提前一期的托宾 Q 值（$TobinQ$）和提前一期的企业价值倍数（$EBIT/100$）衡量；$Size$ 是企业规模；LEV 是资产负债率；$Growth$ 是公司成长性；Age 是上市年龄；$Industry$ 表示控制行业效应。

表5-36汇报了上述分析的检验结果。可以发现，在列（1）中过度差异化战略 Exd_1 的估计系数显著为正，这表明购买董责险增加的差异化战略显著提高了企业价值，支持了激励效应机制检验，当我们将解释变量替换为 Exd_2 后，研究结论基本不变。列（3）报告

了过度差异化战略 Exd_1 与企业价值倍数的回归结果，可以观察到过度差异化战略显著提高了企业价值倍数，表明董责险更多地发挥风险规避作用，提高风险容忍度，激励管理层实施差异化战略，当我们将解释变量替换为 Exd_2 后，结论基本稳健。

表 5 - 36　董事高管责任保险与企业差异化战略——影响机制检验

	(1)	(2)	(3)	(4)
	$TobinQ$	$TobinQ$	$EBIT$	$EBIT$
Exd_1	2.553 8** (2.18)		1.814 4*** (6.04)	
Exd_2		3.552 1** (2.18)		2.523 6*** (6.04)
$Size$	−0.428 6*** (−10.73)	−0.428 6*** (−10.73)	−0.076 6*** (−20.96)	−0.076 6*** (−20.96)
LEV	−0.348 3** (−1.97)	−0.348 3** (−1.97)	−0.003 3 (−0.17)	−0.003 3 (−0.17)
$Growth$	−0.000 2*** (−3.33)	−0.000 2*** (−3.33)	−0.000 0 (−0.09)	−0.000 0 (−0.09)
Age	0.038 6*** (8.36)	0.038 6*** (8.36)	0.009 0*** (14.07)	0.009 0*** (14.07)
$Constant$	11.213 3*** (14.45)	11.213 3*** (14.45)	1.977 6*** (23.96)	1.977 6*** (23.96)
Year	Yes	Yes	Yes	Yes
Industry	Yes	Yes	Yes	Yes
Observations	44 219	44 219	40 506	40 506
Adujsted-R^2	0.086	0.086	0.075	0.075

注：按公司年度聚类的稳健标准误调整，括号中报告值为 T 统计量，*、**、*** 分别代表在 10%、5% 和 1% 的水平上显著。

2. 具体路径分析

前文的检验表明，公司购买董责险能够发挥风险对冲作用，提高管理层风险容忍度，进而实施差异化战略，然而其具体作用路径尚不明晰。基于此，本节进一步考察董责险对差异化战略的具体影响，是否提高公司的风险承担水平、战略进攻性是否更强以及能否影响企业研发创新。

参考国内学者余明桂等（2013）的研究，采用资产收益率 ROA 连续三年波动率衡量风险承担水平，具体计算公式如下：

$$Risk = \sqrt{\frac{1}{N}\sum_{t=1}^{N}\left(AdRoa_{i,t} - \frac{1}{N}\sum_{t=1}^{N}AdRoa_{i,t}\right)^2}\Big|_{N=3}$$

$$\text{(5-12)}$$

$$AdRoa_{i,t} = \frac{EBIT_{i,t}}{Size_{i,t}} - \frac{1}{N}\sum_{t=1}^{N}\frac{EBIT_{i,t}}{Size_{i,t}} \qquad \text{(5-13)}$$

式中，ROA 为企业相应年度的税息折旧及摊销前利润（$EBIT$）与当年末公司规模（$Size$）的比值；$AdRoa_{i,t}$ 表示企业 i 在第 t 年经该企业所处行业的 ROA 均值调整后的值，目的在于消除经济周期与行业环境对 ROA 的影响；N 表示计算 ROA 的统计年数，即在整个样本期间，每个公司至少有 3 个观测值（即 t，$t+1$，$t+2$）才可以计算风险，不满足此条件的样本删除。$Risk$ 表示最终风险承担水平，$Risk$ 越大，企业风险承担水平越高。

借鉴 Higgins et al.（2015）、孙健等（2016）、方红星和楚有为（2019）等学者的方法，构建一个离散的策略组合指标用以衡量公司的战略进攻性，定义进攻型战略哑变量 $Attack=1$，否则为 0。参考 Tian and Wang（2014）和胡国柳等（2019）方法，采用滞后三年的专利数量的对数用以衡量研发创新产出，我们具体考察以下四个方面：专利总产出（$Grants$）、创新型专利（$Igrant$）、实用型专利（$Ugrant$）和外观型专利（$Lgrant$）四个部分。

表 5-37 汇报了上述分析的研究结论。列（1）汇报了董责险与企业风险承担水平的回归结果，董责险认购（DOI）在 1% 水平上显著为正，这表明董责险发挥了风险对冲作用，降低了管理层风险厌恶程度；列（2）报告了董责险与企业战略进攻性的关系，我们可以发现，购买董责险的企业更有意愿实施进攻型战略；列（3）～（6）汇报了董责险与企业研发创新的关系，董责险能够提高管理层风险容忍度，

表 5 - 37　董责险与企业差异化战略——具体路径分析

	(1) Risk	(2) Attack	(3) Grants	(4) Igrant	(5) Lgrant	(6) Ugrant
DOI	0.010 9*** (3.38)	0.402 3*** (2.92)	0.219 0** (1.99)	0.178 8** (1.98)	0.044 8 (0.85)	0.069 6** (2.12)
Size	-0.008 9*** (-10.49)	-0.051 3 (-1.02)	-0.008 3 (-0.49)	-0.014 3 (-1.27)	-0.038 1*** (-4.22)	-0.009 5** (-2.11)
ROA	-0.229 5*** (-17.69)	-0.930 5** (-2.06)	0.519 5*** (2.63)	0.451 7*** (3.39)	0.342 1*** (2.96)	0.018 1 (0.31)
LEV	0.013 1** (2.34)	1.229 2*** (4.33)	-0.234 3*** (-2.68)	-0.114 7* (-1.92)	-0.064 6 (-1.33)	-0.041 1* (-1.84)
Top1	-0.015 0*** (-3.46)	0.279 2 (0.85)	0.066 3 (0.62)	-0.012 7 (-0.17)	0.034 8 (0.56)	0.061 5** (2.09)
Big4	0.004 4* (1.77)	0.127 3 (0.60)	0.040 8 (0.43)	0.009 6 (0.15)	-0.048 2 (-1.04)	0.007 6 (0.26)
CEO	-0.000 2 (-0.12)	-0.068 6 (-0.78)	-0.024 1 (-0.64)	-0.006 0 (-0.23)	-0.005 6 (-0.23)	0.007 4 (0.64)
DBN	0.001 5** (1.97)	-0.050 8 (-0.98)	0.032 1* (1.77)	0.020 0 (1.64)	0.006 7 (0.61)	0.000 8 (0.20)
Pay	0.000 7* (1.70)	-0.047 9* (-1.97)	0.026 4** (2.59)	0.024 3*** (3.30)	0.008 1 (1.54)	0.002 5 (1.10)

续表

	(1) Risk	(2) Attack	(3) Grants	(4) Igrant	(5) Lgrant	(6) Ugrant
Cashflow	0.044 2*** (4.83)	0.469 5 (1.16)	-0.122 4 (-0.83)	-0.040 9 (-0.40)	-0.192 4** (-2.16)	-0.024 4 (-0.54)
PPE	-0.013 1*** (-2.78)	-1.127 5*** (-3.33)	0.150 2 (1.43)	-0.048 5 (-0.68)	0.116 1** (1.98)	-0.042 3* (-1.89)
GDP	0.000 1 (0.07)	-0.095 3 (-1.23)	0.067 3** (2.44)	0.067 4*** (3.54)	0.035 0** (2.22)	0.018 8*** (2.62)
Law	0.000 3 (1.00)	-0.049 9** (-2.35)	0.006 0 (0.83)	0.003 1 (0.60)	0.002 8 (0.68)	0.000 0 (0.02)
SOE	-0.002 5 (-1.57)	-0.034 6 (-0.33)	0.088 7** (2.37)	0.039 8 (1.48)	-0.030 9 (-1.48)	-0.024 0** (-2.57)
Constant	0.220 8*** (11.73)	-0.952 0 (-0.73)	-0.492 5 (-1.24)	-0.217 2 (-0.80)	0.387 4* (1.82)	0.092 3 (0.91)
Year	Yes	Yes	Yes	Yes	Yes	Yes
Industry	Yes	Yes	Yes	Yes	Yes	Yes
Observations	34 598	27 272	17 246	17 246	17 246	17 246
Adjusted-R^2	0.117	0.027	0.072	0.075	0.048	0.017

注：模型（5-12）为 Probit 回归，未报告 F 值；
本表中汇报董事责任险与企业进攻型战略的回归结果，披露为 Pseudo R^2，其余模型回归结果披露调整的 R^2；*、**、***分别代表在 10%、5%、1%的水平上显著。

激励管理层研发创新，从而提升了除外观型专利之外的产出。以上结果进一步支持了本节假设，董责险能够发挥风险对冲作用，降低管理层执业风险，进而激励管理层实施差异化战略。

5.4.6 稳健性检验

本节在考察上市公司购买董责险对企业差异化战略的影响时，可能存在内生性问题，即管理层会因实施差异化战略引起的执业风险而去购买董责险。因此，我们采用工具变量法和倾向得分匹配法解决潜在的内生性问题。

1. 工具变量法

董责险在成熟的资本市场上投保率很高，97％的美国公司持有董责险，加拿大董责险覆盖率也高达 86％。参考袁蓉丽等（2018）方法，本部分选择高管的海外工作背景作为购买董责险的工具变量（$Foreign$），拥有海外背景的高管对董责险的市场机制有深入的了解，更有意愿购买董责险作为风险对冲机制，同时尚未有文献表明高管海外背景对企业战略选择具有直接影响，因而高管海外背景这个工具变量满足相关性和外生性要求。表 5 - 38 汇报工具变量回归结果，列（1）汇报第一阶段回归结果，工具变量（$Foreign$）与董责险认购（DOI）具有较强的相关性，列（2）和列（3）汇报两阶段最小二乘法工具变量回归结果，董责险与差异化战略回归系数至少在 5％水平上显著为正，这表明控制内生性问题后，结论依然成立。

表 5 - 38　董责险与企业差异化战略——工具变量法

	(1)	(2)	(3)
	DOI	Ds_1	Ds_2
$Foreign$	0.103 0***		
	(4.59)		
DOI		0.030 4***	0.021 9**
		(3.40)	(2.13)

续表

	(1)	(2)	(3)
	DOI	*Ds_1*	*Ds_2*
IMR		0.022 4	0.047 6
		(0.76)	(1.44)
Size	0.110 8***	−0.004 7	0.000 6
	(5.22)	(−1.00)	(0.11)
ROA	−0.833 0***	−0.875 6***	−0.812 6***
	(−4.33)	(−17.76)	(−16.19)
LEV	0.226 4*	0.091 4***	0.228 0***
	(1.91)	(3.98)	(9.37)
*Top*1	−0.396 0***	−0.036 5	−0.032 0
	(−2.96)	(−1.51)	(−1.26)
*Big*4	0.613 7***	0.070 2***	0.068 1***
	(7.59)	(3.38)	(2.88)
CEO	−0.096 7***	0.005 5	0.005 9
	(−2.94)	(0.87)	(0.89)
DBN	0.037 2	−0.001 9	−0.004 9
	(1.62)	(−0.51)	(−1.27)
Pay	0.044 5***	−0.006 9***	−0.007 2***
	(3.03)	(−3.12)	(−2.81)
Cashflow	−0.066 6	0.026 9	−0.075 1**
	(−0.40)	(0.92)	(−2.45)
PPE	−0.079 5	−0.070 7***	0.088 7***
	(−0.50)	(−2.70)	(2.90)
GDP	0.120 8***	−0.030 2***	−0.025 3***
	(3.02)	(−4.62)	(−3.68)
Law	−0.014 2	−0.002 6	−0.000 4
	(−1.40)	(−1.61)	(−0.23)
SOE	0.313 9***	−0.012 1	0.008 4
	(6.00)	(−1.13)	(0.71)
Constant	−5.557 6***	0.962 6***	0.625 6***
	(−8.89)	(5.26)	(3.13)
Year	Yes	Yes	Yes
Industry	Yes	Yes	Yes
Observations	51 943	51 943	51 943
a. R^2/p. R^2	0.337	0.081	0.095

注：*、**、***分别代表在10%、5%、1%的水平上显著。

2.倾向得分匹配法

我国董责险覆盖率较低，购买董责险的公司很可能在购买过程中就进行了筛选，留下了本身公司治理就较好的公司。基于此，我们采用倾向得分匹配法控制公司特征相似，通过图5-3可以看出，在经过配对筛选之后，原样本间的差异显著下降，对照组和实验组之间的筛选效应得到剔除。随后对筛选后的样本进行回归。回归结果如表5-39所示，除 Ds_2 控制固定效应之外，董责险与差异化战略的回归系数至少在5%水平上显著为正，这表明上述研究结论基本稳健。

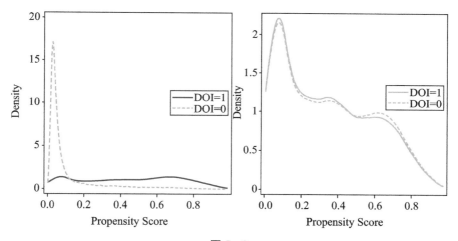

图 5 - 3

表 5 - 39　董责险与企业差异化战略——倾向得分匹配法

	(1)	(2)	(3)	(4)
	Ds_1	Ds_2	Ds_1	Ds_2
DOI	0.036 8***	0.037 0***	0.030 2***	0.021 7**
	(3.96)	(3.26)	(3.38)	(2.11)
Size			−0.006 8*	−0.003 9
			(−1.77)	(−0.90)
ROA			−0.862 3***	−0.782 1***
			(−18.96)	(−17.20)
LEV			0.086 6***	0.219 1***
			(3.87)	(9.35)

续表

	(1)	(2)	(3)	(4)
	Ds_1	Ds_2	Ds_1	Ds_2
$Top1$			−0.029 6 (−1.35)	−0.016 8 (−0.74)
$Big4$			0.059 0*** (3.73)	0.044 8** (2.49)
CEO			0.007 0 (1.21)	0.009 6 (1.56)
DBN			−0.002 4 (−0.66)	−0.006 1 (−1.64)
Pay			−0.007 2*** (−3.77)	−0.008 7*** (−4.12)
$Cashflow$			0.027 2 (0.93)	−0.073 5** (−2.41)
PPE			−0.067 7*** (−2.59)	0.092 6*** (3.03)
GDP			−0.032 4*** (−5.41)	−0.030 0*** (−4.94)
Law			−0.002 4 (−1.47)	0.000 1 (0.05)
SOE			−0.017 4** (−2.24)	−0.003 4 (−0.41)
$Constant$	0.666 7*** (23.09)	0.671 3*** (21.23)	1.083 4*** (11.00)	0.880 2*** (8.38)
Year	Yes	Yes	Yes	Yes
Industry	Yes	Yes	Yes	Yes
Observations	51 866	51 866	51 866	51 866
Adujsted-R^2	0.025	0.026	0.081	0.095

注：按公司年度聚类的稳健标准误调整，括号中报告值为 T 统计量，*、**、*** 分别代表在10%、5%和1%的水平上显著。

3. 遗漏变量检验

企业差异化战略与行业特征具有很强的关系，特别是产业支持政策可能会对董责险与差异化战略的相互关系产生干扰，为了控制可能存在的遗漏变量问题，本节在稳健性检验中控制产业政策对实证结果造成的影响。借鉴祝继高等（2015）的研究方法，依据国家相关规定，将上市公司所属行业分为产业政策重点支持的行业和非产业政策重点支持的行业，设置虚拟变量 $Indupolicy$，若为重点产业支持项目，设置 $Indupolicy$ 为 1，否则为 0。回归结果如表 5-40 所示，控制产业政策后，结果依然稳健。

表 5-40　董责险与企业差异化战略——遗漏变量检验

	(1)	(2)	(3)	(4)
	Ds_1	Ds_2	Ds_1	Ds_2
DOI	0.036 7***	0.037 0***	0.030 3***	0.021 9**
	(3.99)	(3.28)	(3.42)	(2.14)
Indupolicy	−0.039 0***	−0.023 9**	−0.040 2***	−0.022 9***
	(−4.93)	(−2.54)	(−5.21)	(−2.65)
Size			−0.006 8*	−0.003 7
			(−1.77)	(−0.88)
ROA			−0.858 8***	−0.777 8***
			(−18.86)	(−17.07)
LEV			0.088 4***	0.220 0***
			(3.98)	(9.42)
Top1			−0.037 6*	−0.021 0
			(−1.73)	(−0.93)
Big4			0.056 3***	0.042 9**
			(3.57)	(2.38)
CEO			0.006 7	0.009 2
			(1.16)	(1.50)
DBN			−0.002 4	−0.006 3*
			(−0.66)	(−1.69)
Pay			−0.007 8***	−0.009 0***
			(−4.12)	(−4.43)
Cashflow			0.033 0	−0.069 3**
			(1.14)	(−2.28)
PPE			−0.071 7***	0.092 1***
			(−2.78)	(3.03)
GDP			−0.031 6***	−0.029 4***
			(−5.31)	(−4.87)

续表

	(1)	(2)	(3)	(4)
	Ds_1	Ds_2	Ds_1	Ds_2
Law			−0.002 2 (−1.35)	0.000 2 (0.13)
SOE			−0.016 3** (−2.11)	−0.002 8 (−0.34)
$Constant$	0.668 2*** (23.05)	0.672 1*** (21.18)	1.080 5*** (11.07)	0.875 5*** (8.38)
Year	Yes	Yes	Yes	Yes
Industry	Yes	Yes	Yes	Yes
Observations	52 014	52 014	52 014	52 014
Adujsted-R^2	0.027	0.027	0.083	0.095

注：按公司年度聚类的稳健标准误调整，括号中报告值为 T 统计量，*、**、***分别代表在10%、5%和1%的水平上显著。

5.4.7　研究结论

本节考察企业购买董责险对企业差异化战略的影响及其作用机制。研究发现，企业购买董责险后更有意愿实施差异化战略，且该种正向促进作用在非国有企业和诉讼风险较高企业中更为显著。对影响机制的研究表明，董责险通过激励效应影响管理层风险容忍度，进而促进管理层实施风险较大的差异化战略。进一步分析显示，企业购买董责险后风险承担水平更高、战略进攻性更强以及有更多的研发创新。

本节指出董责险的积极治理作用，为董责险的全面推广提供了经验证据，为资本市场完善民事赔偿制度提供了理论指导；同时还指出在当今资本市场中，注重市场占有和产品研发的差异化战略能够获得竞争优势，为管理层选择风险战略决策、提高企业价值提供了有益借鉴。

5.5 本章小结

本章节基于激励和监督的视角，重点考察了董责险在财务决策方面的微观经济后果。总体研究发现董责险在企业财务决策方面发挥了积极的治理作用，具体表现为购买董责险的企业资本结构调整速度更快、创新效果更好、风险承担水平更高、实施更积极的差异化战略。主要研究结论如下：

（1）董责险对资本结构总体调整速度具有显著的正向影响，该促进作用在资本结构向上调整时更明显。进一步研究表明，在面临较高诉讼风险的企业环境中，董责险对资本结构动态调整的促进作用更为强劲；而高管过度自信的现象会削弱董责险对资本结构调整速度的积极推动作用。

（2）董责险有助于促进企业增加自主创新投入，提升创新水平。进一步研究表明，在违规风险大以及非国有企业中，董责险对企业自主创新的影响更为明显；当管理者有三年困难时期经历时，董责险对企业自主创新的促进作用相对更强。企业引入董责险形成的"眼球效应"也可能是推动自主创新的潜在原因，但本节发现董责险对分析师跟踪以及媒体关注不存在显著影响，一定程度上排除了"眼球效应"。

（3）董责险有助于提升企业的风险承担水平。作用机制分析发现董责险通过改善企业投资效率来增加企业价值；进一步检验发现董责险在企业女性高管比例更高、外在诉讼风险程度更大时，对企业风险承担的提升作用更为明显。

（4）董责险有助于促进企业实施差异化战略，效果在非国有企业和诉讼风险较高的企业中更为显著。机制检验表明，董责险通过激励效应影响管理层风险容忍度，进而实施风险较大的差异化战略。进一步分析显示，企业购买董责险后风险承担水平更高、战略进攻性更强以及有更多的研发创新。

本章采用理论与实证分析结合的方式检验董责险与企业财务决策

的关系，对后续相关研究具有启发意义和参考价值。一方面，以财务决策这一企业最基本的经营管理活动为切入点，深入剖析了董责险在公司治理中发挥的作用机制及其所产生的经济效应，从而丰富了董责险理论框架与公司治理研究内涵；另一方面，从避害视角为缓解代理问题提供思路借鉴，本章以此为基础探讨我国上市公司财务决策异化的成因，为上市公司优化财务决策提供了经验证据。

　　伴随着瑞幸咖啡、康美药业等企业重大财务舞弊案件的发生，中小投资者呼唤加强利益保护的声浪日益高涨。高管寻求执业安全与投资者寻求权益保护的诉求两相交织，将董责险推至资本市场舞台中央。基于本章的分析，我们认为，若要进一步发挥董责险在优化财务决策方面的作用，需要着重关注如下三点：第一，监管部门应当逐渐改善董责险发挥积极作用的外部环境，通过强化的司法与执法力度，凸显董责险的兜底作用；第二，保险公司在制定董责险的免责条款时需要充分考虑公司特质风险以及高管群体特征，做到有的放矢，同时避免其成为高管滥用职权、逃避责任的工具；第三，投资者在制定或审核高管激励计划时需要适当关注董责险这一避害性激励手段同股票期权、分红权等传统趋利性激励手段间的互补效应，以最大化董责险在提升公司治理水平、优化财务决策方面的作用。

第6章
董事高管责任保险与利益相关者决策

　　利益相关者理论认为，任何一个组织或者系统都不是独立运行的，组织的目标是在协调各方利益的基础上，通过规范各利益相关者的责任和义务，充分整合配置资源，进而为所有的利益相关者创造最大利益（贾生华和陈宏辉，2002）。传统的"股东至上"追求公司股东财富最大化，忽视了公司利益相关者的需要，这一公司治理思想导致企业出现融资困难、风险提高等问题，企业难以可持续发展。企业作为经济细胞需要各方利益相关者支持才能实现可持续发展，满足利益相关者合理诉求是企业发展的关键。董责险在设计之初是为了降低董事及高管的执业风险，如果董事及高管在经营活动决策中由于工作疏忽等行为面临诉讼赔偿，保险公司将为其承担部分赔偿责任，由于保险降低了董事及高管的诉讼赔偿责任，董事及高管在公司经营过程中将会采取更为积极的态度履行职责。

　　现有研究表明：一方面，董责险引入了保险公司这一全新的利益相关者，保险公司为确定赔偿责任、赔偿风险和赔偿金额，有动机对投保公司进行事前评估，在日常经营活动中进行事中监督，在发生赔偿诉讼后进行事后调查，这些行为有力监督了公司董事及高管的行为，降低了投保公司的风险，有助于提高投保公司的治理水平，此路径为外部监督效应；另一方面，保险公司为董事及高管进行代偿，降低了董事及高管面临的诉讼风险，可能导致董事及高管决策更为激进，最终导致公司整体经营风险的提高，此路径为机会主义效应。那么，公司利益相关者观测到公司购买了董责险会认为外部监督效应更大还是机会主义效应更大，进而又会做出何种反应？本章选取银行、债券评级机构、审计师、投资者等四个利益相关者，分别从银行信贷决策、债券信用评级、事务所审计费用、投资者风险溢价等四个角度出发，探讨董责险对投保公司利益相关者行为的影响，为公司利益相关者行为的相关理论提供参考，亦有助于完善国内董责险相关制度。

6.1 董事高管责任保险与银行信贷决策

6.1.1 问题提出

资金是企业体内的血液，是企业进行生产经营活动的必要条件。2021年，海航集团、实达集团等企业因资金链断裂而破产，可见资金的有效筹集和利用对于企业的发展至关重要。特别是由于国际经济不景气和世界政治环境不稳定的影响，中国经济下行压力持续存在，企业面临的国内外经济环境日益严峻，改善企业面临的融资环境也变得愈发重要。债务融资作为企业外部融资的一种重要方式，对企业的生存发展有着重大的影响，其中银行信贷资金由于成本低、放款快，是企业梦寐以求的融资渠道。然而，由于利益不一致和信息不对称，企业内部人可能会通过资产替代等方式侵害银行等债权人的利益。银行等债权人意识到举债企业的管理层可能存在道德风险引发机会主义行为，便会要求较高信贷利率以补偿违约风险，从而导致企业获得银行信贷的成本大幅度提高。因此，如何以较低成本获得银行信贷资金是企业治理中一个亟待解决的问题。

董责险旨在降低董事及高管人员在企业诉讼事件中所需承担的责任风险，从而缓解董事及高管人员的风险规避等代理问题。然而，董责险在公司治理方面的效应存在很大的争议。一方面，由于董责险转移了管理者面临的诉讼风险和财务责任，可能诱发管理层的道德风险，从而产生机会主义行为（Lin et al.，2011；Bushee et al.，2023；Jain et al.，2023）；另一方面，董责险作为一种补充激励机制，能够减少公司董事和高管的风险回避问题，并且保险公司为降低赔付风险，有动机对管理者行为进行严格审查和监督，减少管理层自利行为（Core，2000）。

从理论上，银行观测到企业购买了董责险，既可能为企业提供更多的信贷支持也可能减少信贷支持。第一，董责险作为额外补偿机制，能激励管理者积极承担责任，改善企业经营业绩，从而促进银行提供更多的信贷支持；第二，董责险降低了管理者由于经营决策失误面临的诉讼风险，管理层为获取高额奖金可能会增加企业高风险投资行为，导致企业债务违约风险加大，银行为降低风险有动机减少给予企业的信贷支持。本节尝试将董责险的公司治理理论拓展至银行信贷决策，以探究银行这一利益相关者在了解到企业购买董责险后的反应。

6.1.2　理论分析与研究假设

公司治理本质上是一种权力分配与权力制衡机制。银行作为债权人主要通过债务契约来确定债权债务关系，很少参与企业实际运营及管理。在缺乏充分控制、有效监督以及公开透明财务信息的情况下，银行为了保护自身利益，减少违约风险，通常会要求更高的信贷利率以补偿银行贷款难以收回的风险。如果公司治理水平得到提升，有力地保障了银行利益，公司也会得到银行的信任，银行会因此降低对收益率的要求。

根据信息不对称理论，拥有私人信息的交易者会剥削没有私人信息的交易者，信息劣势的交易者预判到上述情景，便会采取各种措施降低自身风险（Bellucci et al.，2023；Gomez，2024）。在债务契约达成之前，股东或管理层为了获得更多借款，有动机运用信息优势粉饰财务信息。而债务契约达成之后，银行对资金失去控制，管理层可能为了自身利益而损害银行利益（Bernanke，2023）。具体来说，如果股东和管理层可以在获取到银行贷款之后再做投资决策，那么股东及管理者可能会对银行许诺投资风险较小的项目，而融资后却选择投资风险较高的项目。原因在于，高风险投资成功后，股东和管理者便会获得大部分收益，银行仅能按照债务合同约定的利率要求固定回报；相反，一旦高风险投资失败，银行将承担大部分费用，而股东及管理者可只需承担少部分损失（童盼和陆正飞，2005）。由此可见，道德风险是影响债务契约的重要因素。

从本节的具体情况来看，董责险对银行信贷决策的影响存在两种可能。一种可能是董责险提高了银行对企业的信贷支持力度。一方面，公司购买董责险能够有效降低管理者的履职风险，激发管理者的工作积极性（王伟和李艳，2002），亮眼的业绩表现有助于获取银行信贷支持。投保公司的业绩表现与保险公司的利益密切相关，低下的业绩表现使得保险公司面临更多的理赔风险。保险公司作为独立的经营主体，其专业的风险评估能力和外部监督作用有助于约束管理者行为（Core，2000；Liang et al.，2023），降低投保企业的治理风险，提高管理层勤勉程度。在正式承保之前，保险公司需要对企业的经营状况、管理层专业性等方面进行严格的背景调查，从而做出是否承保以及具体保费的决策；并且在需要理赔时，保险公司会对管理层的相关行为做出调查，确认这些行为导致的损失是否在承保范围内（贾宁和梁楚楚，2013）。这些行为有助于抑制管理层怠惰的倾向，这有助于降低银行的估计风险，提高企业获得的银行信贷支持力度。另一方面，银行不仅仅依赖于公司过去的盈利能力等特点来推断预期的现金流和违约风险，还会考虑公司的治理水平等因素，而董责险作为一种补充激励机制，有利于引入优秀的管理人才（Core，2000；Gillan and Panasian，2015），减少管理层自利行为，提高公司治理水平，这能向银行传递低风险的信号。从上述观点来看，董责险的引入能激励管理层勤勉负责，缓解债务契约双方的利益冲突，进而有助于企业获取银行信贷支持。

另一种可能是董责险不利于企业获取银行信贷支持。由于董责险转移了管理者的部分法律责任，管理者不当行为所造成的后果转嫁给保险公司，面临的赔偿风险降低，从而减弱了法律的威慑作用（Boyer and Tennyson，2015）。面对低廉的成本和丰厚的回报，管理者可能难以规范其个人行为，这增加了管理者的潜在道德风险，诱发投机行为（Bradley and Chen，2011）。Lin et al.（2011）发现购买董责险的公司在收购绩效方面表现不佳，往往给出较高的收购价格，且新收购业务与原本经营范围差距过大，难以形成协同效应。除此之外，购买董责险可能还会导致企业诉讼风险、代理成本增加（Zou et al.，2008；Gillan and Panasian，2015），主要原因在于董责险增加了管理层的道德风险，诱导管理层出现投机行为。这些投机行为可能给管理者带来高额在职消费、增加管理者的可控资源、有助于管理层构建自身"关系网"，满足管理者自身利益诉求，但是这些行为无疑会增加企业的经营风险，损害银行等债务人利益。Lin et al.（2013）研究加拿大上市公司时发现，董责险的引入会向银行传递风险信号，即银行认为董责险的引入会诱发管理层的道德风险，银行为降低自身风险会降低对企业的信贷支持力度。

综上所述，本节提出如下竞争性假设：

H_{8a}：企业购买董责险提高了企业获取到的银行信贷支持力度。

H_{8b}：企业购买董责险降低了企业获取到的银行信贷支持力度。

6.1.3　研究设计

1.样本选取与数据来源

本节选取 2002—2023 年中国沪深 A 股上市公司作为初始研究样本，并根据以下原则进行筛选：（1）考虑到金融保险业公司财务报表的特殊性，故予以剔除；（2）因 ST、PT 类上市公司财务数据经过了一定处理后才得以披露，故予以剔除；（3）剔除财务数据有缺失的上市公司样本。经过上述筛选之后，最终得到 40 528 个数据。为控制极端值对回归结果的影响，对连续变量进行 1％和 99％的 Winsorize 缩尾处理。董责险相关数据来自 CNRDS 数据库并经过手工整理后得到，其余数据来自 CSMAR 数据库。

2. 模型设计及变量选取

借鉴 Chen et al.（2016）的相关研究，本节构建如下 OLS 回归模型（6-1），以检验假设 H_{8a}：

$$Rate_{i,t} = \alpha_0 + \alpha_1 DOI_{i,t-1} + \alpha_2 Size_{i,t-1} + \alpha_3 LEV_{i,t-1}$$
$$+ \alpha_4 TobinQ_{i,t-1} + \alpha_5 Top1_{i,t-1} + \alpha_6 ROA_{i,t-1}$$
$$+ \alpha_7 Tan_{i,t-1} + \alpha_8 Audit_{i,t-1} + Year + Industry$$
$$+ \varepsilon_{i,t} \tag{6-1}$$

式中，$Rate$ 表示企业每笔新增银行贷款的实际利率。$Rate$ 越大，表明银行要求更高的信贷利率，即降低了对企业的信贷支持力度；$Rate$ 越小，表明银行要求较低的信贷利率，即提高了对企业的信贷支持力度。

解释变量 DOI 表示董责险认购，借鉴 Lin et al.（2011）等文献的做法，构建虚拟变量 DOI 表示上市公司是否认购董责险。若上市公司发布的公司章程、股东大会或董事会决议等其他公告中披露了其投保董责险的相关信息，则 DOI 赋值为 1，否则为 0。

控制变量（$Controls$）包括公司规模（$Size$）、资产负债率（Lev）、托宾 Q 值（$TobinQ$）、股权集中度（$Top1$）、资产收益率（ROA）、有形资产比例（Tan）、审计意见（$Audit$）。此外，本节还在模型中控制了年份和行业因素，具体变量定义见表 6-1。

表 6-1　变量定义表

变量名称	变量符号	计算方法
银行信贷利率	$Rate$	新增贷款的实际利率（%）
董责险认购	DOI	若企业购买董责险赋值为 1，否则为 0
资产规模	$Size$	年末资产总额取自然对数
资产负债率	LEV	年末负债总额/年末资产总额
托宾 Q 值	$TobinQ$	企业股票市场价值/账面所有者权益
股权集中度	$Top1$	第一大股东持股比例
资产收益率	ROA	年末息税前利润/年末资产总额

续表

变量名称	变量符号	计算方法
有形资产比例	Tan	年末固定资产净值/年末资产总额
审计意见	$Audit$	标准审计意见取值为1，否则为0

6.1.4　实证分析

1. 描述性统计

表6-2展示了本节主要变量的描述性统计结果。由表6-2可知，银行信贷利率（$Rate$）均值为5.912，中位数为5.120，标准差为5.736，表明中国部分上市公司债务成本较高。董责险认购（DOI）均值为0.124，中位数为0，标准差为0.330，表明董责险普及度较低，大部分上市公司未购买董责险。控制变量方面，资产规模（$Size$）的均值为22.148，中位数为21.975，标准差为1.337；资产负债率（LEV）的均值为0.473，中位数为0.470，标准差为0.206，较为符合正态分布。审计意见（$Audit$）均值为0.949，说明绝大多数公司财务报告质量良好，财务信息具有可信性。

表6-2　主要变量的描述性统计

	N	Mean	Median	SD	P25	P75
$Rate$	40 528	5.912	5.120	5.736	3.580	6.740
DOI	40 528	0.124	0.000	0.330	0.000	0.000
$Size$	40 528	22.148	21.975	1.337	21.223	22.893
LEV	40 528	0.473	0.470	0.206	0.318	0.618
$TobinQ$	40 528	1.934	1.520	1.250	1.180	2.182
$Top1$	40 528	0.345	0.320	0.152	0.227	0.450
ROA	40 528	0.027	0.032	0.074	0.010	0.060
Tan	40 528	0.930	0.958	0.084	0.916	0.981
$Audit$	40 528	0.949	1.000	0.220	1.000	1.000

2. 回归分析

模型（6-1）的检验结果如表6-3所示，其中，列（1）未控制年份、行业固定效应，董责险认购（DOI）回归系数为−0.151，且在10%的水平上显著；列（2）仅控制年份、行业固定效应，董责险认购（DOI）回归系数为−0.764，且在1%的水平上显著；第（3）列在包含所有控制变量的基础上控制了年份、行业固定效应，董责险认购（DOI）回归系数为−0.682，且仍在1%的水平上显著。以上结果表明企业购买董责险后获得的银行信贷利率显著降低，企业获取到的银行信贷支持力度得到提高，故假设 H_{8a} 得到支持。

表6-3　董责险与银行信贷决策的回归结果

	(1)	(2)	(3)
	Rate	*Rate*	*Rate*
DOI	−0.151* (−1.711)	−0.764*** (−4.568)	−0.682*** (−4.113)
Size	−0.111*** (−4.407)		−0.649*** (−6.513)
LEV	0.343** (2.104)		0.499 (1.240)
TobinQ	0.215*** (8.715)		0.076 (1.439)
*Top*1	−0.656*** (−3.389)		−0.411 (−0.654)
ROA	−3.340*** (−7.402)		−1.829*** (−2.683)
Tan	−0.705** (−2.064)		−0.850 (−1.181)
Audit	−2.148*** (−15.119)		−1.217*** (−5.020)
Constant	10.831*** (16.556)	6.007*** (288.771)	22.126*** (9.473)
Year	No	Yes	Yes
Industry	No	Yes	Yes

续表

	（1）	（2）	（3）
	Rate	*Rate*	*Rate*
Observations	40 528	40 528	40 528
Adujsted-R^2	0.018	0.210	0.218

注：按公司聚类的稳健标准误调整，括号中报告值为 T 统计量，＊、＊＊、＊＊＊分别代表在 10％、5％和 1％的水平上显著。

3. 机制分析

根据前文的理论和结果，董责险提高企业获得的银行信贷支持力度可能是因为对管理层具有监督激励效应。为了探究董责险的作用路径，本节选取了超额绩效来检验上述关系。如果董责险对管理层具有监督激励作用，那么超额绩效应该上升。

参照已有的文献，本节采用超额总资产报酬率（*Over*）衡量超额绩效，其计算公式为模型（6-2）所示：

$$Over_{i,t} = AR_{i,t} - [AR_{i,t-1} + (1-\beta)MAR_{i,t}] \qquad (6-2)$$

式中，*Over* 表示当期总资产报酬率超过预期报酬率的部分；*AR* 为公司的总资产报酬率；*MAR* 为公司所在行业的平均总资产报酬率；β 为调整系数，介于 0～1 之间，从 0 开始，每次增加 0.1，此处本节汇报 β 取值 0.5 的检验结果。

将超额总资产报酬率（*Over*）作为被解释变量代入模型（6-1）中，其他解释变量及控制变量等均保持不变。回归结果如表 6-4 所示，董责险认购（*DOI*）回归系数为 0.004，且在 1％的水平上显著。综上可知，董责险能显著提高企业超额绩效，体现了董责险对管理层具有激励作用。

表 6-4　董责险与银行信贷决策的机制检验

	Over
DOI	0.004＊＊＊
	（3.319）

续表

	Over
Size	−0.001 (−1.230)
LEV	0.001 (0.263)
TobinQ	0.000 (0.826)
Top1	0.007** (2.043)
ROA	−0.006 (−1.172)
Tan	−0.006 (−1.210)
Audit	0.001 (0.903)
Constant	−0.019 (−1.400)
Year	Yes
Industry	Yes
Observations	40 528
Adujsted-R^2	0.003

注：按公司聚类的稳健标准误调整，括号中报告值为 T 统计量，*、**、*** 分别代表在 10%、5% 和 1% 的水平上显著。

4. 异质性检验

（1）产权性质的异质性分析。国有企业承载着国家经济命脉，在国内资本市场占有极其重要的地位，与国有企业相比，非国有企业融资约束更严重。

本节认为，董责险在非国有企业中发挥的效用会更大。首先，政府的"父爱效应"使得企业依靠政府的背书能容易获得更多更低廉的贷款；其次，国有企业管理者的选拔须考虑政治因素，这使得管理者还要关心企业绩效之外的其他表现，债务资金并非其最重要的关注点；最后，国有企业的管理者并非从经理人市场选拔，而是由上级任命，薪酬也是按行政级别标准执行，此时董责险对其的激励和监督作用都不能有效发挥。

本节按企业产权性质，将样本划分为国有企业组和非国有企业组，分别采用模型（6-1）进行回归，回归结果如表6-5列（1）和列（2）所示。在非国有企业分组中，董责险认购（*DOI*）的回归系数为－0.760，且在1%的水平上显著；在国有企业分组中，董责险认购（*DOI*）的回归系数为－0.355，但不显著，说明董责险降低了非国有企业信贷利率，提高非国有企业获取到的银行信贷支持力度，而对国有企业作用并不明显。

（2）董事长与总经理兼任的异质性分析。从现有文献来看，董责险的治理效应与公司内外部治理机制之间均存在互动关系。已有的研究表明，中国企业的股权结构使得对管理层的监督在很大程度上依赖于控股股东与其他能够产生重要影响的股东（胡诗阳和陆正飞，2015）。管家理论认为，所有者和经营者之间是一种无私的信托关系，经营活动的风险特点以及以减少风险为主要任务的使命决定了企业必须赋予经理人员相当程度的随机处置权，以使企业能很好地适应外部环境的变化。此外，总经理自身尊严、信念以及内在追求会促使他们努力经营公司，这样两职合一有利于提高企业的创新自由，进而提高企业绩效。显然，在这种理论假设下，银行等债权人的利益是不会受到损害的。然而现实中管理者近乎天文数字的薪酬也不得不让人对这种无私的信托关系和崇高的理想追求产生怀疑，身兼董事长职务的总经理需要自己监督自己，这有违总经理的自利性。

本节认为，两职合一会减弱董责险对债务成本的治理效应。一方面，在两职合一的情况下，股东可以直接控制管理层，从而降低管理层的独立性，使得管理者的经营决策从企业价值最大化向股东财富最大化倾斜，削弱保险公司的治理效应。另一方面，两职合一可能导致管理者的权力过度膨胀，没有限制的权力可能被滥用，管理者有动机为了自身利益损害银行等债权人利益。银行预测到两职合一的公司更容易出现自利行为，可能会减少提供给企业的信贷支持力度。

为验证董事长与总经理两职合一是否对董责险与银行信贷决策之间的关系有所影响，本节以企业董事长与总经理是否两职合一为标准，将样本划分为两职合一组和非两职合一组，并分别采用模型（6-1）进行回归。回归结果如表6-5中列（3）和列（4）所示，在非两职合一组中，董责险认购（DOI）的回归系数为－0.662，且在1%的水平上显著，而在两职合一组中，董责险认购（DOI）的回归系数不显著。这表明当企业董事长和总经理两职合一时，董责险对企业获取银行信贷支持的促进作用有所减弱。

表6-5　董责险与银行信贷决策的异质性检验

	（1）	（2）	（3）	（4）
	非国有企业	国有企业	非两职合一	两职合一
	Rate	Rate	Rate	Rate
DOI	－0.760***	－0.355	－0.662***	－0.450
	（－3.403）	（－1.473）	（－3.432）	（－1.318）
Size	－0.878***	－0.417***	－0.595***	－0.602***
	（－5.801）	（－3.199）	（－5.159）	（－2.800）
LEV	－0.012	0.878	0.382	0.343
	（－0.022）	（1.485）	（0.844）	（0.343）
TobinQ	0.032	0.026	0.063	0.003
	（0.521）	（0.257）	（1.025）	（0.028）
Top1	－0.675	－0.239	－0.079	－0.358
	（－0.712）	（－0.305）	（－0.110）	（－0.245）
ROA	－1.428*	－0.713	－1.686**	－1.555
	（－1.673）	（－0.666）	（－2.221）	（－0.901）
Tan	－0.410	－1.447	－1.250	2.029
	（－0.432）	（－1.176）	（－1.483）	（1.312）
Audit	－1.099***	－1.251***	－1.106***	－1.493***
	（－3.693）	（－2.840）	（－4.430）	（－3.303）
Constant	26.909***	17.380***	21.190***	18.773***
	（7.531）	（5.538）	（7.733）	（3.829）
Year	Yes	Yes	Yes	Yes
Industry	Yes	Yes	Yes	Yes

续表

	(1)	(2)	(3)	(4)
	非国有企业	国有企业	非两职合一	两职合一
	Rate	*Rate*	*Rate*	*Rate*
Observations	23 054	17 474	31 046	9 482
Adujsted-R^2	0.223	0.248	0.228	0.272

注：按公司聚类的稳健标准误调整，括号中报告值为 T 统计量，*、**、*** 分别代表在 10%、5% 和 1% 的水平上显著。

5. 稳健性检验

为了保证结果的稳健性，本节进行了如下检验：第一，为避免国际金融危机的影响，本节将样本区间改变为 2010—2023 年，回归结果如表 6-6 列（1）所示，董责险认购（DOI）回归系数为 -0.821，仍然在 1% 的水平上显著；第二，为避免样本选择偏差，本节采用倾向得分匹配法进行 1∶1 最近邻匹配检验后回归的方法进行检验，回归结果如表 6-6 列（2）所示，董责险认购（DOI）回归系数为 -0.691，且在 1% 的水平上显著；第三，为避免指标测量误差带来的偏差，本节采用每笔新增贷款的实际利率减去同期基准利率（%）衡量企业信贷利率（$Spread$），回归结果如表 6-6 列（3）所示，董责险认购（DOI）回归系数为 -0.428，且仍在 1% 的水平上显著。

表 6-6　董责险与银行信贷决策的稳健性检验

	(1)	(2)	(3)
	改变样本区间	倾向得分匹配法	替换变量
	Rate	*Rate*	*Spread*
DOI	-0.821^{***} (-4.732)	-0.691^{***} (-2.610)	-0.428^{***} (-4.130)
$Size$	-0.838^{***} (-5.648)	-0.265 (-1.422)	-0.086^{*} (-1.706)
LEV	1.188^{**} (2.193)	0.234 (0.300)	0.081 (0.421)

续表

	(1)	(2)	(3)
	改变样本区间	倾向得分匹配法	替换变量
	Rate	*Rate*	*Spread*
TobinQ	-0.023 (-0.361)	0.005 (0.044)	-0.007 (-0.256)
*Top*1	-0.646 (-0.731)	-0.477 (-0.367)	0.033 (0.106)
ROA	-1.937** (-2.446)	-2.741* (-1.880)	0.178 (0.441)
Tan	-0.676 (-0.731)	1.530 (1.108)	-0.065 (-0.164)
Audit	-0.899*** (-3.341)	-0.736** (-2.008)	-0.182 (-1.526)
Constant	26.111*** (7.197)	11.576** (2.491)	4.604*** (3.783)
Year	Yes	Yes	Yes
Industry	Yes	Yes	Yes
Observations	30 948	7 780	40 528
Adujsted-R^2	0.247	0.219	0.225

注：按公司聚类的稳健标准误调整，括号中报告值为 T 统计量，*、**、*** 分别代表在 10%、5% 和 1% 的水平上显著。

6.1.5 研究结论

本节以 2002—2023 年中国沪深 A 股上市公司为样本，考察了董责险与银行信贷决策的关系。研究发现，董责险的引入能有效降低企业的银行信贷利率。进一步的研究表明，当企业的产权性质为国有企业或董事长与总经理为同一人时，董责险对债务成本的抑制作用会减弱；作用机制的分析表明，董责险对债务成本的影响是由于董责险发挥了监督激励作用，提高了企业的超额回报率。

董责险对国有企业的银行信贷利率降低作用并不显著，说明当前我国银行更倾向于为国有企业提供信贷支持。相关监管部门应进一步规范信贷市场，引导银行等金融机构支持非国有企业，规范资本市场。非国有企业应更加注意自身经营风险，及时披露相关风险信息，降低银行等债权人的估计风险，以积极争取更为优惠的信贷条件。

6.2　董事高管责任保险与债券信用评级

6.2.1　问题提出

信用是社会经济发展的必然产物，是现代经济社会运行中必不可少的一环，信用对于企业的正常经营与发展都发挥了十分重要的作用（Hossain et al.，2023；Dehaan et al.，2023）。与此同时，信用评级机构也发展成为资本市场的重要监管机构，从最初对铁路债券评级，后来延伸到各种金融产品及各种评估对象，信用评级有助于衡量企业质量、防范信用风险、维护经济秩序。信用评级机构一般较为关注企业的主体信用评级和债券信用评级，当企业拟发行债券时，信用评级机构通过对各种要素（如企业管理水平、财务质量、行业经济环境等）综合分析、判断、发布评级结果，为政府主管部门审批债券发行以及广大投资者了解发行主体的信息情况提供依据，同时也为企业了解自身经营状况提供信息，从而不断改善经营管理，提高资信级别，因此企业有强烈的动机获得较高的主体信用评级（Graham and Harvey，2001；Wang et al.，2022）。现有研究表明，企业内部控制质量越高，债券信用评级或主体信用评级越高（敖小波等，2017），而信用评级的高低对盈余管理程度（李琦等，2011）、发债成本（何平和金梦，2010；寇宗来等，2015）等也会产生显著影响。

董责险旨在降低公司及高管的执业风险，促进董事及高管积极行事，提高公司价值。现有研究表明，董责险在服务公司经营效率以及降低破产风险等方面发挥积极作用（Kalchev，2004），公司通过引入董责险可以对管理者行为决策进行监督和控制，从而降低投机风险

（Core，2000）。同时，引入董责险有助于吸引高管人才（Priest，1987）、降低代理成本（凌士显和白锐峰，2017）。高管人才的引进为企业管理水平的提高奠定基础，投资效率和盈利能力的提高有利于改善财务质量。基于以上分析，企业购买董责险正好满足了获取较高信用评级的动机的要求，那么董责险是否有助于企业获得更高的信用评级？本节拟对此问题进行深入探讨。

6.2.2　理论分析与研究假设

董责险的引入将产生积极的治理效应还是消极的治理效应，目前学术界存在较大争议，主要存在两种对立的看法。积极效应的支持者认为，企业认购董责险对于高管行为起到监督的作用，能够激励他们通过更加勤勉的工作做出有利于提升公司价值的决策，从而避免风险规避的短视行为（Priest，1987）。而消极效应的支持者认为，一方面，企业认购董责险降低了企业的信息质量，提高了企业的融资成本（冯来强等，2017）；另一方面，企业认购董责险对管理层的财产风险形成兜底作用，由此导致了对于管理层的过度保护，从而使管理层的决策更加具有机会主义倾向（Bolton et al.，2006；Liu et al.，2024），为其实施机会主义行为埋下伏笔。

企业发行债务过程中涉及的中介机构有承销商（银行和券商）、会计师事务所、律师事务所、评级公司，这些机构本质上都是中介，提供的都是中介服务（Diamond，2023）。其中，评级公司秉持独立、客观、公正的原则，依据一定的评价标准，对企业的信用做出评级（Bonsall et al.，2024）。已有研究表明，虽然可能存在评级机构的寻租行为以及评级机构与发行公司的合谋问题（刘娥平等，2014），但信用评级一般被视为一种有效的信用质量标准，评级机构的评价结果也成为市场对于企业评价的重要参考依据。因此，公司有意愿通过获得较高的信用评级，以此表明公司良好的业绩（敖小波等，2017）和发展前景。

一般情况下，企业风险越高，债券信用评级越低（敖小波等，2017）。

因此，企业有动机通过引入董责险来规避企业风险（Zou and Adams，2008）。结合董责险公司治理效应的相关文献，以及信用评级主要影响因素，本节试图考察认购董责险对企业的主体信用评级和债券信用评级的影响，即认购董责险是否会影响企业的信用风险。本节认为，董责险对信用评级可能存在三个方面的影响。

首先，董责险通过吸引优秀管理人员提高企业治理水平和投资效率，从而有助于提高企业的信用评级。无论是一个企业还是一个部门，其管理水平主要取决于管理层队伍的素质以及管理手段的现代化程度。董责险通过吸引、挽留具有较高管理能力的董事及高管，为企业带来先进的管理理念和管理方式，对于降低企业经营风险以及提高治理水平发挥积极的正向作用，有助于提升企业的管理能力和核心竞争力（赵杨和 John Hu，2014），降低内部控制风险。同时基于投资效率和盈利能力角度，管理人员作为企业投资的决策者，其能力水平直接决定着企业的投资效率，高投资效率则是高盈利的重要保障，企业通过引入董责险，提升上市公司的投资效率（彭韶兵等，2018）和盈利水平（赵杨和 John Hu，2014），从而有助于提高企业的信用评级。

其次，董责险对于管理层失职行为具有兜底功能，对于其财产风险具有对冲效应，从而降低债券违约风险，提高信用评级。发行债券的公司应当在约定期间偿付本金与利息。由于经营的不确定性，公司存在到期无法偿付的风险，投资者为了保护自身利益，可能通过违约求偿诉讼和破产诉讼予以追偿，这将使得公司面临更大的经营风险，甚至破产风险。此时董责险能够代替管理层为投资者提供充足的赔偿，从而降低债券的违约风险，这也在一定程度上起到了保护投资者的作用。基于兜底作用，认购董责险有助于提高企业的信用评级。

最后，董责险引入外部监督，约束管理层的自利行为，进而提高企业的治理水平、降低经营风险，有助于提高信用评级。作为企业经营风险的间接承担者，保险公司也充当了外部监督者的角色，在企业购买董责险时，保险公司会对企业风险进行系统审查和评估，根据评估结果决定是否接受投保业务，同时在接保后也会针对企业的风险点设计相应的保险条款，对企业的经营风险以及董事和高管行为进行持续监督。因为保险公司承担着为高管损害股东利益行为买单的风险，所以相比于其他监督者，其更加有动机去履行监督权利，因而在外部监督上能发挥更大的作用。基于外部监督效应，认购董责险有助于提高企业的信用评级。

基于以上分析，本节提出假设：

H_9：企业认购董责险会提高企业的信用评级。

6.2.3 研究设计

1. 样本选取与数据来源

本节选取 2002—2023 年沪深 A 股上市公司为样本，并对样本进行以下筛选：（1）考虑到金融保险业公司财务报表的特殊性，故予以剔除；（2）因 ST、PT 类上市公司财务数据经过了一定处理后才得以披露，故予以剔除；（3）剔除财务数据有缺失的上市公司样本。为控制极端值对回归结果的影响，对连续变量进行 1％ 和 99％ 的 Winsorize 缩尾处理。董责险相关数据来自 CNRDS 数据库，其余数据均来自 Wind 数据库和 CSMAR 数据库。

2. 变量选取

（1）董责险。借鉴 Chen et al.（2011）等文献的做法，采用虚拟变量（DOI）表示上市公司是否认购董责险，若上市公司发布的公司章程、股东大会或董事会决议等其他公告中披露了其投保董责险的相关信息，则 DOI 赋值为 1，否则为 0。

（2）信用评级。中国人民银行为规范信用评级工作，在 2006 年发布《中国人民银行信用评级管理指导意见》，其中将借款企业信用等级分三等九级，即 AAA、AA、A、BBB、BB、B、CCC、CC、C，同时每一个信用等级可用"＋""－"符号进行微调，表示略高或略低于本等级，但不包括 AAA 级以及 CCC 级以下等级。为便于计量分析，将这些评级等级转化为数值形式加以衡量，数值越大信用评级越高。借鉴刘娥平等（2014）的做法，由于中国信用评级制度发展的特殊性，样本公司评级大部分集中在 AA～AAA 之间，故记最高等级 AAA 为 4，AA＋为 3，AA 为 2，AA－及更低等级为 1。由于本节信用评级是多元有序分类变量，因此采用 Ologit 模型进行估计。

（3）控制变量。借鉴现有学者对于企业信用评级的研究（刘娥平等，2014；敖小波等，2017），我们选取债券发行规模（Amount，发行规模对数）、债券期限（Period，发行期限）、债券担保（Guarantee，是否存在担保）、企业成长性（Growth，营业收入增长率）、资产收益率（ROA，净利润与期末资产总额的比率）、资产负债率（Lev，负债与期末资产总额的比率）、每股收益（Eps，净利润与流通股股数的比值）、有形资产比例（Tan，固定资产与期末资产总额的比值）、费用比例（Sga，财务费用、管理费用、销售费用三者之和与营业收入的比率）、审计机构类别（Big4，是否由国际四大会计师事务所审计）为控制变量。具体定义如表 6 - 7 所示。

表 6 - 7　变量定义表

变量名称	变量符号	计算方法
债券信用评级	$Credit\_1$	当债券信用评级为 AA－及更低、AA、AA＋、AAA 时，分别为 1，2，3，4
主体信用评级	$Credit\_2$	当主体信用评级为 AA－及更低、AA、AA＋、AAA 时，分别为 1，2，3，4
董责险认购	DOI	公司若购买了董责险赋值为 1，否则为 0
债券发行规模	$Amount$	债券发行规模取自然对数
债券担保	$Guarantee$	当债券发行存在担保时赋值为 1，否则为 0
债券期限	$Period$	债券发行期限
公司成长性	$Growth$	营业收入增长率
资产收益率	ROA	净利润与期末资产总额的比值
资产负债率	Lev	负债与期末资产总额的比值
每股收益	Eps	净利润与流通股股数的比值
有形资产比例	Tan	有形资产与期末总资产的比值

续表

变量名称	变量符号	计算方法
费用比例	Sga	财务费用、管理费用和销售费用三者之和与营业收入的比值
审计机构类别	$Big4$	若由国际四大会计师事务所审计赋值为1，否则为0

3. 模型设计

参考 Hull et al. (2004) 的研究，本节设计了模型（6-3）：

$$Credit_{i,t} = \alpha_0 + \alpha_1 DOI_{i,t} + \alpha_2 Amount_{i,t-1} + \alpha_3 Guarante_{i,t-1}$$
$$+ \alpha_4 Period_{i,t-1} + \alpha_5 Growth_{i,t-1} + \alpha_6 ROA_{i,t-1}$$
$$+ \alpha_7 LEV_{i,t-1} + \alpha_8 Eps_{i,t-1} + \alpha_9 Tan_{i,t-1}$$
$$+ \alpha_{10} Sga_{i,t-1} + \alpha_{11} Big4_{i,t-1} + Year + Industry + \varepsilon_{i,t}$$

$$(6-3)$$

式中，$Credit$ 表示企业的信用评级；$Credit\_1$ 表示企业债券的信用评级；$Credit\_2$ 表示企业主体的信用评级；DOI 表示企业当年是否认购了董责险；其余控制变量含义如前文所述。同时，本节还在模型中加入了年份和行业固定效应，以区分不同行业和年份对上市公司的影响。

6.2.4 实证分析

1. 主要变量描述性统计结果分析

表 6-8 提供了各主要变量的描述性统计结果。$Credit\_1$ 的均值为 2.252，$Credit\_2$ 的均值为 2.220，说明样本公司债券信用评级和主体信用评级较高。主要自变量董责险认购（DOI）的均值为 0.213，说明样本中董责险的购买率为 21.3%，与欧美国家 90% 以上的购买比例相比尚存较大差距。在本节所使用的控制变量中，债券发行规模（$Amount$）均值为 20.380，债券担保（$Guarantee$）均值为 0.225，债

券期限（*Period*）均值为 4.838，企业成长性（*Growth*）均值为 0.185，资产收益率（*ROA*）均值为 0.038，资产负债率（*LEV*）均值为 0.558，每股盈利（*Eps*）均值为 0.540，有形资产比例（*Tan*）均值为 0.930，费用比例（*Sga*）均值为 0.148，审计机构类别（*Big*4）均值为 0.165。

表 6－8　描述性统计

	N	Mean	Median	SD	P25	P75
*Credit*_1	2 385	2.252	2.000	1.154	1.000	3.000
*Credit*_2	2 385	2.220	2.000	1.152	1.000	3.000
DOI	2 385	0.213	0.000	0.410	0.000	0.000
Amount	2 385	20.380	20.367	0.871	19.807	20.906
Guarantee	2 385	0.225	0.000	0.417	0.000	0.000
Period	2 385	4.838	5.000	0.842	5.000	5.000
Growth	2 385	0.185	0.126	0.344	0.007	0.290
ROA	2 385	0.038	0.032	0.038	0.018	0.055
LEV	2 385	0.558	0.565	0.162	0.447	0.675
Eps	2 385	0.540	0.392	0.586	0.195	0.715
Tan	2 385	0.930	0.962	0.091	0.920	0.983
Sga	2 385	0.148	0.124	0.113	0.078	0.181
*Big*4	2 385	0.165	0.000	0.371	0.000	0.000

2. 回归结果

表 6－9 展示了董责险与企业信用评级的回归结果，列（1）和列（2）是控制年份和行业变量的结果。可以看出：控制年份和行业固定效应时，董责险认购（*DOI*）与企业信用评级（*Credit*_1 和 *Credit*_2）的回归系数分别为 0.477 和 0.498，*Z* 值均在 1% 的水平上显著。结果表明，企业认购董责险会显著提高企业的信用评级，假设 H_9 得到支持。

表 6-9 董责险与债券信用评级回归结果

	(1)	(2)
	Credit_1	*Credit_2*
DOI	0.477***	0.498***
	(3.150)	(3.310)
Amount	1.271***	1.162***
	(19.877)	(18.442)
Guarantee	2.580***	2.678***
	(19.418)	(20.094)
Period	−0.066	−0.088
	(−1.236)	(−1.635)
Growth	−0.302**	−0.325**
	(−2.387)	(−2.537)
ROA	−2.547	−3.167**
	(−1.612)	(−2.005)
LEV	−0.398	−0.443
	(−1.238)	(−1.379)
Eps	0.358***	0.392***
	(3.626)	(3.972)
Tan	−0.146	−0.190
	(−0.305)	(−0.396)
Sga	−0.255	−0.324
	(−0.693)	(−0.884)
*Big*4	0.707***	0.734***
	(5.201)	(5.401)
Year	Yes	Yes
Industry	Yes	Yes
Observations	2 385	2 385
Pseudo-R^2	0.290	0.285

注：按公司聚类的稳健标准误调整，括号中报告值为 Z 统计量，*、**、*** 分别代表在 10%、5%和1%的水平上显著。

3. 异质性检验

（1）产权性质的影响。我国是社会主义国家，以公有制经济为主体，个体经济、私营经济、外资经济为补充，多种经济成分长期共同发展。国有企业在我国上市公司中占据主体地位，与非国有企业不同，国有企业属于国家出资公司，产权性质的不同使得国有企业与非国有企业在资本市场存在被差别对待的现象。本节尝试进一步考察产权性质对董责险与信用评级关系的影响，以便深入探究董责险的治理机制。

本节认为，与国有企业更容易从银行获得贷款，明显受到更弱的融资约束（林毅夫和李永军，2001）类似，国有企业更容易获得更高的信用评级。一方面，国有企业自身实力雄厚，积极响应国家政策；另一方面，国家出资为国有企业提供了隐性担保。因此，评级机构可能更倾向于给国有企业主体和债券更高的信用评级，这导致国有企业购买董责险对信用评级的边际提升作用较弱。

本节将样本按照产权性质分为国有企业组与非国有企业组，再分别采用模型（6-3）进行回归，回归结果如表 6-10 所示。非国有企业样本中，$Credit\_1$ 和 $Credit\_2$ 作为被解释变量，DOI 的回归系数分别为 0.917 和 1.095，且在 1% 的水平上显著，而在国有企业样本中，DOI 的回归系数均不显著，这说明董责险与企业的信用评级之间的关系在非国有企业组中更为显著。

表 6-10　产权性质、董责险与债券信用评级回归结果

	(1)	(2)	(3)	(4)
	非国有企业		国有企业	
	$Credit\_1$	$Credit\_2$	$Credit\_1$	$Credit\_2$
DOI	0.917***	1.095***	0.180	0.154
	(3.311)	(3.981)	(0.953)	(0.822)
$Amount$	1.234***	1.101***	1.298***	1.194***
	(12.066)	(10.902)	(14.776)	(13.769)
$Guarantee$	3.233***	3.281***	2.237***	2.360***
	(14.923)	(15.152)	(12.436)	(13.064)
$Period$	−0.109	−0.172*	−0.112	−0.128*
	(−1.235)	(−1.930)	(−1.580)	(−1.802)
$Growth$	−0.349*	−0.495***	−0.129	−0.081
	(−1.850)	(−2.582)	(−0.708)	(−0.444)
ROA	−3.900*	−4.156*	−1.078	−2.062
	(−1.738)	(−1.865)	(−0.427)	(−0.808)

续表

	(1)	(2)	(3)	(4)
	非国有企业		国有企业	
	Credit_1	Credit_2	Credit_1	Credit_2
LEV	−0.807 (−1.628)	−0.773 (−1.568)	0.027 (0.059)	−0.009 (−0.019)
Eps	0.539*** (3.476)	0.516*** (3.365)	0.294** (2.151)	0.368*** (2.674)
Tan	0.418 (0.529)	0.242 (0.307)	−0.509 (−0.792)	−0.535 (−0.833)
Sga	−0.280 (−0.557)	−0.490 (−0.985)	0.101 (0.154)	0.093 (0.142)
Big4	1.112*** (4.761)	1.166*** (4.988)	0.453** (2.570)	0.496*** (2.822)
Year	Yes	Yes	Yes	Yes
Industry	Yes	Yes	Yes	Yes
Observations	1 083	1 083	1 302	1 302
Pseudo-R^2	0.333	0.327	0.282	0.279

注：按公司聚类的稳健标准误调整，括号中报告值为 Z 统计量，$*$、$**$、$***$ 分别代表在 10%、5% 和 1% 的水平上显著。

（2）信用评级机构的影响。为了进一步考虑信用评级机构的异质性对董责险与信用评级关系的影响，参考敖小波等（2017）的研究，本节把信用评级机构分为两类：一类是中诚信、上海联合等评级机构，即有国外背景的评级机构，体现较高的独立性；另一类是大公、鹏元等评级机构，即为本土评级机构，体现较低的独立性。

分组回归结果如表 6-11 所示，在具有国外背景的评级机构组中，DOI 系数显著为正，分别为 0.580 和 0.576，而在本土机构组中，DOI 系数不显著，这说明董责险对企业信用评级的促进作用受到信用评级机构的影响。这可能与之前所分析的评级机构独立性有关，具有较高独立性的评级机构参与市场活动时受制度与形式的约束较少，因而其对于企业的信用评级结果更加可靠与真实，而独立性较低的评级机构往往受到更多制度与形式的约束，使得董责险对企业的信用评级的促进作用受到限制，因而结果不显著。

表 6 - 11　信用评级机构、董责险与债券信用评级回归结果

	(1)	(2)	(3)	(4)
	内资背景		外资背景	
	Credit_1	Credit_2	Credit_1	Credit_2
DOI	−0.001 (−0.001)	0.071 (0.215)	0.580*** (3.372)	0.576*** (3.365)
Amount	1.574*** (11.837)	1.475*** (11.255)	1.196*** (15.671)	1.082*** (14.380)
Guarantee	3.027*** (11.511)	3.069*** (11.688)	2.407*** (14.931)	2.525*** (15.604)
Period	0.236** (2.378)	0.199** (2.011)	−0.176*** (−2.582)	−0.188*** (−2.752)
Growth	−0.529** (−2.317)	−0.479** (−2.113)	−0.244 (−1.482)	−0.316* (−1.874)
ROA	−1.275 (−0.545)	−1.731 (−0.748)	−4.360 (−1.548)	−5.380* (−1.898)
LEV	0.089 (0.165)	−0.056 (−0.104)	−1.096** (−2.332)	−1.156** (−2.460)
Eps	0.245 (1.456)	0.244 (1.466)	0.485*** (3.512)	0.553*** (3.990)
Tan	−0.679 (−0.701)	−0.418 (−0.433)	0.114 (0.197)	−0.059 (−0.101)
Sga	−0.241 (−0.408)	−0.161 (−0.274)	−0.423 (−0.787)	−0.586 (−1.091)
Big4	1.080*** (3.667)	1.032*** (3.515)	0.656*** (4.130)	0.713*** (4.478)
Year	No	No	Yes	Yes
Industry	No	No	Yes	Yes
Observations	764	764	1 621	1 621
Pseudo-R^2	0.371	0.364	0.280	0.277

注：按公司聚类的稳健标准误调整，括号中报告值为 Z 统计量，＊、＊＊、＊＊＊分别代表在 10%、5% 和 1% 的水平上显著。

4. 稳健性检验

（1）倾向得分匹配法。为解决可能存在的样本选择的内生性问

题，本节采用核匹配对模型做了进一步估计。本节首先在未购买董责险的样本中筛选与购买董责险的公司财务特征等指标相似的企业，然后对筛选后的样本再次回归，结果如表 6-12 所示，可以看出，董责险认购（DOI）的系数在 5% 的水平上保持了一定的显著性，因此倾向得分匹配结果与前文保持了一致，说明企业认购董责险会显著提高企业的信用评级。

表 6-12　倾向得分匹配回归结果

	(1)	(2)
	Credit_1	Credit_2
DOI	0.405** (2.488)	0.393** (2.426)
Amount	1.284*** (16.923)	1.159*** (15.556)
Guarantee	2.291*** (14.821)	2.385*** (15.393)
Period	−0.061 (−0.938)	−0.069 (−1.068)
Growth	−0.222 (−1.542)	−0.226 (−1.549)
ROA	−2.526 (−1.033)	−3.190 (−1.304)
LEV	−0.612 (−1.476)	−0.627 (−1.515)
Eps	0.341*** (2.603)	0.389*** (2.966)
Tan	−0.414 (−0.726)	−0.342 (−0.598)
Sga	−0.177 (−0.382)	−0.154 (−0.334)
Big4	0.850*** (5.248)	0.880*** (5.432)
Year	Yes	Yes
Industry	Yes	Yes

续表

	（1）	（2）
	$Credit\_1$	$Credit\_2$
Observations	1 649	1 649
Pseudo-R^2	0.284	0.277

注：按公司聚类的稳健标准误调整，括号中报告值为 Z 统计量，＊、＊＊、＊＊＊分别代表在 10％、5％和 1％的水平上显著。

（2）Heckman 两阶段法。参考王会娟和张然（2012）的研究，使用 Heckman 两阶段法对模型内生性问题进行处理。第一阶段中，DOI 作为被解释变量，模型（6-3）中的控制变量作为解释变量，将第一阶段 Probit 回归得到的逆米尔斯比（IMR）加入模型（6-3）中进行第二阶段回归，以纠正自选择导致的样本偏差，修正内生性问题。

回归结果如表 6-13 所示，当被解释变量为 $Credit\_1$ 时，DOI 的估计系数在 1％水平上显著为正，当被解释变量为 $Credit\_2$ 时，DOI 的估计系数仍在 1％的水平上显著为正，估计结果与模型（6-3）回归结果基本一致，表明控制自选择导致的内生性问题后，原文的结论仍然成立。

表 6-13　Heckman 两阶段法回归结果

	（1）	（2）	（3）
	第一阶段（Probit）	第二阶段	
	DOI	$Credit\_1$	$Credit\_2$
DOI		0.469＊＊＊ （3.092）	0.490＊＊＊ （3.247）
IMR		6.198＊＊＊ （2.76）	6.409＊＊＊ （2.88）
$Amount$	0.362＊＊＊ （8.485）	1.009＊＊＊ （5.507）	0.885＊＊＊ （4.852）
$Guarantee$	0.902＊＊＊ （12.112）	1.931＊＊＊ （4.325）	1.990＊＊＊ （4.472）

续表

	(1)	(2)	(3)
	第一阶段（Probit）	第二阶段	
	DOI	*Credit_1*	*Credit_2*
Period	−0.095*** (−2.588)	−0.001 (−0.007)	−0.019 (−0.269)
Growth	−0.250** (−2.452)	−0.119 (−0.684)	−0.131 (−0.748)
ROA	−10.420*** (−7.718)	3.230 (0.789)	2.947 (0.724)
LEV	−1.249*** (−5.108)	0.347 (0.593)	0.346 (0.595)
Eps	0.383*** (5.726)	0.132 (0.744)	0.153 (0.862)
Tan	−1.191*** (−3.543)	0.680 (0.939)	0.684 (0.948)
Sga	−0.219 (−0.754)	−0.046 (−0.116)	−0.103 (−0.262)
Big 4	0.820*** (9.888)	0.162 (0.422)	0.157 (0.411)
Constant	−4.371*** (−4.37)		
Year	Yes	Yes	Yes
Industry	Yes	Yes	Yes
Observations	2 385	2 385	2 385
Pseudo-R^2	0.232	0.290	0.286

注：按公司聚类的稳健标准误调整，括号中报告值为 Z 统计量，*、**、*** 分别代表在 10%、5% 和 1% 的水平上显著。

（3）固定效应模型和聚类处理。为了控制公司层面的固定因素以及潜在的异方差和序列相关问题，本部分采用固定效应模型和聚类方法对模型（6-3）进行稳健性检验，回归结果如表 6-14 所示，列（1）和列（2）为控制公司层面的固定效应的回归结果，董责险对企业的主体信用评级的促进作用保持了 10% 的显著性水平，列（3）和列（4）为控制了行业和年份的影响对公司层面聚类的回归结果，回归系数均保持了 5% 的显著性水平，说明前文的研究结论是稳健的。

表6-14　固定效应模型和聚类处理回归结果

	（1）	（2）	（3）	（4）
	固定效应模型		聚类处理	
	*Credit*_1	*Credit*_2	*Credit*_1	*Credit*_2
DOI	0.202*	0.247**	0.477**	0.498**
	(1.829)	(2.214)	(2.258)	(2.344)
Amount	0.309***	0.262***	1.271***	1.162***
	(7.916)	(6.624)	(16.125)	(14.325)
Guarantee	0.980***	1.025***	2.580***	2.678***
	(13.349)	(13.790)	(15.851)	(16.413)
Period	−0.029	−0.042	−0.066	−0.088
	(−1.107)	(−1.573)	(−1.038)	(−1.338)
Growth	−0.077	−0.111	−0.302**	−0.325**
	(−1.101)	(−1.556)	(−2.480)	(−2.562)
ROA	0.468	−0.179	−2.547*	−3.167**
	(0.370)	(−0.140)	(−1.691)	(−2.091)
LEV	0.005	−0.207	−0.398	−0.443
	(0.014)	(−0.622)	(−1.163)	(−1.316)
Eps	−0.059	−0.035	0.358***	0.392***
	(−0.811)	(−0.474)	(3.124)	(3.374)
Tan	0.970	0.503	−0.146	−0.190
	(1.612)	(0.826)	(−0.199)	(−0.259)
Sga	0.132	0.045	−0.255	−0.324
	(0.349)	(0.119)	(−0.589)	(−0.790)
*Big*4	−0.158	−0.128	0.707***	0.734***
	(−0.851)	(−0.679)	(3.600)	(3.689)
Constant	−7.494***	−6.642***		
	(−15.11)	(−13.33)		
Year	Yes	Yes	Yes	Yes
Industry	Yes	Yes	Yes	Yes
Firm	Yes	Yes	No	No
Observations	2 385	2 385	2 385	2 385
Adj. R^2/P. R^2	0.550	0.545	0.290	0.285

　　注：按公司聚类的稳健标准误调整，括号中报告值为 Z 统计量，*、**、*** 分别代表在 10%、5% 和 1% 的水平上显著。

6.2.5　研究结论

　　董责险是公司治理和财务管理领域的热点话题，由于存在外部监督效应和机会主义效应两种截然不同的观点，其在公司治理中的实际作用一直争议不断。本节以 2002—2023 年中国沪深 A 股上市公司为样本，从债券市场角度考察了董责险与企业的信用评级之间的关系。研究发现，董责险的引入能显著提高企业的信用评级，上述关系在经过倾向得分匹配法、Heckman 两阶段法和固定效应模型处理等一系列稳健性检验后依然存在，说明董责险的兜底作用和外部监督效应在债券市场上对于提高企业的主体信用评级和债券信用评级具有积极作用。进一步研究发现，董责险对信用评级的提升作用在非国有企业中更为显著；当评级机构具有较高的独立性时，董责险对企业的信用评级的提升作用更为明显，这可能是由于评级机构的独立性影响了其评价的客观性。

　　本节为董责险的治理效应提供了基于中国债券市场的经验证据，表明董责险不仅在股票市场能够发挥积极的治理作用，而且在债券市场依然能够发挥重要作用，说明董责险在我国的推广得到了全方位的认可，进一步深化了对董责险的认知和理解。

6.3　董事高管责任保险与事务所审计费用

6.3.1　问题提出

　　自中国证监会 2001 年 12 月 24 日发布《公开发行证券的公司信息披露规范问答第 6 号——支付会计师事务所报酬及其披露》以来，审计费用被视为审计师对被审计单位风险水平估计的直接反映，并且审计费用的披露受到了明确的要求和规定。这一政策直接导致企业内部和外部的会计信息使用者对审计费用所传递的信号有了更多的关注。2006 年 7 月 31 日，华伦会计师事务所因蓝田股份事件被法院判决承担连带赔偿责任，这是我国第一起审计师民事赔偿案，审计师开始面临实际意义上的民事赔偿风险。如果被审计单位存在较高的审计风险，这种风险很可能会被审计师所感知，审计师为了降低风险可能会延长审计时间或增加更多的审计程序，进而会提高审计费用；反之，若审计师认为被审计单位风险在一个可以被接受的水平时，便不会实行增加审计程序或是延长审计时间的措施，从而不会导致审计费用的增加。

董责险旨在降低董事和高管执业风险，促使公司高管及董事勇于开拓进取，从公司长远发展的角度制定公司战略。董责险设计者希望通过降低董事及高管在执业过程中面临的诉讼赔偿风险，鼓励董事及高管敢于做出有利于企业长期发展的高风险决策，实现公司可持续发展。然而，董责险在企业实践中却常常产生截然相反的治理效应，有研究认为购买董责险使得被投保人机会主义行为的成本有所下降，进而导致管理层更多的机会主义行为，并给股东带来损失（O'Sullivan，1997）。

那么，作为风险敏感型的公司利益相关者，审计师对购买董责险的被审计单位持有何种态度？公司购买董责险后，审计师是否会认为董责险助长了被保险人的机会主义行为，提高审计师所感知到的审计风险，从而使审计师为了降低风险而延长审计时间或增加更多的审计程序，最终提高审计费用呢？本节拟对此问题进行探讨。

6.3.2 理论分析与研究假设

关于董责险的治理效应，现有研究并未形成一致观点。一部分学者认为，公司购买董责险使得被保险人的机会主义行为成本有所下降，进而导致更多的机会主义行为，从而使股东受到损失（Core，2000）。另一部分学者则认为，董责险的购买使得保险公司为了尽可能制止被保险人的机会主义行为而参与到公司治理中，对被保险人的行为进行监督，从而降低公司的经营风险，避免股东财富可能受到的损害（Bhagat and Coles，1987；Shi et al.，2023）。因此董责险对事务所审计费用的影响存在两种可能。

从董责险提高公司董事及高管机会主义行为来说，董责险可能会提高事务所审计费用。一方面，企业内部董事和管理层处于信息优势地位，他们同时又是董责险购买的重要决定者，当企业经营可能面临较高风险时，这些内部董事和高管更倾向于购买董责险来规避以后可能面临的诉讼风险。另一方面，企业中小股东处于信息劣势，根据委托代理理论，企业内部董事和高管具有侵犯中小股东利益的动机和能力（Jiang and Kim，2020）。当董事和高管有意愿侵害中小股东权益时，为了给未来犯错的不良动机兜底，他们也会更加倾向于购买董责险。总之，在信息不对称的条件下，内部董事和高管购买董责险具有兜底保护作用，使内部董事和管理者的机会主义行为得到了更多的激励和实现可能。购买董责险诱发了管理层机会主义行为，这致使管理层在公司重大经营决策上采取更加激进的经营策略或是自利行为，导致企业经营绩效下降、过度投资增多、盈余管理水平提高等（Khedmati et al.，2020）。这无疑将侵犯企业股东及其他利益相关者的利益，而企业股东及其利益相关者也更可能会对管理层的不法行为提起诉讼。也就是说，董责险可能为管理层的机会主义行为提供契机，并增加企业的诉讼风险。Gillan and Panasian（2015）以加拿大上市企业为研究样本，发现企业的诉讼风险与董责险承保范围呈正相关关系。

当企业外部的经济利益相关者（包括审计师）在交易前就发现企业存在高风险时，会采取相关应对措施减少自身风险或要求更多风险报酬（Ranasinghe，2023；Shan et al.，2023）。具体对于审计师而言，被审计单位的特征，诸如被审计单位的规模、公司业务复杂程度等会对公司审计费用产生重要影响（张继勋等，2005；郭葆春，2009）。同时，审计市场中事务所规模、声誉也普遍被证实会对审计费用产生影响（刘笑霞和李明辉，2012；田利辉和刘霞，2013）。随着研究的不断深入，学者关注了上市公司的法律风险对审计费用的影响。作为反映会计师事务所和被审计单位之间关系的工具，审计费用直接反映了审计师对被审计单位所作出的风险水平估计，当审计师意识到被审计单位存在风险时，会增加审计程序或是延长审计时间，导致审计费用提高（蔡吉甫，2007）。因此高审计费用通常意味着被审计单位存在高风险。已有研究也证明了这一点，如被审计单位盈余管理幅度越大，审计费用就会越高（曹琼等，2013）；内部控制的不完善也会导致公司支付更高的审计费用（牟韶红等，2014）。此外，高审计费用也是高不良贷款率和公司治理效率低下的信号（高雷和张杰，2010；周瑛，2012）。

审计师在观测到企业购买董责险后，可能会认为企业存在更多风险，而当审计师面临较多潜在的审计工作付出和较高的审计诉讼风险时，常常会要求收取更高的审计费用。一方面，随着审计范围扩大和工作的增多，审计师需要分配更多经验丰富的专业人员来帮助减轻这些风险，这实际上增加了审计成本；另一方面，审计师也需要收取风险溢价以补偿审计业务所涉及的额外审计风险。审计师对于审计风险的评估和审计程序的建立又常常是基于对代理人相关特征全面了解这一基础之上的。管理者特征是影响审计师对诉讼风险评估的主要因素（Pratt and Stice，1994），也就是说，当审计师关注到购买董责险会诱发管理层的机会主义而增加企业诉讼风险时，审计师将使用更多、更昂贵的审计资源来审计这些公司，并要求被审计单位补偿他们可能面临的诉讼风险，所以他们常常会增加被审计单位的审计费用。

基于此，本节提出假设 H_{10a}。

H_{10a}：公司购买董责险会增加公司的审计费用。

从董责险引入保险公司这一外部监督者进而可能提高公司治理水平来说，董责险可能会降低事务所审计费用。对于保险公司来说，为确保自身利益，有动机也有能力对投保公司进行监督。保险公司在接受公司投保前会对公司进行细致评估，估计理赔风险，确定保险费用、保险额度，并将评估结果向公司董事会报告；在公司日常经营活动中，保险公司也会积极监督公司运转，降低理赔可能性；在需要理赔时，保险公司也会审查投保公司管理层行为是否符合理赔条件。现有研究表明，公司在购买董责险后，保险公司介入投保公司的治理实践有助于提高投保公司的公司治理效率（Jia and Tang，2017），降低投保公司的盈余管理程度（Chung et al.，2015）。投保公司的公司治理水平提高可能会降低审计师的估计风险，进而导致事务所审计收费降低。

基于此，本节提出假设 H_{10b}：

H_{10b}：公司购买董责险会降低公司的审计费用。

6.3.3　研究设计

1. 模型设计与变量选取

基于 Simunic（1980）研究审计费用影响因素的经典模型，参考 Yang et al.（2018）关于审计费用的研究，本节构建模型（6-4）来检验假设。

$$AF_{i,t} = \alpha_0 + \alpha_1 DOI_{i,t-1} + \alpha_2 Size_{i,t} + \alpha_3 REV_{i,t} + \alpha_4 QCK_{i,t}$$
$$+ \alpha_5 Big4_{i,t} + \alpha_6 OPN_{i,t} + \alpha_7 INV_{i,t} + \alpha_8 ROA_{i,t}$$
$$+ \alpha_9 LEV_{i,t} + Year + Industry + \varepsilon_{i,t} \qquad (6-4)$$

鉴于目前我国上市公司认购董责险的信息尚未被要求强制披露，董责险保费或保额以及投保范围等相关信息均较难获得，本节研究中根据上市公司是否认购董责险为基准设置虚拟变量（DOI），表示董责险的认购情况。在模型（6-4）中，DOI 是衡量被审计单位是否认购董责险的虚拟变量，若上市公司发布的公司章程、股东会或董事会决议等其他公告中披露了其投保董责险的相关信息，则 DOI 赋值为 1，否则为 0。AF 是被审计单位所支付审计费用的自然对数。模型（6-4）还控制了其他可能影响审计费用的因素，包括公司规模（$Size$）、应收账款占比（REV）、速动比率（QCK）、审计机构类别（$Big4$）、审计意见（$Audit$）、存货占比（INV）、资产收益率（ROA）、资产负债率（LEV），具体变量定义见表 6-15。

表 6 - 15　变量定义表

变量名称	变量符号	计算方法
审计费用	AF	公司年末审计费用的自然对数
董责险认购	DOI	若认购董责险赋值为 1，否则为 0
公司规模	$Size$	公司年末资产总额的自然对数
应收账款占比	REV	应收账款与资产总额的比值
速动比率	QCK	速动资产与流动负债的比值
审计机构类别	$Big4$	若由国际四大会计师事务所进行审计赋值为 1，否则为 0
审计意见	$Audit$	若被出具标准无保留意见赋值为 1，否则为 0
存货占比	INV	存货与资产总额的比值
资产收益率	ROA	税后净利润与资产总额的比值
资产负债率	LEV	负债与资产总额的比值

2.样本选择与数据来源

本节选取 2002—2023 年沪深 A 股上市公司作为研究对象进行实证分析。为保证分析结果的可靠性本节对数据进行了如下处理：（1）考虑到金融保险业公司财务报表的特殊性，故予以剔除；（2）因 ST、PT 类上市公司财务数据经过了一定处理后才得以披露，故予以剔除；（3）剔除财务数据有缺失的上市公司样本。在进行如上处理后得到 57 901 个观测值。对所有连续变量进行 1% 和 99% 的 Winsorize 缩尾处理。董责险数据来源于 CNRDS 数据库，其余数据来自 Wind 数据库和 CSMAR 数据库。数据处理采用 Stata17.0 软件。

6.3.4　实证分析

1.主要变量描述性统计结果分析

表 6 - 16 显示了主要变量描述性统计的结果。从表 6 - 16 可以看出董责险认购（DOI）的均值为 0.165，即样本中有 16.5% 的企业购

买了董责险，说明我国上市公司董责险的投保率相对于西方发达资本主义国家普遍偏低。审计费用（AF）均值和中位数为 13.687 和 13.592，标准差为 0.740，这说明我国上市公司审计费用个体差异较大。其他变量如资产收益率（ROA）、资产负债率（LEV）以及公司规模（Size）等的均值及中位数相似，符合正态分布。

表 6-16　描述性统计

	N	Mean	P50	SD	P25	P75
AF	57 901	13.687	13.592	0.740	13.162	14.097
DOI	57 901	0.165	0.000	0.371	0.000	0.000
Size	57 901	21.960	21.782	1.328	21.021	22.702
REV	57 901	0.122	0.099	0.104	0.038	0.178
QCK	57 901	1.911	1.161	2.284	0.707	2.074
Big4	57 901	0.057	0.000	0.233	0.000	0.000
Audit	57 901	0.943	1.000	0.232	1.000	1.000
INV	57 901	0.142	0.111	0.131	0.056	0.183
ROA	57 901	0.030	0.035	0.076	0.011	0.065
LEV	57 901	0.441	0.432	0.217	0.271	0.593

注：＊、＊＊、＊＊＊分别代表在 10%、5% 和 1% 的水平上显著。

2. 回归结果

表 6-17 是董责险与审计费用的检验结果。表 6-17 的列（1）采用 OLS 方法进行估计回归，检验结果表明董责险与审计费用在 1% 的水平上显著正相关。为了控制不随时间变化的固定因素对回归结果的影响，本节又用固定效应模型重新进行回归，列（2）结果显示，董责险与审计费用仍然在 1% 的水平上显著正相关。以上结果说明，购买董责险能够显著提高公司的审计费用，两个回归模型都支持了本节的假设 H_{10a}。控制变量方面，公司规模（Size）和审计机构类别（Big4）都与审计费用（AF）显著正相关；速动比率（QCK）、审计意见（Audit）、存货占比（INV）和资产收益率（ROA）都与审计费用（AF）显著负相关。

表 6-17　董责险与审计费用的回归结果

	（1）	（2）
	OLS 回归	固定效应回归
	AF	AF
DOI	0.188***	0.029***
	（17.433）	（3.053）
$Size$	0.401***	0.289***
	（79.838）	（39.811）
REV	0.384***	0.043
	（8.153）	（0.917）
QCK	−0.006***	−0.005**
	（−2.818）	（−2.453）
$Big4$	0.551***	0.334***
	（21.085）	（10.650）
$Audit$	−0.193***	−0.117***
	（−11.291）	（−10.720）
INV	−0.226***	−0.131***
	（−5.272）	（−3.335）
ROA	−0.736***	−0.206***
	（−14.463）	（−6.349）
LEV	−0.233***	0.080***
	（−7.361）	（2.918）
$Constant$	5.116***	7.427***
	（48.376）	（47.302）
Year	Yes	Yes
Industry	Yes	Yes
Observations	57 901	57 901
Adujsted-R^2	0.612	0.848

注：按公司聚类的稳健标准误调整，括号中报告值为 T 统计量，*、**、*** 分别代表在 10%、5% 和 1% 的水平上显著。

3. 机制分析

正如理论分析所述，本节预期审计师会向那些购买了董责险的企业收取更高的审计费用。因为董责险的购买为管理层的机会主义行为提供了契机，即购买了董责险的企业管理层更可能侵犯股东及企业外部利益相关者的利益，企业股东及其利益相关者也更可能会对管理层的不法行为提起诉讼。审计师觉察到这一点后，他们将使用更多、更昂贵的审计资源来审计这些公司，并要求被审计单位补偿他们可能面临的诉讼风险。也就是说，购买董责险的公司会面临更高的诉讼风险，而公司面临的诉讼风险又是审计师收取更高费用的原因。基于此，我们进一步讨论董责险影响公司审计费用的内在机理。本节参考 Gillan and Panasian（2015）的相关研究，分别构建模型（6-5）和模型（6-6）来检验董责险、公司诉讼风险与审计费用之间的关系。

$$Count_{i,t}/Account_{i,t}=\alpha_0+\alpha_1 DOI_{i,t-1}+\alpha_2 Size_{i,t}+\alpha_3 REV_{i,t}$$
$$+\alpha_4 QCK_{i,t}+\alpha_5 Big4_{i,t}+\alpha_6 Audit_{i,t}$$
$$+\alpha_7 INV_{i,t}+\alpha_8 ROA_{i,t}+\alpha_9 LEV_{i,t}$$
$$+Year+Industry+\varepsilon_{i,t} \qquad (6-5)$$

$$AF_{i,t}=\gamma_0+\gamma_1 Count_{i,t-1}/Account_{i,t-1}+\gamma_2 DOI_{i,t-1}$$
$$+\gamma_3 Size_{i,t}+\gamma_4 REV_{i,t}+\gamma_5 QCK_{i,t}+\gamma_6 Big4_{i,t}$$
$$+\gamma_7 Audit_{i,t}+\gamma_8 INV_{i,t}+\gamma_9 ROA_{i,t}+\gamma_{10} LEV_{i,t}$$
$$+Year+Industry+\varepsilon_{i,t} \qquad (6-6)$$

本节设计模型（6-5）检验董责险对公司诉讼风险的影响。其中，$Count$ 和 $Account$ 分别是公司年度涉诉次数和涉诉金额的自然对数，DOI 是衡量被审计单位是否认购董责险的虚拟变量，若被审计单位认购董责险则为 1，反之则为 0。其余的控制变量与模型（6-4）保持一致。本节设计模型（6-6）检验公司诉讼风险对审计费用的影响，模型中的控制变量与模型（6-4）相同。为了验证董责险是通过影响公司诉讼风险进而影响审计费用，即公司诉讼风险是董责险与公司审计费用之间的中介变量，我们采用系数乘积检验法 Sobel 检验上述模型中回归系数 $\alpha_1 * \gamma_1$ 的系数是否显著异于 0，如果 $\alpha_1 * \gamma_1$ 的系数显著异于 0，则说明存在中介效应。具体回归结果见表 6-18。

表 6-18 列（1）和列（2）报告了董责险对公司诉讼风险的影响。可以看到，以公司年度涉诉次数（$Count$）为因变量回归，DOI

系数在 5% 的水平上显著为正；以公司年度涉诉金额（*Account*）为因变量回归时，*DOI* 系数在 1% 的水平上显著为正。这说明购买董责险的公司可能会面临更多的诉讼风险。表 6 - 18 列 （3） 和列 （4） 报告了公司诉讼风险对审计费用的影响。以公司审计费用（*AF*）为因变量回归时，公司年度涉诉次数（*Count*） 和公司年度涉诉金额（*Account*）的系数至少在 1% 的水平上显著为正，这说明诉讼风险将带来较高的公司审计费用。进一步进行 Sobel 检验，表明在模型 （6-5）和模型 （6-6） 中，董责险、公司诉讼风险和公司审计费用之间存在显著的中介效应，即董责险是通过公司诉讼风险影响审计费用的。

表 6 - 18　董责险与审计费用的机制检验

	(1)	(2)	(3)	(4)
	Count	*Account*	*AF*	*AF*
DOI	0.534 **	0.429 ***	0.028 ***	0.028 ***
	(2.363)	(2.935)	(3.003)	(3.052)
Count			0.001 ***	
			(2.991)	
Account				0.004 ***
				(10.351)
Size	−0.081	−0.225 ***	0.290 ***	0.292 ***
	(−1.404)	(−4.580)	(39.955)	(40.308)
REV	−1.791 ***	−2.706 ***	0.048	0.053
	(−3.661)	(−5.943)	(1.025)	(1.145)
QCK	0.161 ***	0.093 ***	−0.005 ***	−0.005 ***
	(6.350)	(4.833)	(−2.587)	(−2.684)
*Big*4	−0.259 *	−0.681 ***	0.335 ***	0.335 ***
	(−1.952)	(−3.746)	(10.709)	(10.750)
Audit	−6.256 ***	−4.638 ***	−0.110 ***	−0.105 ***
	(−7.890)	(−18.463)	(−10.096)	(−9.708)
INV	−1.631 ***	−0.411	−0.127 ***	−0.126 ***
	(−4.193)	(−1.019)	(−3.231)	(−3.219)
ROA	−6.268 ***	−6.896 ***	−0.202 ***	−0.192 ***
	(−3.517)	(−11.400)	(−6.239)	(−5.991)

续表

	(1)	(2)	(3)	(4)
	Count	*Account*	*AF*	*AF*
LEV	5.249*** (7.898)	5.183*** (14.306)	0.071** (2.566)	0.062** (2.287)
Constant	6.768*** (4.971)	9.763*** (9.291)	7.406*** (47.206)	7.350*** (46.913)
Year	Yes	Yes	Yes	Yes
Industry	Yes	Yes	Yes	Yes
Observations	57 901	57 901	57 901	57 901
Adujsted-R^2	0.050	0.125	0.849	0.849
Sobel 检验 (Z 值)			0.003*** (6.882)	0.004*** (4.191)

注：按公司聚类的稳健标准误调整，括号中报告值为 T 统计量，*、**、*** 分别代表在 10%、5% 和 1% 的水平上显著。

4. 异质性分析

（1）市场化水平的影响。由于资源禀赋、地理位置以及国家政策的不同，我国的市场化水平取得整体提升的同时，还存在着地区间的不平衡。不同的市场化水平代表着各地区的市场化水平、法治水平以及政府干预程度存在较大差异，这会对上市公司管理层机会主义行为的约束力度产生不同影响。一般来讲，在市场化水平较高的地区，信息不对称程度低，法律环境和监管机制相对更加完善，公司违规成本也会较高，所以购买董责险不容易诱发管理层机会主义行为。而在市场化程度较低的地区，产品、要素、劳动力等市场欠发达，企业面临的竞争不足，可以用来监督企业管理层的市场信息也不充分。同时，在市场化程度较低的地区，各种市场中介机构的发育和法律执行效果都相对较差，政府干预程度高而监督职能弱，这导致用来监督企业管理层的各种外部监督机制都不能有效发挥作用。已有研究表明，上市公司管理层薪酬业绩敏感性、机构投资者和媒体的治理效应都受到不同地区市场化程度的显著影响（辛清泉和谭伟强，2009；伊志宏等，

2010；醋卫华和李培功，2012）。各地区的投资者法律保护水平和监管机制的完善程度对会计信息质量也产生了不同的影响（程新生等，2011）。因此，公司所在地区市场化程度越低，信息不对称程度越高，各种监督约束机制越不完善，公司违规成本越低，购买董责险更有可能诱发管理层机会主义行为，使企业面临更高的诉讼风险，进而导致公司审计费用增加。

本节选取市场化指数作为市场化水平的衡量指标，指数越大，代表该地区市场化水平越高，市场化指数参考赵云辉等（2019）的相关研究计算得到。当市场化指数大于中位数时，划分为高市场化程度组，其余为低市场化程度组，并分别采用模型（6-4）进行回归。分组回归结果如表6-19列（1）和列（2）所示，我们看到在低市场化程度组的样本中，董责险与审计费用在1%的水平上显著正相关；在高市场化程度组的样本中，董责险与审计费用没有显著的相关关系。这说明与市场化程度较高的地区相比，在市场化程度较低的地区购买董责险会显著提高公司审计费用。

（2）盈余管理水平的影响。公司盈余管理水平的差异也会影响董责险与审计费用的关系。盈余管理是企业管理者通过操纵会计报表编制过程或者安排经济活动来改变会计业绩的一种行为。研究表明，在委托代理理论框架下，企业每个利益相关者都会采取相应措施来使自身利益最大化，企业管理层也不例外。管理层为了实现个人财富最大化，完成高管薪酬契约中的目标，会竭尽全力使财务报表中的会计盈余项目达到完美以粉饰财务报表。同时管理层处于企业各种信息的源头，直接参与企业的日常经营管理，并同时进行计划、组织、决策等，这也给他们利用会计政策的变更、职业判断及真实交易的操控等手段进行盈余管理提供了可能。

因此，对于盈余管理水平低的公司，审计师会给予更多的信任，认为公司购买董责险导致管理者机会主义行为的概率降低，从而不会导致审计费用提高；在盈余管理水平高的公司，审计师会对公司购买董责险更敏感，因为高盈余管理的存在表明管理者具有采取机会主义行为的倾向，这类公司如果购买董责险常常预示着管理层机会主义行为更严重、更肆无忌惮，而公司面临的诉讼风险也较高，同时，也会给审计师带来较大的业务风险，因而审计师会要求增加公司审计费用。

本节利用修正 Jones 模型来估计可操控性应计利润，用模型估计出的可操控性应计利润取绝对值作为企业进行盈余管理的衡量指标，数值越大，说明盈余管理水平越高。当可操控性应计利润取绝对值大于中位数时，划分为高盈余管理水平组，其余划分到低盈余管理水平组，并分别采用模型（6-4）进行回归。回归结果如表 6-19 列（3）和列（4）所示，在高盈余管理水平组中，董责险与审计费用在 1% 的水平上显著正相关；在低盈余管理水平组中，董责险与审计费用没有显著的相关关系。这说明与较低水平盈余管理的公司相比，在盈余管理水平较高的公司购买董责险会显著提高公司审计费用。

以上结果说明在更可能诱发管理层机会主义行为的环境中，以及管理层更倾向于采取机会主义行为时，购买董责险会更明显地提高公司审计费用。

表6-19　董责险与审计费用的异质性检验

	(1)	(2)	(3)	(4)
	低市场化水平	高市场化水平	低盈余管理水平	高盈余管理水平
	AF	AF	AF	AF
DOI	0.039*** (2.996)	0.007 (0.610)	0.008 (0.746)	0.049*** (3.789)
$Size$	0.286*** (26.127)	0.283*** (29.123)	0.273*** (36.487)	0.308*** (32.782)
REV	−0.079 (−1.121)	0.115* (1.927)	0.017 (0.341)	0.117* (1.875)
QCK	−0.005* (−1.745)	−0.005** (−2.096)	0.000 (−0.196)	−0.007*** (−2.719)
$Big4$	0.394*** (7.401)	0.288*** (8.066)	0.313*** (8.741)	0.352*** (9.482)
$Audit$	−0.102*** (−6.441)	−0.119*** (−8.090)	−0.108*** (−8.850)	−0.125*** (−7.390)

续表

	(1)	(2)	(3)	(4)
	低市场化水平	高市场化水平	低盈余管理水平	高盈余管理水平
	AF	AF	AF	AF
INV	−0.088 (−1.548)	−0.138*** (−2.636)	−0.183*** (−4.638)	−0.036 (−0.672)
ROA	−0.258*** (−5.416)	−0.177*** (−4.105)	−0.208*** (−5.879)	−0.080 (−1.128)
LEV	0.066 (1.575)	0.091*** (2.611)	0.120*** (4.023)	0.039 (1.089)
Constant	7.444*** (31.026)	7.579*** (36.518)	7.732*** (48.104)	7.013*** (34.171)
Year	Yes	Yes	Yes	Yes
Industry	Yes	Yes	Yes	Yes
Observations	26 200	31 701	28 734	29 167
Adujsted-R^2	0.874	0.837	0.827	0.867

注：按公司聚类的稳健标准误调整，括号中报告值为 T 统计量，＊、＊＊、＊＊＊分别代表在10％、5％和1％的水平上显著。

5.稳健性检验

为验证回归结果的稳健性，本节进行了三个方面的稳健性检验。

（1）倾向得分匹配法。由于我国董责险的购买比率相对较低，为了避免样本偏差，本节使用倾向得分匹配法，按照1∶4的比例重新匹配样本进行回归。在匹配完成后，共得到32 106个样本，然后再次进行回归。回归结果如表6-20列（1）所示，董责险认购（DOI）与审计费用（AF）仍在1％的水平上正相关，与前文结果一致，回归结果稳健。

（2）Heckman 两阶段法。为应对可能存在的自选择问题导致的回归估计有偏，本节使用 Heckman 两阶段法解决可能出现的内生性问题。第一阶段，构建模型并进行 Probit 回归来估计样本购买董责险的逆米尔斯比（IMR），回归结果如表6-20列（2）所示。第二阶段，将第一阶段得到的 IMR 值代入模型（6-4），回归结果如表 6-20 中列（3）所示。从结果可以看到，董责险认购（DOI）和 IMR 的系数均在 1% 的水平上显著为正，说明在控制潜在的内生性问题后，董责险认购（DOI）与审计费用（AF）依旧显著正相关，说明本节的研究结论是稳健的。

（3）增加遗漏变量。如果企业的股票市场表现良好，审计人员可能要求更高报酬；第一大股东持股比例越高，对企业进行"掏空"的可能性越小，审计风险相对较低，可能降低企业的审计费用。为避免上述两方面的影响，本节在控制变量中添加托宾 Q 值（TobinQ）和第一大股东持股比例（Top1）再次回归，回归结果如表 6-20 中列（4）所示，董责险认购（DOI）的回归系数为 0.035，仍在 1% 的水平上显著。

表 6-20　董责险与审计费用的稳健性检验

	(1)	(2)	(3)	(4)
	AF	DOI	AF	AF
DOI	0.038***		0.183***	0.035***
	(3.728)		(32.975)	(3.738)
IMR			2.096***	
			(13.497)	
$Size$	0.296***	0.269***	0.850***	0.301***
	(31.745)	(46.426)	(25.427)	(39.768)
REV	0.091	0.400***	1.071***	0.078
	(1.536)	(6.247)	(19.712)	(1.579)
QCK	−0.007***	0.037***	0.055***	−0.004**
	(−3.079)	(10.308)	(11.727)	(−1.995)
$Big4$	0.321***	0.318***	1.020***	0.351***
	(9.530)	(12.538)	(28.896)	(10.999)
$Audit$	−0.131***	0.127***	0.036*	−0.116***
	(−9.082)	(3.858)	(1.772)	(−9.646)
INV	−0.101*	−0.446***	−0.966***	−0.109***
	(−1.958)	(−8.392)	(−16.777)	(−2.766)
ROA	−0.259***	−2.058***	−4.212***	−0.290***
	(−5.991)	(−20.717)	(−16.340)	(−8.623)

续表

	(1)	(2)	(3)	(4)
	AF	DOI	AF	AF
LEV	0.044 (1.235)	−0.424*** (−9.266)	−0.972*** (−17.358)	0.050* (1.792)
TobinQ				0.001 (0.698)
Top1				−0.001** (−2.528)
Constant	0.038*** (3.728)		0.183*** (32.975)	0.035*** (3.738)
Year	Yes	Yes	Yes	Yes
Industry	Yes	Yes	Yes	Yes
Observations	32 106	57 901	57 901	57 901
Adujsted-R^2 / Pseudo-R^2	0.858	0.152	0.614	0.861

注：按公司聚类的稳健标准误调整，括号中报告值为 T/Z 统计量，*、**、*** 分别代表在 10%、5% 和 1% 的水平上显著。

6.3.5　研究结论

当市场上信息不对称程度较高时，购买董责险通常会引发管理层更多的机会主义行为，从而对审计师关于被审计单位的风险预期和审计收费产生影响。本节以我国 2002—2023 年沪深 A 股上市公司为样本，着重考察董责险与审计费用的关系。研究结果表明，相对于没有购买董责险的公司，购买董责险的公司审计费用显著更高。这一事实意味着董责险的引入会增加管理者实施机会主义行为的概率，而被实施的机会主义行为将改变审计师对被审计单位的风险预期，从而导致被审计单位审计费用的增加。同时我们还发现在低市场化程度以及高盈余管理的条件下，董责险与公司审计费用的正相关关系会更加明显。结合公司诉讼风险进行的进一步检验结果显示，董责险、公司诉讼风险和公司审计费用之间存在显著的中介效应，说明董责险影响了公司的诉讼风险，从而导致其审计收费受到影响。以上研究结果表明，购买董责险会导致管理层实施更多的机会主义行为，进而引起较高的诉讼风险，而较高的诉讼风险恰恰是增加公司审计费用的关键因素。

6.4　董事高管责任保险与投资者风险溢价

6.4.1　问题提出

融资难、融资贵是目前企业的痛点，而股权融资是企业融资的重要渠道。投资者做出投资决策的核心因素是投资标的内在风险，投资者会要求高风险的投资标的给出更高的收益率以补偿其承担的风险（Chen et al.，2023；Floros et al.，2024）。投资者要求的风险溢价对于企业来说具体表现为权益资本成本。企业自身经营风险越高，企业经营不确定性也越高，随之而来的是企业遭受资金链断裂、财务危机及破产的可能性也越高，投资者付出的各种努力可能付诸东流，甚至投资本金也难以回收，因此投资者会要求更高的风险回报，高额的风险溢价也将导致企业经营环境进一步恶化（Wang and Young，2020；Ilhan et al.，2023）。因此，探索企业权益资本成本的影响因素有助于深入了解资本市场运行规律，也有助于企业走出融资难、融资贵的泥潭。

董责险旨在降低董事及高管的执业风险，促使董事及高管实行积极行为，提高公司价值。然而，学者们对董责险的需求动因及经济效用研究还存在较大的分歧。一些学者认为董责险在公司治理中发挥积极作用，如 Jensen（1993）指出，董责险是一种激励机制，鼓励公司董事高管积极进取，践行权责，减少其担心在履职过程中因疏忽给公司招致损失的后顾之忧；O'Sullivan（1997）发现，引入董责险作为外部监督机制参与公司管理，在一定程度上有利于甄别和吸引优秀人才，减少代理成本，提高公司治理水平。另一些学者却指出董责险对上市公司造成不利影响，如 Boyer（2005）证实，由于董责险的庇护，高管道德风险提高，没有后顾之忧的管理者可能铤而走险，导致机会主义投资行为增加；Lin et al.（2011）研究表明，董责险的成本费用越高，保险公司承担的保单限额越大，上市公司越趋于频繁的兼并、收购与低质量的财务年终报告。那么，外部利益相关者观测到企业购买了董责险会做出何种反应？由于董责险的公司治理效应尚未得到一致观点，董责险对投资者风险溢价的影响也存在一定的不确定性。本节通过研究董责险与公司权益资本成本两者之间的关系，从投资者风险溢价的角度来考察投资者对公司购买董责险的反应。

6.4.2　理论分析与研究假设

现有研究中，关于董责险与公司治理的关系尚未得出一致观点。一种观点认为，董责险有助于提高公司治理水平。作为一项激励机制，董责险旨在鼓励公司董事与高管积极参与公司治理，无需担心决策失败后来自股东控诉的风险，从而避免可能招致的潜在损失（Yuan et al.，2016；Hwang and Kim，2018）。与此同时，董责险间接引入保险公司作为外部监督者，在保单协议范围内对公司相关董事高管进行监督，以减少其不当行为对公司及投资者造成的损失（Core，2000）。另一种观点认为，董责险将董事及高管的法律责任转嫁给了保险公司，降低了董事及高管对法律的敬畏心，法律的威慑作用有所减弱（Boyer and Tennyson，2015），进而导致董事及高管可能出现更多的道德风险问题（Chen et al.，2016），导致投机行为增多（Bradley and Chen，2011）。

由于董责险的治理效应在现有研究中尚未形成一致观点，本节认为公司购买董责险对公司权益资本成本的影响存在两种可能。

一种可能是董责险降低了董事及高管面临的诉讼赔偿风险，导致董事及高管机会主义行为增加，降低企业信息质量，投资者预测到董事及高管有更多的机会主义行为，则会要求更高的收益率弥补风险，进而提高了企业权益资本成本。公司购买董责险后，企业信息质量可能下降（Baker and Griffith，2007；Lin et al.，2013；Chuang et al.，2015）。Baker and Griffith（2007）发现由于董责险降低了董事及高管的预期诉讼赔偿金额，董事及高管在财务报告中难以保持应有的谨慎，导致财务报告出现错误，降低了投资者对公司治理的信心。并且，董责险覆盖范围越大，董事及高管面临的诉讼风险越小，进而导致公司的会计稳健性越低（Chuang et al.，2015），企业财务重述概率越高（Lin et al.，2013）。对于发布低质量信息的企业，投资者会要求更高的回报率以弥补其所承担的风险（Easley and O'Hara，2004；冯来强等，2017）。

一方面，处于信息劣势的投资者需要更多的收益率弥补信息优势投资者带来的逆向选择风险（Easley and O'Hara，2004）；另一方面，信息不对称导致投资者对公司的盈余预测出现较大分歧，投资者因此会要求更高的收益率（冯来强等，2017）。因此，公司购买董责险可能导致董事及高管更高的道德风险，提高企业信息不对称程度，投资者因此要求更高的风险溢价（Muravyev et al.，2022；Landsman et al.，2023）。Lin et al.（2013）发现银行作为债权人，会对董责险覆盖范围广的公司要求更高的贷款利率，即银行将公司购买董责险视为高风险信号。Baker and Griffith（2007）在 O'Sullivan（1997）的研究基础上，进一步考察了董责险与上市公司资本成本的关系，发现董责险虽然在一定程度上有助于上市公司吸收与引进出色的管理人员，但是与上市公司经营绩效不存在显著正相关关系；相反，董责险的高覆盖率增加了上市公司的经营与财务风险，公司权益资本成本提高。Lin et al.（2011）的研究发现，责任保险庇护下的公司董事及高管为增强公司控制权以最大化其效用函数，往往容易铤而走险，给股东与公司造成双重损失。Chen et al.（2016）指出，董责险覆盖率与权益资本成本存在正相关关系，这一关系在交叉上市（相互挂牌、跨境两地上市）的公司中更为显著。

基于以上分析，本节提出假设：

H_{11a}：其他因素不变，董责险增加上市公司的权益资本成本。

另一种可能是董责险降低了企业权益资本成本。具体来说，董责险可能提高了公司治理水平，通过缓解信息不对称和降低代理成本两个方面降低权益资本成本（Hail and Leuz，2006；李从刚和许荣，2020；Ashraf and Sunder，2023；Hao，2024）。具体来说，一方面，公司购买董责险后，保险公司在承保前会对公司风险进行细致评估，并将评估结果向投保公司董事会报告，有助于改善投保公司的治理水平；在投保期间，保险公司有动机监督公司董事及高管行为，降低赔偿风险；在理赔过程中，保险公司会仔细审查董事及高管行为，以确定该行为带来的经济后果是否在保险范围内（Yuan et al.，2016），保险公司介入投保公司的治理体系，进行有效监督，提高了投保公司的会计信息质量，缓解公司内外信息不对称（张十根和王信平，2021）；另一方面，董责险降低了董事及高管面临的诉讼风险，促进董事及高管积极履行职责，提高了公司价值（赵杨和 John，2014），降低了代理成本（Bhagat et al.，1987；Hoyt and Khang，2000）。Hail and Leuz（2006）通过 40 个国家的跨国数据，发现降低信息不对称程度与代理成本是造成低权益资本成本的重要途径。因此，董责险可能会通过缓解信息不对称和降低代理成本两个途径降低权益资本成本。

　　基于以上分析，本节提出假设：

　　H_{11b}：其他因素不变，董责险降低上市公司的权益资本成本。

6.4.3　研究设计

1.样本选择及数据来源

　　本节选取 2002—2023 年中国沪深两市 A 股上市公司作为初始样本，并进行如下处理：（1）考虑到金融保险业公司财务报表的特殊性，故予以剔除；（2）因 ST、PT 类上市公司财务数据经过了一定处理后才得以披露，故予以剔除；（3）剔除财务数据有缺失的上市公司样本。为控制极端值对回归结果的影响，对所有连续变量进行 1% 和 99% 的 Winsorize 缩尾处理。其中，董责险相关数据来自 CNRDS 数据库，其余数据来自 Wind 数据库和 CSMAR 数据库。

2. 模型设计及变量选取

参考 Easton（2004）的相关研究，本节采用模型（6-7）检验公司购买董责险是否会导致投资者风险溢价，提高企业权益资本成本。

$$R\_PEG_{i,t} = \alpha_0 + \alpha_1 DOI_{i,t-1} + \alpha_2 Size_{i,t-1} + \alpha_3 ROA_{i,t-1}$$
$$+ \alpha_4 LEV_{i,t-1} + \alpha_5 TobinQ_{i,t-1} + \alpha_6 Growth_{i,t-1}$$
$$+ \alpha_7 Top1_{i,t-1} + \alpha_8 CFR_{i,t-1} + \alpha_9 Tan_{i,t-1}$$
$$+ \alpha_{10} MB_{i,t-1} + \alpha_{11} Beta_{i,t-1} + Year + Industry$$
$$+ \varepsilon_{i,t} \tag{6-7}$$

式中，DOI 代表董责险认购，借鉴 Lin et al.（2011）的相关研究，采用虚拟变量 DOI 作为董责险的衡量指标：若上市公司发布的公司章程、股东会或董事会决议等其他公告中披露了其投保董责险的相关信息，则 DOI 赋值为 1，否则为 0。

R_PEG 为权益资本成本，在我国资本市场中，采用事前权益资本成本测量模型优于事后测量模型（毛新述等，2012），因此本节参考 Easton（2004）的相关研究，采用 PEG 模型估计值度量权益资本成本。

根据 Kravet and Muslu（2013）的研究，本节选取公司规模（$Size$）、资产收益率（ROA）、资产负债率（Lev）、托宾 Q（$TobinQ$）、公司成长性（$Growth$）、股权集中度（$Top1$）、现金流量比例（CFR）、有形资产比例（Tan）、市值账面比（MB）、系统性风险（$Beta$）等指标作为控制变量。具体变量定义如表 6-21 所示。

表 6-21　变量定义表

变量名称	变量符号	计算方法
权益资本成本	R_PEG	采用 PEG 模型测算得出
董责险认购	DOI	企业当年购买董责险则赋值为 1，否则为 0。
公司规模	$Size$	企业资产总额取自然对数
资产回报率	ROA	净利润与资产总额的比值
资产负债率	LEV	年末负债与年末资产总额的比值

续表

变量名称	变量符号	计算方法
托宾 Q	TobinQ	企业股票市场价值/账面所有者权益
公司成长性	Growth	（当年营业收入额－上年营业收入额）/上年营业收入额
股权集中度	Top1	第一大股东持股比例
现金流量比例	CFR	经营活动产生的现金净流量/期末流动负债
有形资产比例	Tan	年末固定资产净值/年末资产总额
市值账面比	MB	年末市场价值/账面价值
系统性风险	Beta	企业当年的贝塔系数

6.4.4　实证分析

1. 主要变量描述性统计结果分析

表 6 - 22 为主要变量的描述性统计结果。由表 6 - 22 可知，企业权益资本成本（R_PEG）的均值为 0.108，中位数为 0.104，说明中国上市公司的权益资本成本大概为 10.8%。董责险认购（DOI）的均值为 0.090，说明大概有 9% 的上市公司购买了董责险，绝大部分上市公司并未购买董责险。控制变量方面，公司规模（Size）的均值与中位数分别为 22.429 和 22.239，标准差为 1.328，说明样本企业规模符合正态分布，样本选择较为合理。

表 6 - 22　描述性统计

	N	Mean	Median	SD	P25	P75
R_PEG	22 973	0.108	0.104	0.042	0.081	0.130
DOI	22 973	0.090	0.000	0.287	0.000	0.000
Size	22 973	22.429	22.239	1.328	21.474	23.187
ROA	22 973	0.051	0.046	0.051	0.022	0.076
LEV	22 973	0.438	0.437	0.200	0.281	0.591
TobinQ	22 973	2.064	1.638	1.300	1.239	2.382

续表

	N	Mean	Median	SD	P25	P75
Growth	22 973	0.223	0.149	0.403	0.020	0.319
*Top*1	22 973	0.357	0.339	0.152	0.236	0.461
CFR	22 973	0.252	0.162	0.388	0.037	0.358
Tan	22 973	0.925	0.956	0.089	0.913	0.979
MB	22 973	0.324	0.300	0.151	0.212	0.414
Beta	22 973	1.133	1.136	0.293	0.952	1.310

2.回归分析

模型（6-7）的检验结果如表6-23所示，其中列（1）未控制时间、行业固定效应，*DOI* 的回归系数为0.004，且在1%的水平上显著；列（2）仅控制了时间、行业固定效应，而未包含控制变量，*DOI* 的回归系数为0.006，且在5%的水平上显著；列（3）则在包含控制变量的基础上控制了时间、行业固定效应，结果显示 *DOI* 的回归系数为0.005，仍至少在5%的水平上显著。以上结果均说明，企业购买董责险后，企业的权益资本成本显著提高，即投资者对购买董责险的企业要求了更高的风险溢价。

表6-23　董责险与权益资本成本

	(1)	(2)	(3)
	R_PEG	*R_PEG*	*R_PEG*
DOI	0.004*** (3.540)	0.006** (2.380)	0.005** (2.269)
Size	−0.002*** (−5.564)		0.003*** (3.380)
ROA	0.099*** (14.703)		0.035*** (3.704)
LEV	0.066*** (22.205)		0.033*** (7.192)
TobinQ	−0.004*** (−10.956)		−0.003*** (−8.137)

续表

	(1)	(2)	(3)
	R_PEG	R_PEG	R_PEG
Growth	0.003*** (4.054)		−0.001 (−0.707)
Top1	−0.027*** (−14.101)		−0.015*** (−2.684)
CFR	−0.002*** (−2.856)		−0.002 (−1.639)
Tan	0.026*** (8.079)		0.001 (0.140)
MB	0.048*** (12.808)		0.010** (2.042)
Beta	0.001 (0.143)		−0.004*** (−3.262)
Constant	0.087*** (12.516)	0.108*** (517.394)	0.033 (1.433)
Year	No	Yes	Yes
Industry	No	Yes	Yes
Observations	22 973	22 973	22 973
Adujsted-R^2	0.111	0.290	0.303

注：按公司聚类的稳健标准误调整，括号中报告值为 T 统计量，*、**、*** 分别代表在 10%、5% 和 1% 的水平上显著。

3. 机制检验

根据前文理论分析及假设提出，董责险提高企业权益资本成本的一个重要原因可能是董责险降低了董事及高管的经济赔偿风险，董事及高管进行机会主义行为提高了企业信息不透明程度，投资者对企业的估计风险上升，要求更高的风险回报。参考 Baron and Kenny（1986）的相关研究，本节构建模型（6-8）、（6-9），通过中介效应模型检验董责险是否通过提高企业信息不对称程度这一渠道对企业权益资本成本产生影响。

$$Absda_{i,t} = \alpha_0 + \alpha_1 DOI_{i,t-1} + \alpha_2 Size_{i,t-1} + \alpha_3 ROA_{i,t-1}$$

$$+\alpha_4 LEV_{i, t-1}+\alpha_5 TobinQ_{i, t-1}+\alpha_6 Growth_{i, t-1}$$
$$+\alpha_7 Top1_{i, t-1}+\alpha_8 CFR_{i, t-1}+\alpha_9 Tan_{i, t-1}$$
$$+\alpha_{10} MB_{i, t-1}+\alpha_{11} Beta_{i, t-1}+Year+Industry$$
$$+\varepsilon_{i, t} \tag{6-8}$$

$$R\_PEG_{i, t}=\gamma_0+\gamma_1 DOI_{i, t-1}+\gamma_2 Absda_{i, t}+\gamma_3 Size_{i, t-1}$$
$$+\gamma_4 ROA_{i, t-1}+\gamma_5 LEV_{i, t-1}+\gamma_6 TobinQ_{i, t-1}$$
$$+\gamma_7 Growth_{i, t-1}+\gamma_8 Top1_{i, t-1}+\gamma_9 CFR_{i, t-1}$$
$$+\gamma_{10} Tan_{i, t-1}+\gamma_{11} MB_{i, t-1}+\gamma_{12} Beta_{i, t-1}$$
$$+Year+Industry+\varepsilon_{i, t} \tag{6-9}$$

其中，$Absda$ 为企业信息不对称程度，本节采用修正 Jones 模型来估计可操控性应计利润，对模型估计出的可操控性应计利润取绝对值作为企业信息不对称程度的衡量指标，数值越大，说明企业信息不对称程度越高。其他变量定义与模型（6-7）保持一致。

表 6-24 汇报了中介效应检验结果，其中，列（1）为中介效应第一步回归结果；列（2）中汇报了模型（6-8）的回归结果，企业信息不对称程度（$Absda$）作为被解释变量时，董责险认购（DOI）的回归系数为 0.023，且在 1% 的水平上显著，说明企业购买董责险显著提高了企业信息不对称程度；列（3）汇报了模型（6-9）的回归结果，中介效应检验第三步结果显示，企业权益资本成本（R_PEG）作为被解释变量，董责险认购（DOI）与企业信息不对称程度（$Absda$）回归系数分别为 0.005 和 0.006，且均至少在 5% 的水平上显著，说明董责险确实是通过提高企业信息不对称程度这一渠道对企业权益资本成本产生影响。

表 6-24　董责险与权益资本成本的机制检验

	(1)	(2)	(3)
	R_PEG	$Absda$	R_PEG
DOI	0.005** (2.269)	0.023*** (4.255)	0.005** (2.152)
$Absda$			0.006** (2.076)

续表

	(1)	(2)	(3)
	R_PEG	*Absda*	*R_PEG*
Size	0.003*** (3.380)	−0.004 (−0.994)	0.003*** (3.616)
ROA	0.035*** (3.704)	0.068 (1.548)	0.037*** (3.850)
LEV	0.033*** (7.192)	0.012 (0.630)	0.034*** (7.481)
TobinQ	−0.003*** (−8.137)	0.001 (0.924)	−0.003*** (−7.864)
Growth	−0.001 (−0.707)	0.053*** (7.615)	−0.001 (−1.269)
*Top*1	−0.015*** (−2.684)	0.006 (0.363)	−0.015** (−2.570)
CFR	−0.002 (−1.639)	−0.060*** (−13.024)	−0.001 (−1.267)
Tan	0.001 (0.140)	0.094*** (4.836)	0.001 (0.189)
MB	0.010** (2.042)	0.001 (0.001)	0.011** (2.281)
Beta	−0.004*** (−3.262)	0.001 (0.408)	−0.004*** (−3.163)
Constant	0.033 (1.433)	0.077 (0.704)	0.026 (1.146)
Year	Yes	Yes	Yes
Industry	Yes	Yes	Yes
Observations	22 973	22 973	22 973
Adujsted-R^2	0.303	0.169	0.303

注：按公司聚类的稳健标准误调整，括号中报告值为 T 统计量，*、**、***分别代表在10%、5%和1%的水平上显著。

4. 异质性检验

（1）产权性质的影响。国有企业具有国家信用背书、政府扶持，因而经营风险相对较低。因此，相较于国有企业，投资者对非国有企业的估计风险较为敏感，董责险对企业权益资本成本的提升作用在非国有企业中应该更为明显。本节根据企业产权性质，将样本分为非国有企业组和国有企业组，分别采用模型（6-7）进行回归，回归结果如表6-25列（1）和列（2）所示，可以看到在非国有企业组中，董责险认购（DOI）的回归系数为0.010，且在1%的水平上显著，而在国有企业组中，董责险认购（DOI）的回归系数为0.002，且回归结果不显著，说明董责险对非国有企业权益资本成本的提升作用更为显著。

（2）市场化水平的影响。由于我国各省市资源禀赋和文化背景各不相同，市场化水平在各地存在异质性，而市场化水平代表着各地法治水平、政府干预程度。市场化水平较高的地区，市场秩序更为规范、各类信息更为透明、法律环境更为完善，有助于抑制管理层自利行为。因此，相较于市场化水平较高的地区，董责险对企业权益资本成本的提升作用在市场化水平较低地区的企业中应该更为明显。本节参考赵云辉等（2019）的相关研究，计算得出各地市场化指数，当市场化指数大于中位数时，将当地企业划分为市场化程度较高地区企业组，其余企业为市场化程度较低地区企业组，并分别采用模型（6-7）进行回归，回归结果如表6-25中列（3）和列（4）所示，可以看到在市场化程度较低地区企业组中，董责险认购（DOI）的回归系数为0.008，且在5%的水平上显著，而在市场化水平较高地区企业组中，董责险认购（DOI）的回归系数不显著，说明董责险对市场化水平较低地区的企业权益资本成本的提升作用更为显著。

表6-25　董责险与权益资本成本的异质性检验

	(1)	(2)	(3)	(4)
	非国有企业	国有企业	市场化水平低	市场化水平高
	R_PEG	R_PEG	R_PEG	R_PEG
DOI	0.010 *** (3.248)	0.002 (0.460)	0.008 ** (2.287)	−0.001 (−0.276)
Size	0.003 ** (2.249)	0.004 ** (2.479)	0.002 (1.623)	0.005 *** (3.611)

续表

	(1)	(2)	(3)	(4)
	非国有企业	国有企业	市场化水平低	市场化水平高
	R_PEG	R_PEG	R_PEG	R_PEG
ROA	0.039***	0.036**	0.023*	0.040***
	(3.398)	(2.053)	(1.652)	(3.105)
LEV	0.035***	0.032***	0.037***	0.030***
	(6.226)	(3.903)	(5.811)	(4.532)
TobinQ	−0.003***	−0.003***	−0.003***	−0.004***
	(−6.363)	(−4.758)	(−5.251)	(−5.590)
Growth	−0.001	−0.001	−0.002*	0.001
	(−0.447)	(−0.478)	(−1.687)	(0.785)
Top1	−0.023***	−0.002	−0.020**	−0.006
	(−3.131)	(−0.218)	(−2.443)	(−0.738)
CFR	−0.001	−0.004*	0.001	−0.004***
	(−0.727)	(−1.798)	(0.769)	(−2.700)
Tan	0.004	0.006	0.010	−0.001
	(0.664)	(0.473)	(1.091)	(−0.131)
MB	0.013**	0.005	0.016**	0.008
	(2.220)	(0.604)	(2.241)	(1.112)
Beta	−0.003**	−0.004**	−0.006***	−0.002
	(−2.253)	(−2.132)	(−3.091)	(−1.332)
Constant	0.046	0.002	0.047	0.003
	(1.581)	(0.045)	(1.414)	(0.108)
Year	Yes	Yes	Yes	Yes
Industry	Yes	Yes	Yes	Yes
Observations	13 956	9 017	10 530	12 443
Adujsted-R^2	0.329	0.303	0.305	0.339

注：按公司聚类的稳健标准误调整，括号中报告值为 T 统计量，*、**、*** 分别代表在 10%、5% 和 1% 的水平上显著。

5.稳健性检验

（1）倾向得分匹配法。由于我国上市公司购买董责险的比例较低，可能出现样本选择偏误。本节采用倾向得分匹配法，以控制变量作为匹配变量，以权益资本成本（R_PEG）作为结果变量，采用

1∶4 近邻匹配得到样本，并以模型（6-7）对得到的样本再次回归，回归结果如表 6-26 列（1）所示，董责险认购（DOI）的回归系数为 0.008，且在 5% 的水平上保持显著。

（2）Heckman 两阶段法。购买董责险的企业可能存在着某些相同特征，且这些特征可能同时影响着企业的权益资本成本，为进一步检验是否是由于购买董责险而导致企业权益资本成本提高，本节采用 Heckman 两步法进行检验，在第一阶段中，企业是否认购董责险（DOI）作为被解释变量，估计样本董责险认购（DOI）的逆米尔斯比（IMR），第二阶段中，将第一阶段得到的逆米尔斯比增添到模型（6-7）的控制变量中，回归结果如表 6-26 列（3）所示，董责险认购（DOI）与逆米尔斯比的回归系数分别为 0.003 和 0.050，且至少在 5% 的水平上显著，说明在控制潜在的内生性问题后，董责险与企业权益资本成本仍显著正相关。

（3）指标敏感性检验。为避免被解释变量测量偏误对回归结果的潜在影响，参考 Ohlson and Juettner-Nauroth（2005）的相关研究，采用 OJ 模型对企业权益资本成本进行测量，并以测量结果（R_OJ）作为被解释变量，代入模型（6-7）重新回归，回归结果如表 6-26 列（4）所示，董责险认购（DOI）的回归系数为 0.006，且回归结果仍至少在 1% 的水平上显著，说明被解释变量测量偏误并未对回归结果产生显著影响。

表 6-26　董责险与权益资本成本的稳健性检验

	（1）	（2）	（3）	（4）
	倾向得分匹配法	Heckman 两阶段法		替换变量
	R_PEG	DOI	R_PEG	R_OJ
DOI	0.008** (2.433)		0.003** (2.246)	0.006*** (3.098)
IMR			0.050*** (2.659)	
Size	0.002 (0.834)	0.378*** (32.453)	0.014** (2.377)	0.003*** (3.139)

续表

	（1）	（2）	（3）	（4）
	倾向得分匹配法	Heckman 两阶段法		替换变量
	R_PEG	DOI	R_PEG	R_OJ
ROA	0.063*** (3.295)	−1.754*** (−5.720)	0.025 (0.893)	0.019* (1.851)
LEV	0.036*** (3.453)	−0.059 (−0.419)	0.064*** (21.242)	0.035*** (7.269)
TobinQ	−0.004*** (−3.897)	0.080*** (4.439)	−0.001 (−0.771)	−0.002*** (−5.128)
Growth	0.001 (0.561)	−0.010 (−0.301)	0.002*** (3.123)	0.001 (0.287)
Top1	−0.004 (−0.335)	−0.534*** (−6.213)	−0.049*** (−5.622)	−0.013** (−2.175)
CFR	−0.006** (−2.092)	0.159*** (3.743)	0.004 (1.610)	−0.001 (−0.532)
Tan	0.012 (0.927)	−0.627*** (−4.697)	−0.002 (−0.153)	0.006 (0.986)
MB	0.011 (0.877)	0.127 (0.740)	0.054*** (12.265)	0.026*** (4.980)
Beta	−0.004* (−1.853)	−0.390*** (−9.041)	−0.016** (−2.563)	−0.006*** (−4.587)
Constant	0.052 (1.090)	−8.889*** (−30.221)	−0.317** (−2.066)	0.050** (2.025)
Year	Yes	Yes	Yes	Yes
Industry	Yes	Yes	Yes	Yes
Observations	6 780	22 973	22 973	22 973
Adujsted-R^2	0.230	0.109	0.112	0.331

注：按公司聚类的稳健标准误差调整，括号中报告值为 T 统计量，＊、＊＊、＊＊＊分别代表在 10%、5% 和 1% 的水平上显著。

6.4.5　研究结论

本节以我国 2002—2023 年沪深 A 股上市公司为样本，着重考察董责险与投资者风险溢价之间的关系。研究结果表明，相对于没有购买董责险的企业，购买董责险的企业权益资本成本显著更高，即投资者观测到企业购买董责险后认为企业管理层可能会出现更多的机会主义行为，投资者提高了对购买董责险企业的估计风险，要求更高的风险溢价，这一结果在经过一系列稳健性检验后仍然成立。机制检验显示，企业购买董责险后信息不透明程度显著提高，进而导致企业权益资本成本提高。并且，企业购买董责险提高企业权益资本成本的现象在非国有企业及市场化水平较低的企业中更为明显，说明在管理层更易产生机会主义行为的环境中，董责险显著提高了企业权益资本成本。

6.5　本章小结

本章着重考察董责险与公司利益相关者决策之间的关系，并选择银行、债券评级机构、审计师、投资者等四个公司具体利益相关者，探究公司各利益相关者观测到公司购买董责险后的反应。总体而言，不同利益相关者对企业购买董责险表现出了一定的争议。主要研究结论如下：

（1）董责险能有效降低企业的银行信贷利率。进一步研究表明，当企业的产权性质为国有企业或董事长与总经理为同一人时，董责险对债务成本的抑制作用会减弱；董责险对国有企业的银行信贷利率降低作用并不显著，说明当前我国银行更倾向于为具有政府背书的国有企业提供信贷支持。作用机制的分析发现，董责险对债务成本的影响是由于董责险发挥了监督激励作用，提高了企业的超额回报率。

（2）董责险能显著提高企业的信用评级。进一步研究发现，董责险对信用评级的提升作用在非国有企业中更为显著；当评级机构具有国外背景，即有较高的独立性时，董责险对企业的信用评级的提升作用更为明显，这可能是由于评级机构的独立性影响了其评价的客观性。

（3）董责险的购买提高了公司的审计费用，这一事实意味着董责险的引入会增加管理者实施机会主义行为的概率，而被实施的机会主义行为将改变审计师对被审计单位的风险预期，从而导致被审计单位审计费用的增加。本节还发现在低市场化水平以及高盈余管理的条件下，董责险与公司审计费用的正相关关系会更加明显。此外，董责险、公司诉讼风险和公司审计费用之间存在显著的中介效应，说明董责险影响了公司的诉讼风险，从而导致其审计收费受到影响。

（4）董责险提高了企业权益资本成本，即投资者观测到企业购买董责险后认为企业管理层可能会出现更多的机会主义行为，投资者提高了对购买董责险企业的估计风险，要求更高的风险溢价，机制检验显示，企业购买董责险后信息不透明程度显著提高，进而导致企业权益资本成本提高。并且，企业购买董责险提高企业权益资本成本的现象在非国有企业及市场化水平较低的企业中更为明显。

上述研究结论表明，不同利益相关者对公司购买董责险这一行为具有不同的态度，其原因可能在于不同的利益相关者面临的信息环境具有显著差异以及其承担的风险有所变化。银行和债券评级机构等外部利益相关者难以获得公司内部真实情况，董责险引入保险公司加强对投保公司的监督，减少了投保公司内部治理问题，并且保险公司降低了投保公司的诉讼风险，直接降低了银行承担的风险以及投保公司的风险，银行因此给予投保公司更高的信贷支持力度，债券评级机构也因为投保公司风险较低给予更高的信用评级；审计师与投资者可以直接获取公司内部详细信息，可能认为保险公司并不能起到监督作用，并且保险公司难以补偿审计师面临的风险，因此审计师与投资者对公司购买董责险持悲观态度。

本章拓展了董责险对公司利益相关者行为的影响研究，探讨了董责险对银行信贷决策、债券信用评级、事务所审计收费、投资者风险溢价等方面的影响、作用机理，并从产权性质、管理层权力、市场化水平等方面进行了异质性检验，有助于深入理解董责险对利益相关者行为的治理效应，为进一步规范资本市场提供了一定的参考，对于相关部门思考如何进一步推动完善相关的法律法规和健全监管体制有着重要的意义。

面临的信息环境是导致利益相关者对公司购买董责险反应具有异质性的重要原因。具体来说，具有信息优势的利益相关者认为保险公司难以发挥监督作用，因此，董责险想要得到利益相关者认同需要保险公司切实发挥监督作用，减少投保企业的治理问题。经过本章节分析，笔者认为如若想进一步使董责险获取利益相关者认同，需要注意如下两点：首先，监管机构应督促保险公司进一步调查投保公司，保险公司只有深度了解投保公司、知悉内部信息才能切实发挥监督作用；其次，投保公司需要向利益相关者披露更多内部信息，减轻与利益相关者的信息不对称，降低利益相关者的估计风险。

第7章
董事高管责任保险的企业价值效应

在市场经济环境下，企业任何决策的最终目标均为实现企业自身或股东价值的最大化。委托代理理论认为，由于委托代理环境中利益分配和风险承担的非对称性，管理层在面对不同的风险和收益时会有不同的决策行为，导致企业价值或股东价值最大化出现一定偏差。如何通过有效的公司治理降低代理冲突，提高资源配置效率，最终实现企业价值或股东价值最大化，是理论界长期研究的主题和实务界持续探索的目标。

董责险作为一种特殊职业保险，旨在保障投保公司董事、监事与高级管理人员履行管理职责时因疏忽或不当决策而引发的诉讼风险问题。在国外发达经济体，董责险较早推出并得到广泛实施，促进了关于董责险作为公司治理的新视角的理论和实证研究。在我国，2002年《上市公司治理准则》《关于受理证券市场因虚假陈述引发的民事侵权纠纷案件有关问题的通知》发布之后，董责险开始被国内财产保险公司相继推出。经过20多年的发展，国内上市公司董责险的大量数据为研究我国董责险的研究提供了足够的支持。

现有关于董责险在公司治理方面的理论主要基于以下几点。

第一，董责险可以提高公司外部监督治理，承保公司作为上市公司利益的直接相关者，享有外部监督的权利。同时，其作为公司风险的间接承担者，又可在一定程度上限制管理者的投机行为（O'Sullivan，1997；Lu and Horng，2007；Chung et al.，2015；Hwang and Kim，2018；袁蓉丽等，2021；许荣等，2022；Zhao et al.，2024）。

第二，董责险在公司治理中发挥激励效应，董责险为高管的疏忽及不当决策引起的风险进行"兜底"，有利于吸引更有能力、魄力的管理者，将管理者的潜力充分发挥出来（Core，1997；Adams et al.，2011；赵杨和 Hu John，2014；Chen et al.，2016；Hwang and Kim，2018；方军雄和秦璇，2018；肖小虹和潘也，2022）。

第三，董责险增加了高管的机会主义行为。董责险降低了公司董事高管决策过失的成本，可能使得管理者出于个人私利不合理地增加公司风险承担，如从事投机活动或者过度投资等（Hong，2010；Jia and Tang，2018；Wang et al.，2022）。

第四，基于信号传递假说，一部分学者认为，公司购买董责险信息的公布，使外界了解到公司管理者的能力、风险偏好及代理成本等信息，降低了公司内外的信息不对称（张十根和王信平，2021）；另一部分学者认为，购买董责险向外界传达了机会主义的信号，会提高贷款成本，增加了企业面临的财务困境风险（Zou，2013）。

第五，管理者因购买董责险，降低了法律威慑，从而引发其道德风险和机会主义行为（Adams et al.，2011）。

基于国内董责险的发展现状，结合国内外的相关理论和研究经验，董责险在国内对于企业价值产生怎样的影响呢？本章通过实证分析，检验了董责险对股价崩盘风险的影响，并进一步检验了董责险对市场价值和财务业绩两个绩效指标的影响，增加了董责险对企业价值效应的全面认识。在检验董责险对企业价值效应的基础上，进一步探讨了影响绩效的可能机制，并就企业的异质性对董责险的企业价值效应的影响进行了研究。

7.1　董事高管责任保险与企业股价崩盘风险

股价崩盘作为一种较为常见的市场现象，不仅会使股东财富缩水，打击中小投资者信心，而且会降低资源配置效率，危害资本市场稳定，并严重阻碍实体经济的发展。如 2012 年 10 月，万福生科因财务造假导致股价短期内暴跌 17.13％；2013 年 4 月，南风股份涉嫌内幕交易造成股价持续性下跌；2014 年 4 月，因高管违规并购遭遇司法调查，华润集团旗下公司股票全线崩盘等等。深入讨论股价崩盘的形成原因与作用机制，并寻找抑制股价崩盘风险的方法，对保障投资者利益以及维护证券市场健康发展都具有积极的意义。

对于股价崩盘风险的研究起始于 20 世纪七八十年代，但直到近年才有学者从代理理论出发对其进行系统阐释。Jin and Myers（2006）指出，企业管理者出于对个人薪酬契约、工作稳定、行业声誉以及构建商业帝国等目标的考虑，往往会利用其与外部投资者之间信息不对称来隐藏公司的不利消息，然而随着时间推移，不利消息会逐渐累积并最终超出公司承载能力，最终集中释放到证券市场中，引起股票价格暴跌。基于上述理论，学者们分别从机构投资者行为、投资者保护水平、会计稳健性、投机氛围等角度出发，对股价崩盘风险的影响因素展开研究（曹丰和张雪燕，2021）。而作为企业经营决策的制定者与实施者，高管对股价崩盘的影响也受到学者的重视。江轩宇（2013）围绕高管的激进避税行为分析发现税收征管能够有效抑制高管的机会主义行为，从而降低股价崩盘风险；田昆儒和孙瑜（2015）的研究表明高质量的独立审计能够提高信息透明度，协助外部投资者及时发现高管自利行为，降低股价崩盘的可能。

董责险作为一种特殊的上市公司高管职业保险，在降低诉讼风险、监督高管行为、保障执业安全等方面发挥重要作用，近年来正逐步受到我国证券市场的重视。围绕董责险对于高管行为及其经济后果的影响，学界已展开较为丰富的实证研究（Chalmers and Harford，2002；Baker and Griffith，2007；曾爱军，2013；赵刚和徐升艳，2013；周晖和左鑫，2013；袁蓉丽等，2021；张十根和王信平，2021；许荣等，2022），但当前已知范围内鲜有文献关注董责险与公司股票市场表现之间的关系。董责险的治理效应能否有效抑制高管掩盖不利消息的行为，进而间接降低企业股价崩盘风险，目前学界尚无明确的理论观点与实证检验。

7.1.1 理论分析与研究假设

已有研究认为，基于正式薪酬合同和职业前途考虑（Graham et al.，2005；Kothari et al.，2009；LaFond and Watts，2008）、管理者机会主义（Kim et al.，2011a）以及期权组合价值（Kim et al.，2011b）的原因，企业管理者倾向于隐瞒公司坏消息。如果管理者长期隐瞒和积累坏消息，负面信息就有可能在公司内部积聚。当坏消息的累积量达到临界点时，坏消息很可能会一次性全部发布，从而导致巨大的负面影响，导致相关个股大幅负收益，即股价崩盘（Hutton et al.，2009；Jin and Myers，2006）。股价暴跌风险的重要决定因素之一是管理者出于自我利益的考虑而偏好披露信息。

根据董责险的作用机理与委托代理理论，董责险具有监督与庇护两种截然相反的效果。

其一，购买董责险后，保险公司发挥对上市公司治理的监督效应（Holderness，1990；Core，2000）。保险公司作为独立的一方，关注投保公司的公司治理，并给出独立的评估，这为市场增加了治理信息，从而形成有效的监督机制。这种监督将限制管理层的机会主义，降低代理成本，控制公司信息披露，从而抑制股价暴跌风险（O'Sullivan，1997；Hoyt and Khang，2000；Donley and Kent，2008）。Holderness（1990）对董责险投保过程进行分析发现保险公司会对高管行为实施持续监督。Core（2000）认为，保险公司有能力准确评估投保企业的风险，并通过保险定价和在合同中制定相关条款来控制管理层的行为。Gutierrez（2003）经过调研指出董责险在维护股东权益方面具有重大意义。作为保险契约的承保方与潜在损失的清偿方，保险公司会从自身利益出发，对投保公司的情况进行详细评估，并通过设计不同保费金额、承保范围等保险条款对企业高管行为进行监督（Baker and Griffith，2007）。

其二，庇护观点则主要围绕道德风险问题展开，部分学者认为，由于董责险的过分庇护，企业高管无需顾及股东诉讼所带来的潜在威胁，因此会纵容其更为关注自身利益，从而诱发或加剧高管的道德风险问题（Chung and Wynn，2008；Lin et al.，2011，2013）。Chalmers and Harford（2002）追踪美国 72 家 IPO 企业之后发现，是否购买董责险与企业 IPO 三年内股价表现呈负相关关系，承保额度与股价走势呈现负相关关系，进而推断董责险会促使企业高管更有可能参与内幕交易以谋求自利。Boubakri et al.（2008）则进一步发现董责险会促使企业高管采用更为激进的投机主义行为操纵盈余管理决策，特别是股权相关决策，用以满足自身利益。Lin（2011）通过对加拿大上市公司并购情况的调查分析发现购买董责险的公司在并购中会支付较高的溢价却在日后展示出较差的协同效应。此外，也有学者提出董责险同样可以引发股东的道德风险问题（Bolton et al.，2003）。Rees et al.（2011）的研究证实了上述观点，他认为股东可以通过购买董责险影响高管各项管理行为，促使他们选择短期内刺激股价的经营决策以方便自身获取更为丰厚的投机性资本收益。

随着董责险受重视程度的逐步加深，国内学者也逐渐着手研究董责险在公司治理中的作用。许荣和王杰（2012）采用配对模型对 2007 年上市公司截面数据进行分析，发现董责险可以有效降低企业代理成本；贾宁和梁楚楚（2013）则发现仅在内地上市的企业购买董责险会提升其盈余管理水平，而在内地与香港交叉上市的企业购买董责险则能够较好抑制高管的盈余管理倾向。也有研究发现，董事高管责任保险对提升会计信息质量以及监督环境治理也有显著效果（张十根和王信平，2021；许荣等，2022）。

结合对以往文献的理论分析，本节认为当前我国市场环境下，董责险对股价崩盘风险可能存在"双刃剑"的作用。从积极方面而言，上市公司购买董责险可以引入保险公司对公司高管的行为进行约束与监督，可以有效抑制其利己行为，从而抑制了股价崩盘风险。而从消极方面而言，董责险给予高管过分的庇护使其脱离股东诉讼的威胁并更容易实施利己主义行为，同时董责险也有可能沦为企业股东用以刺激短期股价谋取投机收益的工具，便于企业隐藏不利消息，从而加剧了股价崩盘风险。鉴于董责险可能存在的双重效果，且当前已知范围内缺乏相关文献探讨董责险与股价崩盘风险的联系，本节拟以我国 A 股上市公司经验数据为对象对二者关系进行实证检验，判断董责险能否有效保障股东权益在我国资本市场中发挥积极作用。因此，本节提出对立性假设：

H_{12a}：企业购买董事高管责任保险会降低其股价崩盘风险。

H_{12b}：企业购买董事高管责任保险会提升其股价崩盘风险。

7.1.2 研究设计

1. 样本选择

以 2002—2023 年沪深 A 股上市公司作为初选样本，并参考同类文献进行了如下处理：（1）考虑到金融保险业公司财务报表的特殊性，故予以剔除；（2）因 ST、PT 类上市公司财务数据经过了一定处理后才得以披露，故予以剔除；（3）剔除单年度内个股交易周数不满 30 周的样本；（4）剔除财务数据有缺失的上市公司样本；（5）剔除了资产负债率大于 1 或资产增长率大于 1 的样本；（6）剔除企业规模小于已购买董责险企业中最小规模的样本，由于规模较小的上市企业难以负担高额保费，因此，将选择购买董责险的企业规模最小值作为样本最低选择标准。为控制极端值对回归结果的影响，对连续变量进行 1％和 99％的 Winsorize 缩尾处理。董责险相关数据来自 CNRDS 数据库，其余数据来自 CSMAR 数据库。

2. 变量选取

（1）被解释变量。参照许年行（2012）的方法，选择下列两种指标描述股价崩盘风险（CR）。具体计算方法如下：

首先，将个股 i 的周收益率按照年度进行如下回归：

$$R_{i,t} = \alpha_i + \beta_1 R_{m,t-2} + \beta_2 R_{m,t-1} + \beta_3 R_{m,t} + \beta_4 R_{m,t+1}$$
$$+ \beta_5 R_{m,t+2} + \varepsilon_{i,t} \tag{7-1}$$

式中，$R_{i,t}$ 是个股 i 在第 t 周考虑现金红利再投资的股票收益率；$R_{m,t}$

为 A 股市场第 t 周所有股票流通市值加权平均收益率。方程中各引入两期超前项与滞后项以减少股票市场交易非同步性的影响。$\varepsilon_{i,t}$ 为回归方程（7-1）的残差值。设定 $W_{i,t} = \ln(l + \varepsilon_{i,t})$ 为个股周特定收益率。

其次，根据 $W_{i,t}$ 计算得到两类股价崩盘风险衡量指标：

负收益偏态系数（NCSKEW）：

$$NCSKEW_{i,t} = \frac{-n(n-1)^{3/2} \sum W_{i,t}^3}{(n-1)(n-2)\left(\sum W_{i,t}^2\right)^{3/2}} \qquad (7-2)$$

式中，n 为个股 i 每年股票上市交易的周数。$NCSKEW_{i,t}$ 数值越高，证明股价负向偏离的程度越高，崩盘的可能性也越大。

收益上下波动比率（DUVOL）：

$$DUVOL_{i,t} = \ln \frac{(n_u - 1) \sum_{down} W_{i,t}^2}{(n_d - 1) \sum_{up} W_{i,t}^2} \qquad (7-3)$$

式中，n_u 与 n_d 分别表示个股 i 周收益率高于与低于该个股年收益率均值的周数。$DUVOL_{i,t}$ 数值越高，股价崩盘的可能性越大。

（2）解释变量。虚拟变量董责险认购（DOI）表示上市公司是否购买董责险。若上市公司发布的公司章程、股东会或董事会决议等其他公告中披露了其投保董责险的相关信息，则 DOI 赋值为 1，否则为 0。

（3）控制变量。参考许年行（2012）等的研究方法，选取下列指标作为控制变量：股票月平均超额换手率的变化（OTurnover）、个股周收益率年度均值（Return）、个股周收益率年度标准差（Sigma）、会计信息不透明度（AbsACC）、托宾 Q 值（TobinQ）、资产负债率（LEV）、资产收益率（ROA）、公司规模（Size）等。此外，引入年份与行业虚拟变量以控制年份与行业的影响。具体变量定义如表 7-1 所示。

表 7-1　变量定义表

变量名称	变量符号	计算方法
股价崩盘风险指标 1	NCSKEW	根据式（7-2）计算出的负收益偏态系数

续表

变量名称	变量符号	计算方法
股价崩盘风险指标2	DUVOL	根据式（7-3）计算出的收益上下波动比率
董责险认购	DOI	若上市公司当期认购了董责险，则赋值为1，否则为0
股票月平均超额换手率	OTurnover	上市公司股票当年月平均换手率减前一年股票对应月平均换手率
个股周收益率年度均值	Return	上市公司股票当年周收益率的平均值
股票波动率	Sigma	上市公司股票当年周收益率的标准差
托宾Q值	TobinQ	上市公司当期资产市场价值除以当期资产账面价值
会计信息不透明度	AbsACC	修正Jones模型残差的绝对值
公司规模	Size	上市公司当期资产总额取自然对数
资产收益率	ROA	上市公司当期净利润除以资产总额
资产负债率	LEV	上市公司当期负债总额除以资产总额
年份	Year	虚拟变量，年度效应
行业	Industry	虚拟变量，行业效应

3. 模型设计

结合上文分析，构造多元回归方程模型（7-4）：

$$CR_{i,t} = \alpha + \beta DOI_{i,t-1} + \gamma \sum Control_{i,t-1} + \sum Year$$
$$+ \sum Industry + \varepsilon_{i,t} \qquad (7-4)$$

式中，$CR_{i,t}$ 代表个股第 t 期股票崩盘风险水平，使用 NCSKEW 与 DUVOL 进行衡量；$DOI_{i,t-1}$ 代表滞后一期即 $t-1$ 年企业购买及保有董责险的情况，用以检验董责险对企业未来股票崩盘风险的影响；$Control_{i,t-1}$ 代表 $t-1$ 年各控制变量情况；Year 和 Industry 分别代表年份与行业虚拟变量。

7.1.3 实证结果

1. 主要变量描述性统计结果分析

首先，对除年份和行业之外的主要变量进行描述性统计，如表 7-2 所示。股价崩盘风险指标 *NCSKEW* 和 *DUVOL* 均值分别为 -0.268 和 -0.176，标准差分别为 0.724 和 0.482，说明不同企业之间股价崩盘风险的差异较大。*DOI* 均值为 0.175，标准差为 0.380，说明样本中只有约 17.5% 的公司购买董责险，远低于西方发达国家资本市场的董责险购买水平。控制变量中，股票月平均超额换手率（*OTurnover*）的标准差高达 22.986，表明不同企业之间股票市场交易频度差别较大。个股周收益率年度均值（*Return*）和股票波动率（*Sigma*）的标准差分别为 0.001 和 0.019，表明不同上市企业股票总体股价波动情况差别较小。

表 7-2 主要变量描述性统计

	N	Mean	SD	P25	P50	P75
NCSKEW	53 051	-0.268	0.724	-0.671	-0.236	0.164
DUVOL	53 051	-0.176	0.482	-0.502	-0.178	0.143
DOI	53 051	0.175	0.380	0.000	0.000	0.000
OTurnover	53 051	-0.033	22.986	-11.025	-0.409	9.840
Return	53 051	-0.001	0.001	-0.002	-0.001	-0.001
Sigma	53 051	0.048	0.019	0.034	0.045	0.059
Size	53 051	22.087	1.381	21.117	21.883	22.823
LEV	53 051	0.458	0.215	0.292	0.452	0.611
ROA	53 051	0.027	0.076	0.010	0.032	0.061
AbsACC	53 051	0.073	0.080	0.021	0.048	0.094
TobinQ	53 051	1.957	1.282	1.190	1.533	2.202

2. 多元回归分析

采用混合截面最小二乘法（OLS）对样本数据进行回归分析，分析结果如表7-3所示。DOI 的系数显著为负，说明购买董责险行为与股价崩盘风险之间呈显著负相关关系。上述实证结果表明，企业购买董责险可以有效抑制其股价崩盘风险，结论支持假设 H_{12a}，拒绝假设 H_{12b}。本节认为上述结果的成因如下：企业购买董责险的行为一方面向市场释放出关于企业内部治理的有效信息，缓解企业与市场投资者之间的信息不对称问题，另一方面企业购买董责险的行为对高管与董事的尽职执业起到了有效的监督作用，降低其出于自身利益而刻意隐藏不利消息的动机，从而一定程度上降低了股价崩盘风险。

表 7-3　董责险与股价崩盘风险的回归结果

	(1)	(2)
	NCSKEW	*DUVOL*
DOI_{t-1}	−0.034***	−0.029***
	(−2.618)	(−3.307)
$OTurnover_{t-1}$	−0.001***	−0.001***
	(−5.029)	(−6.733)
$Return_{t-1}$	6.513***	4.243***
	(15.611)	(12.079)
$Sigma_{t-1}$	5.803***	2.048***
	(6.425)	(3.578)
$Size_{t-1}$	0.012*	−0.006
	(1.889)	(−1.400)
LEV_{t-1}	0.058**	0.053***
	(2.034)	(2.759)
ROA_{t-1}	−0.441***	−0.340***
	(−7.584)	(−8.935)
$AbsACC_{t-1}$	0.136***	0.040
	(3.101)	(1.350)
$TobinQ_{t-1}$	0.020***	0.001
	(5.253)	(0.389)

续表

	(1)	(2)
	NCSKEW	*DUVOL*
Constant	−0.571*** (−3.874)	−0.005 (−0.053)
Year	Yes	Yes
Industry	Yes	Yes
Observations	53 051	53 051
Adujsted-R^2	0.117	0.115

注：按公司聚类的稳健标准误调整，括号中报告值为 T 统计量，＊、＊＊、＊＊＊分别代表在 10%、5% 和 1% 的水平上显著。

3. 异质性分析

治理水平相对较差的公司在购买董责险时往往被收取更高的费用，因此风险评估和定价机制激励投保公司尽量减少潜在的诉讼风险。公司管理层会针对具有潜在诉讼风险的负面消息与保险公司沟通。为尽量减少赔付的义务，保险公司有动力积极参与到投保公司的治理中，在投保公司的治理中发挥监督作用。综上，我们预测在监督机制较弱的公司中，董事责任保险与股价崩盘风险之间的负相关性更加明显。这里的监督机制包括董事会独立性和审计机构。

（1）董事会独立性的影响。以公司所处年份、行业中独立董事在董事会占比的中位数为划分依据，将样本中高于中位数的定义为董事会独立性高的组，低于中位数的定义为董事会独立性低的组，在低组中监督机制较弱。采用和主回归一致的相关变量与方法，对两组样本分别进行回归。回归结果见表 7-4 中列（1）～（4），在监督机制较弱的董事会独立性低的组 DOI 的估计系数分别为 −0.051（因变量为 NCSKEW）和 −0.036（因变量为 DUVOL），并且在 1% 的显著性水平上显著。而在董事会独立性高的组中不显著。这意味着董责险对于未来股票崩盘风险的抑制作用在董事会独立性低的组中更为明显。

表7-4　董事会独立性的影响

	(1)	(2)	(3)	(4)
	董事会独立性高	董事会独立性低	董事会独立性高	董事会独立性低
	NCSKEW	NCSKEW	DUVOL	DUVOL
DOI_{t-1}	−0.001 (−0.045)	−0.051*** (−2.658)	−0.013 (−0.994)	−0.036*** (−2.803)
$OTurnover_{t-1}$	−0.001*** (−3.288)	−0.001*** (−3.950)	−0.001*** (−4.657)	−0.001*** (−4.984)
$Return_{t-1}$	5.136*** (10.054)	6.839*** (10.951)	5.879*** (7.918)	6.230*** (8.408)
$Sigma_{t-1}$	4.690*** (3.645)	6.186*** (4.728)	1.829** (2.209)	2.182*** (2.611)
$Size_{t-1}$	0.016 (1.625)	0.011 (1.114)	−0.007 (−0.998)	−0.004 (−0.653)
LEV_{t-1}	0.103** (2.507)	0.030 (0.715)	0.076*** (2.704)	0.049* (1.758)
ROA_{t-1}	−0.355*** (−4.212)	−0.531*** (−6.094)	−0.281*** (−5.109)	−0.374*** (−6.667)
$AbsACC_{t-1}$	0.131** (1.993)	0.109* (1.730)	0.033 (0.752)	0.026 (0.624)
$TobinQ_{t-1}$	0.021*** (3.461)	0.019*** (3.422)	−0.001 (−0.291)	0.002 (0.544)
Constant	−0.647*** (−2.894)	−0.539** (−2.455)	0.009 (0.056)	−0.057 (−0.376)
Year	Yes	Yes	Yes	Yes
Industry	Yes	Yes	Yes	Yes
Observations	26 784	26 267	26 784	26 267
Adujsted-R^2	0.119	0.116	0.122	0.114

注：按公司聚类的稳健标准误调整，括号中报告值为 T 统计量，*、**、*** 分别代表在 10%、5% 和 1% 的水平上显著。

（2）审计机构类别的影响。以公司是否聘用国际四大会计师事务所为审计机构将样本进行分组回归。回归结果见表7-5中列（1）～（4），在监督机制较弱的不聘用国际四大会计师事务所为审计机构的组中，DOI 的估计系数分别为−0.035（因变量为 NCSKEW）和−0.027

（因变量为 *DUVOL*），分别在 5％和 1％的显著性水平上显著。而在聘用国际四大会计师事务所为审计机构的组中系数不显著。这意味着董责险对未来股票崩盘风险的抑制作用在不聘用国际四大会计师事务所为审计机构的组中更为明显。

表 7 - 5　审计机构的影响

	(1)	(2)	(3)	(4)
	聘用"四大"	不聘用"四大"	聘用"四大"	不聘用"四大"
	NCSKEW	*NCSKEW*	*DUVOL*	*DUVOL*
DOI_{t-1}	0.001 (0.001)	−0.035** (−2.476)	−0.038 (−1.281)	−0.027*** (−2.870)
$OTurnover_{t-1}$	0.001 (0.634)	−0.001*** (−5.375)	0.001 (0.122)	−0.001*** (−7.111)
$Return_{t-1}$	5.029 (0.375)	7.980*** (16.218)	4.365 (1.019)	7.185*** (13.088)
$Sigma_{t-1}$	−9.093** (−2.569)	7.053*** (7.523)	−9.428*** (−4.157)	3.003*** (5.091)
$Size_{t-1}$	0.020 (0.520)	0.010 (1.385)	0.001 (0.025)	−0.008* (−1.738)
LEV_{t-1}	−0.091 (−0.554)	0.069** (2.372)	0.015 (0.122)	0.058*** (2.934)
ROA_{t-1}	−0.107 (−0.309)	−0.447*** (−7.525)	−0.095 (−0.417)	−0.346*** (−8.909)
$AbsACC_{t-1}$	0.317* (1.702)	0.125*** (2.759)	0.141 (1.029)	0.034 (1.124)
$TobinQ_{t-1}$	0.035 (1.437)	0.018*** (4.358)	0.024 (1.500)	−0.001 (−0.483)
Constant	−0.428 (−0.473)	−0.539*** (−3.469)	0.062 (0.104)	0.016 (0.154)
Year	Yes	Yes	Yes	Yes
Industry	Yes	Yes	Yes	Yes
Observations	3 364	49 687	3 364	49 687
Adujsted-R^2	0.149	0.117	0.140	0.115

注：按公司聚类的稳健标准误调整，括号中报告值为 *T* 统计量，＊、＊＊、＊＊＊分别代表在 10％、5％和 1％的水平上显著。

4. 稳健性检验

根据分析，股价崩盘风险较高的企业可能通过购买董责险降低企业高管与董事面临的潜在诉讼风险，以保障股东权益并维护管理者执业安全；而股价崩盘风险水平较低的企业通过购买董责险吸引更高层次的企业管理者并激励其保持或提升企业市场表现，并且董责险的购买信息由上市公司自愿披露。因此，董责险与股价崩盘风险之间可能存在内生性问题，本节采用倾向得分匹配法进行检验。

为使处理组和对照组样本特征尽可能相似，对这两类公司进行了倾向得分匹配：除了模型（7-4）中的控制变量外，增加独立董事规模（DSratio）、管理层持股比例（Mshare）、控股股东持股比例（Top1）和企业产权性质（SOE）影响购买董事高管责任保险的相关因素，采用1：3近邻匹配，允许多个处理组样本匹配到同一个对照组样本。通过对匹配后的样本进行回归，结果如表7-6所示，董责险对股价崩盘风险的影响依旧显著为负，前文结论稳健。

表 7-6　PSM 后的回归结果

	(1)	(2)
	NCSKEW	DUVOL
DOI	−0.046*** (−2.773)	−0.040*** (−3.580)
OTurnover	−0.001** (−2.151)	−0.001*** (−3.536)
Return	6.650*** (7.603)	5.656*** (5.398)
Sigma	0.748 (0.604)	−0.874 (−1.106)
Size	0.017* (1.738)	0.002 (0.339)
LEV	0.039 (0.901)	0.043 (1.468)
ROA	−0.468*** (−5.382)	−0.310*** (−5.475)

续表

	(1)	(2)
	NCSKEW	*DUVOL*
AbsACC	0.094 (1.285)	0.004 (0.093)
TobinQ	0.026*** (4.431)	0.006 (1.456)
Constant	−0.568** (−2.464)	−0.129 (−0.829)
Year	Yes	Yes
Industry	Yes	Yes
Observations	26 309	26 309
Adujsted-R^2	0.112	0.105

注：按公司聚类的稳健标准误调整，括号中报告值为 T 统计量，*、**、*** 分别代表在 10%、5% 和 1% 的水平上显著。

7.1.4　研究结论

　　本节基于股价崩盘风险视角研究了董责险对企业股市表现的影响。实证结果表明，企业购买董责险的行为可以显著降低未来股价崩盘风险。而通过替换股价崩盘风险指标，以及使用倾向得分匹配法进行内生性检验后发现，企业购买董责险抑制股价崩盘风险的结论依旧保持稳健。异质性检验发现，董责险对企业股价崩盘风险的抑制作用在独立董事占比较低以及由非国际四大会计师事务所审计的企业中更为明显。

　　本节从实证层面关注董责险与股价崩盘风险之间的关系，在理论与实务层面均具有一定的积极意义：（1）理论上西方学者认为董责险在公司治理效应方面存在双向作用，而国内却较为缺乏与之相应的实证检验，本节结论有助于丰富董责险相关文献，拓展董责险相关理论内涵；（2）本节从董责险视角探讨公司治理手段对于股价波动性的影响，将企业的治理优化与股票市场反应结合，为上市公司治理提供经验数据，同时也为外部投资者提供借鉴；（3）本节结论说明董责险在维护股价稳定方面存在积极作用，同时实证过程中也发现不同经营状况与市场表现的企业对于购买董责险存在决策差异，这为董责险的市场推广与运用提供了适时助力，同时也为证券监管部门深化董责险的市场监管提供了有益参考。

7.2　董事高管责任保险与企业价值

近年来，不少上市公司治理问题被频繁曝光，如 2020 年 6 月证监会依法对獐子岛公司信息披露违法违规案做出行政处罚及市场禁入决定；2013 年雅戈尔上市公司终止在杭州的项目地产投资协议，4.84 亿元合同保证金全额计提资产减值，董事长之过全由股民买单等。一系列公司高层管理者过失行为的披露，导致国内资本市场民事纠纷逐渐增多，董责险的作用与价值被投资者、公司管理者所看重。一方面，公司希望通过董责险为董事高管及公司自身提供防护，避免与中小股东利益冲突时财产受到损失；另一方面，公司股东及投资者期望借助董责险监督或限制董事高管自利行为，并提供索赔保障。

董责险是公司治理、风险对冲的重要手段之一。20 世纪 30 年代以来，国外大量上市公司开始借助董责险规避董事高管自利行为等公司治理的风险。根据 Towers-Watson（2015）的调查，美国约 95%、加拿大约 75% 的上市公司引入董责险。Modigliani and Miller（1958）基于完美资本市场经典假设提出，如果公司经营风险同类、无借贷风险、现金流永续及代理成本与交易成本为零，则企业价值与资本结构无关，管理者应不存在利益侵占或职位固守，股东诉讼风险极低，董责险于公司作用不大。然而资本市场总是趋向于不完美的，经典假设下的 MM 理论并不适合且难以成立，大量研究表明董责险与公司治理关系紧密（Modigliani and Miller，1958）。如 Richard et al.（2012）研究指出，董责险与公司董事会组成、任命及薪酬设计密切相关；Boyer and Stern（2014）证实，董责险使中小股东能以较低成本满足公司风险现金流和风险资产等的监督与管理要求，从而优化董事会决议、完善公司治理等。

　　尽管董责险对上市公司的价值及经济后果的研究是国际金融与财务管理的一个热门话题，国外相关领域研究也已经取得了一定成果，但基于中国董责险的相关实证研究屈指可数。这可能与我国董责险政策出台以及证监会宣告上市公司可为董事及高管购买董责险的时间有关。直至 2002 年《上市公司治理准则》《关于受理证券市场因虚假陈述引发的民事侵权纠纷案件有关问题的通知》发布，董责险险种才被国内财产保险公司相继推出。总体来讲，国外现有关于董责险理论的研究取得了一定成果，这也为本节研究提供了理论基础，而国外学者研究结论的争议与国内董责险领域研究的不足为本节提供了研究空间。本节集中研究董责险的引入与公司绩效的关系，主要是因为：（1）上市公司没有公布董责险详细数据的义务，董责险的费用及保额数据不齐全，笔者难以收集到董责险购买的完整信息；（2）公司任何行为方式的变动，最终目的都是追求公司价值最大化或股东利益最大化，而公司绩效集中体现其追求最终目的的结果；（3）尽管我国董责险投保率较低，但并不能否定董责险的价值，近年来，董责险逐渐被我国上市公司所青睐，但相对于国外资本市场接近 100% 的引入比例，董责险在我国还存在巨大发展空间，研究董责险对公司绩效的影响存在理论意义与实践价值。

7.2.1　理论分析与假设提出

　　公司保险最早作为公司理财、对冲意外损失的纯粹避险工具，如今已成为现代公司治理不可或缺的一部分。不少学者证实，公司保险在降低税务债务成本、监管成本、交易成本及分散经营风险等方面发挥积极作用。如 Ehrlich and Becker（1972）指出，作为公司经营风险的间接承担者，公司保险可使上市公司以较低成本引进承保公司充当外部监督。Warner（1977）认为，因资本市场瞬息万变，上市公司随时可能因决策失误而招致破产。保险可降低交易成本，减少破产损失，而当公司面临财务困境时，保险可使公司股权和债权持有者实现有效风险分配与转移。Mayers and Smith（1982）指出，因存在免税条款，公司保险可使认购公司享受高额免税。

董责险作为公司保险品种的一员，存在上述价值的同时，还具备其特有的经济效果。Core（1997）以上市公司内部治理特征为解释变量，指出公司管理层股权持有程度越分散，董责险覆盖率越低；反之管理层控制权越大，董责险购买费用越高。上述研究说明董责险除具备公司保险常规效用外，在度量公司经营与财务风险、降低代理成本与破产成本等方面发挥关键作用，那么引入董责险能否在一定程度上提升公司绩效呢？

基于公司治理与董责险理论视角，董责险参与公司治理的积极作用主要体现在激励与监督两个层面。在保证公司及股东利益的前提下，董责险为董事及高管提供充分施展才能而无后顾之忧的平台，鼓励董事及高管积极参与公司决策，这有利于上市公司吸引优质管理人员，此时董责险表现为积极的激励作用。Adams et al.（2011）根据美国资本市场上的公司数据，实证研究发现，董责险与管理层薪酬存在一定的替代效应，也就是说董责险具有管理层激励效应，有助于吸引高素质管理人才，激励管理层提高公司治理水平和公司价值。Hwang and Kim（2018）认为，董责险降低了管理层的执业风险与风险厌恶程度，激发其履职积极性，使管理者更少拒绝一些风险较高但具有价值的项目，提升了公司价值。赵杨和 Hu John（2014）研究发现，上市公司购买董责险，降低了董事高管的后顾之忧，为其提供了施展才华的平台，显著提升了公司价值。方军雄和秦璇（2018）研究发现，购买董责险有助于减少高管决策时的后顾之忧并改善企业创新决策，进而提升企业价值。

董责险保单协议签订的过程实质是保险公司对投保上市公司经营及财务风险评估的过程，而保单生效后承保公司作为上市公司的利益相关者，分担其经营与财务风险，这使得承保公司有动机监督并评估投保对象的行为决策，约束董事高管自利行为，避免索赔损失，此时董责险表现为积极的监督作用。Kalchev（2006）指出，董责险对公司控制与监督作用效果明显，在服务效率以及降低公司破产风险等方面发挥积极作用。凌士显等（2020）通过研究我国 2003—2017 年上市公司数据分析，发现董责险通过提高关联交易水平，发挥对公司价值的支持效应。张曾莲和徐方圆（2021）以 2005—2018 年中国 A 股上市公司为样本，研究表明，董责险可以促进企业的高质量发展，特别是在国有企业以及内部控制不存在缺陷时对企业高质量发展的影响更加显著，文章由此建议大力推广董责险，以实现企业的高质量发展。Zhao et al.（2024）发现，董责险对减轻管理人自身利益行为的监管作用影响企业绿色创新，显著提升了企业价值，表明董责险有助于实现股东价值与环境可持续性的双赢。

与上述研究结论相反，不少学者认为董责险对上市公司存在不利影响，主要表现为"病态依赖"与"道德问题"两个层面。Rosh（1988）和 Romano（1989）详细剖析了董责险的"病态依赖"，他们认为上市公司正经历一个严重的责任保险危机时代：保费暴涨、免赔增加、保护程度加强，这导致董责险的成本增加，许多上市公司不愿承担董责险的高额成本导致优质的董事及高管辞职；随着股东维权意识提高，在美国针对公司董事及高级职员的诉讼已达到一个惊人的数量，董责险此时仅仅是企业高管牺牲公司利益对冲个人责任风险的工具。近年来，董责险的消极作用更多体现在道德层面，由于董责险的庇护，董事及高管自利行为的成本降低，道德风险增加，这可能导致董事及高管铤而走险，为自身利益而损害公司价值。如 Zou（2010）、Adams et al.（2011）研究表明，董事高管自利行为与董责险庇护程度紧密相关，当自利行为成本大于董责险庇护收益时，董责险表现为积极的鼓励与监督作用；但当董责险庇护足以抵消自利行为成本时，董责险可能招致的道德因素引发自利行为，故上市公司需精确评估董责险额度以使其充分发挥积极作用。Jia and Tang（2018）认为董责险会加剧企业的道德风险，增加管理层机会主义行为，对企业价值产生负面影响。凌士显和白锐锋（2017）研究发现，投保董责险为大股东侵占中小股东的利益、管理层侵占股东的利益提供了机会，加剧代理成本和隧道效应，进而引起公司财务绩效的降低。

通过对已有文献的回顾和理论剖析可知，就现阶段我国资本市场而言，董责险参与公司治理好比"双刃剑"。一方面，它能够吸引优秀经理人，减少公司税务及代理等成本，并引入保险公司作为董事及高管决策行为的外部监督者，对公司治理应具有积极影响。但另一方面，因我国资本市场尚不完善，公司治理透明度有待提升，董责险为公司高管提供风险对冲与庇护，这可能降低高管自利行为的成本，加剧董事高管道德问题诱发的机会主义行为，导致公司及股东利益受损。基于上述分析，本节提出对立性假设：

H_{13a}：企业购买董事高管责任保险会提升其企业价值。

H_{13b}：企业购买董事高管责任保险会降低其企业价值。

7.2.2 研究设计

1. 样本选择

以 2002—2023 年沪深 A 股上市公司作为初选样本，并参考同类文献进行了如下处理：（1）考虑到金融保险业公司财务报表的特殊性，故予以剔除；（2）因 ST、PT 类上市公司财务数据经过了一定处理后才得以披露，故予以剔除；（3）剔除财务数据有缺失的上市公司样本。（4）剔除了资产负债率大于 1 或资产增长率大于 1 的样本；（5）剔除企业规模小于已购买董责险企业中最小规模的样本，由于规模较小上市企业难以负担高额保费，因此，将选择购买董责险的企业规模最小值作为样本最低选择标准。为控制极端值对回归结果的影响，对所有连续变量进行了 1％和 99％的 Winsorize 缩尾处理。本节的董责险数据来源于 CNRDS 数据库，其余数据来自 CSMAR 数据库。

2. 变量选取

（1）被解释变量：公司绩效（PER）。为了更全面反映公司绩效，参考陈德萍和陈永圣（2011）等研究，从公司市场价值与盈利能力两个方面，选取最常用的市场指标、会计指标作为衡量公司绩效的变量。其中，市场价值托宾 Q 值，用 $TobinQ$ 表示；盈利能力即资产收益率，用 ROA 表示。选择多个而不用单一指标来代理公司绩效，可避免单一指标因是证监会重要监管指标可能受到人为操纵从而影响研究结论的风险，比如公司为避免亏损或为达到证监会的要求而篡改公司实际财务信息等。

（2）解释变量：虚拟变量董责险认购（DOI），表示上市公司是否购买董事高管责任保险。若上市公司发布的公司章程、股东大会或董事会决议等其他公告中披露了其投保董责险的相关信息，则 DOI 赋值为 1，否则为 0。

（3）控制变量（$Control$）：参考 Allayannis and Weston（2001）、李维安等（2004）对上市公司绩效影响因素方面的研究，本节从公司内部特征、公司治理特征和投资机会三个方面，在回归估计模型中对如下变量加以控制：用董事会规模（DBN）、监事会规模（SBN）及董事长与总经理两职合一（CEO）来替代公司内部特征；用公司规模（$Size$）、上市年龄（Age）及资产负债率（LEV）替代公司治理特征变量；用资本支出与营业收入的比值（$CapExpen$）来替代公司的投资机会。此外，引入年份与行业虚拟变量以控制年份与行业的影响。具体变量定义如表 7－7 所示。

表 7－7 变量定义表

变量名称	变量符号	计算方法
公司绩效指标 1	ROA	上市公司当期净利润除以资产总额
公司绩效指标 2	$TobinQ$	上市公司当期市场价值除以当期资产账面价值
董责险认购	DOI	若上市公司当期认购了董责险，则赋值为 1，否则为 0
董事会规模	DBN	上市公司当期董事会总人数
监事会规模	SBN	上市公司当期监事会总人数
两职合一	CEO	若上市公司当期董事长与总经理为同一人则赋值为 1，否则为 0
公司规模	$Size$	上市公司当期资产总额取自然对数
上市年龄	Age	上市公司存续时间取自然对数

续表

变量名称	变量符号	计算方法
资产负债率	LEV	上市公司当期负债总额除以资产总额
投资机会	$CapExpen$	上市公司当期资本支出除以营业收入
年份	$Year$	虚拟变量，年份效应
行业	$Industry$	虚拟变量，行业效应

3.模型设计

结合上文分析，构造多元回归方程模型：

$$PER_{i,t} = \alpha + \beta DOI_{i,t} + \gamma \sum Control_{i,t} + \sum Year$$
$$+ \sum Industry + \varepsilon_{i,t} \qquad (7-5)$$

7.2.3　实证结果

1.主要变量描述性统计结果分析

首先，对除年度和行业之外的主要变量进行了描述性统计，如表7-8所示。从表中可以看出，DOI 均值为 0.162，标准差为 0.369，说明样本中有约16.2%的公司购买董事高管责任保险。从公司绩效来看 $TobinQ$ 均值为 1.956，标准差为 1.546，均值差异较大；ROA 均值为 0.031，标准差为 0.073，均值差异不大，这说明选取多指标衡量公司绩效的必要性，避免用单一指标造成研究结论偏差。反映内部特征的变量 DBN、SBN 及 CEO 的标准差分别为 0.209、0.258 及 0.443，说明上市公司的内部特征存在较大差异；反映治理特征的变量 $Size$、LEV 及 Age 的均值分别为 21.949、0.438 及 2.731，说明本节选择样本规模都较大，资本结构较为合理。

表7-8　描述性统计

	N	Mean	P50	SD	P25	P75
$TobinQ$	57 518	1.956	1.546	1.256	1.212	2.191

续表

	N	Mean	P50	SD	P25	P75
ROA	57 518	0.031	0.035	0.073	0.012	0.065
DOI	57 518	0.162	0.000	0.369	0.000	0.000
DBN	57 518	2.139	2.197	0.209	1.946	2.197
SBN	57 518	1.244	1.099	0.258	1.099	1.609
CEO	57 518	0.268	0.000	0.443	0.000	1.000
Size	57 518	21.949	21.767	1.309	21.017	22.681
Age	57 518	2.731	2.833	0.487	2.485	3.091
LEV	57 518	0.438	0.430	0.214	0.269	0.591
CapExpen	57 518	0.127	0.067	0.176	0.026	0.151

2. 多元回归分析

表7-9报告了董责险与企业业绩的多元回归结果。为确保样本数据的规范，对多元回归中连续变量在其双侧1％水平处做 Winsorize 处理，同时控制了行业、时间固定效应，并控制了异方差的影响。

回归结果显示，在以 *TobinQ* 为业绩指标时，董责险与其存在显著的正相关关系，系数为0.051，影响较为明显。在以 *ROA* 为业绩指标时，董责险与其存在显著正向影响关系，影响系数为0.005。以下分别基于 *TobinQ* 和 *ROA* 的回归结果说明，认购董责险有助于提升企业绩效，支持假设 H_{13a}。

表7-9 董责险与企业业绩的回归结果

	(1)	(2)
	TobinQ	*ROA*
DOI	0.051**	0.005***
	(2.430)	(3.039)
DBN	−0.057	0.004
	(−1.053)	(1.119)
SBN	−0.084	−0.007**
	(−1.618)	(−2.047)

续表

	(1)	(2)
	TobinQ	*ROA*
CEO	−0.012 (−0.627)	0.001 (1.012)
Size	−0.644*** (−27.458)	0.019*** (19.568)
Age	0.472*** (7.828)	−0.014*** (−4.240)
LEV	0.426*** (5.879)	−0.186*** (−43.591)
CapExpen	0.086** (2.180)	−0.006** (−2.392)
Constant	14.833*** (26.934)	−0.255*** (−10.779)
Year	Yes	Yes
Industry	Yes	Yes
Observations	57 518	57 518
Adujsted-R^2	0.546	0.338

注：按公司聚类的稳健标准误调整，括号中报告值为 T 统计量，* 、** 、*** 分别代表在 10%、5% 和 1% 的水平上显著。

3. 机制分析

董责险对企业价值的提高有两条路径。其一是董责险对管理者有正向激励作用，改变了管理者的过度风险规避或职位固守等特征，进而提高了企业经营效率，最终降低了财务困境风险；其二是保险公司的监督，抑制了管理者为攫取私利而掠夺企业的高风险行为，进而降低了企业的财务困境风险。为了识别董责险提升企业价值的作用机制，根据相关文献的研究，选择管理费用率（*MF*）作为检验董责险发挥监督机制的测量指标，如果董责险是通过监督效应提升企业的，管理者的高额在职消费等行为会有所收敛，最终降低企业的代理成本。选择资产周转率（*AssetTurn*）作为测量董责险激励效应的测量指标，如果董责险是通过激励效应降低了企业的财务困境风险，可以预期企业的经营效率会增加，其中资产周转率会有所提高。

　　表 7-10 的回归结果显示，董责险对代理成本影响不显著。而董责险认购（DOI）对资产周转率（$AssetTurn$）回归系数为 0.037，且在 1% 水平上显著，支持了董责险通过提高资产周转率（$AssetTurn$）的发挥激励机制。

表 7-10　机制分析的回归结果

	(1)	(2)
	MF	$AssetTurn$
DOI	−0.673 (−1.031)	0.037*** (3.126)
DBN	31.223 (0.975)	0.021 (0.842)
SBN	−47.125 (−0.992)	0.032 (1.282)
CEO	−5.642 (−0.917)	0.002 (0.142)
$Size$	−12.018 (−1.039)	−0.044*** (−4.711)
Age	−26.845 (−1.039)	0.049* (1.688)
LEV	160.742 (1.033)	0.045 (1.393)
$CapExpen$	9.938 (1.070)	−0.345*** (−20.479)
$Constant$	248.916 (1.049)	1.388*** (6.876)
Year	Yes	Yes
Industry	Yes	Yes
Observations	57 494	57 518
Adujsted-R^2	−0.033	0.601

　　注：按公司聚类的稳健标准误调整，括号中报告值为 T 统计量，*、**、*** 分别代表在 10%、5% 和 1% 的水平上显著。

4.稳健性分析

　　由于目前我国企业董责险的购买属于公司自愿行为，上市公司会根据自己固有的特点进行购买，不具有随机性，对于购买董责险的公司样本具有自我选择偏误的可能，为降低购买董责险公司和未购买董责险公司之间的特征差异，对这两类公司进行了倾向得分匹配来降低内生性，增加回归结果的可靠性。这里在前文的控制变量的基础上，增加管理费用率（MF）、管理层持股比例（$Mshare$）、现金及等价物周转率（$Cash$）及产权性质（SOE）作为协变量，进行 1：3 最近邻匹配，但允许多个处理组样本匹配到同一个对照组样本。

表 7 - 11 的倾向得分匹配回归结果显示，当 $TobinQ$ 为业绩指标时，DOI 系数的估计值为 0.097，具有 1% 的显著性水平；当 ROA 为业绩指标时，DOI 的系数估计值为 0.004，且在 1% 的水平上具有统计显著性。基于倾向得分匹配样本的回归结果说明，董责险对企业绩效具有积极而显著的正向影响，且具有较强稳健性。

表 7 - 11　通过倾向得分匹配之后的回归结果

	(1)	(2)
	$TobinQ$	ROA
DOI	0.097 *** (3.140)	0.004 *** (2.825)
DBN	−0.020 (−0.241)	0.015 * (1.896)
SBN	−0.102 (−1.057)	−0.002 (−0.192)
CEO	−0.014 (−0.383)	−0.001 (−0.137)
$Size$	−0.623 *** (−14.799)	0.014 *** (5.196)
Age	0.220 (1.543)	−0.008 (−0.785)
LEV	0.361 *** (2.899)	−0.182 *** (−16.801)
$CapExpen$	0.122 (1.383)	−0.019 *** (−3.313)
$Constant$	15.223 *** (13.679)	−0.201 *** (−3.004)

续表

	(1)	(2)
	TobinQ	*ROA*
Year	Yes	Yes
Industry	Yes	Yes
Observations	14 075	14 075
Adujsted-R^2	0.588	0.256

注：按公司年度聚类的稳健标准误调整，括号中报告值为 T 统计量，$*$、$**$、$***$ 分别代表在 10%、5%和1%的水平上显著。

7.2.4　研究结论

本节在保险理论与公司治理理论框架下探讨董责险对公司绩效的影响。研究发现，购买董事高管责任保险对于提升公司市场价值（*TobinQ*、*ROA*）有着积极的正面影响。机制分析发现，董责险主要通过提高资产周转率改善企业价值。上述结果通过倾向得分匹配的稳健性检验依然成立。

本节从公司治理角度研究了董责险的保护机制与公司绩效的关系，具有一定的理论意义与实践参考价值：（1）本节研究结论在一定程度上有助于补充与完善现有的董责险相关理论；（2）从董责险参与公司治理的视角探讨我国资本市场公司绩效异化现象，为上市公司完善治理结构提供了经验证据与借鉴；（3）本部分的研究结论表明上市公司引入董责险参与公司治理存在一定选择性，为监管部门规范引导董责险的使用提供了一定经验借鉴。

7.3　本章小结

任何一种公司治理工具的最终效果都将在企业价值层面体现。基于此，本章节关注董责险对企业价值的影响，并分别从资本市场和企业业绩两个角度，选取股价崩盘风险和企业价值开展详细分析。主要研究结论如下：

董责险能够显著降低未来股价崩盘风险。通过替换股价崩盘风险指标、倾向得分匹配，上述结论依旧保持稳健。异质性检验发现，董责险对企业股价崩盘风险的抑制作用在独立董事占比较低以及由非国际四大会计师事务所审计的企业中更为明显。

董责险能够显著提升公司市场价值（*TobinQ*、*ROA*）。机制分析发现，董责险主要通过提高资产周转率改善企业价值。上述结果通过倾向得分匹配法的稳健性检验依然成立。

借助财务绩效、市场绩效两个绩效指标，以及股价崩盘风险的风险指标，本章较为全面地分析目前国内董责险对企业绩效的影响，对全面了解我国董责险对企业价值的影响具有重要参考价值。同时，保险公司作为公司的外部监督者，参与到公司治理。本研究也为上市公司完善治理结构提供了经验证据，为外部投资者的投资决策提供借鉴。

第 8 章
研究结论、政策启示与研究展望

8.1 研究结论

本书基于金融保险学、行为经济学、投资心理学、企业管理中的重要理论框架，以中国沪深 A 股上市公司的经验数据为样本，研究了董责险与企业会计行为、财务决策、利益相关者决策及企业价值等因素的关系，通过对董责险的经济后果进行系统研究，为理解董责险的治理效应提供了经验证据的支持。根据上述检验结果，本书得出了一系列研究结论，具体从四个层面进行归纳。

8.1.1 董事高管责任保险对企业会计行为的影响

董责险与企业研发会计政策选择。董责险的引入会将管理层面临的诉讼风险转移至保险公司，诱导管理层更多选择研发支出资本化，以实现盈余操纵和自身利益最大化。此外，经营压力和监督强度具有调节效应。具体而言，当企业的经营压力较大以及内外部监督强度较弱时，董责险对企业研发支出资本化的促进效应更加明显。

董责险与企业审计需求。董责险显著提升了公司对高质量审计服务的需求，并且在市场化进程较低以及企业产权性质为国有时，购买董责险的公司对高质量审计服务的需求被进一步强化。董责险提高了代理成本，使股东选择高质量审计服务的动机更加强烈，而高质量审计服务发挥了积极的治理作用。

董责险与企业内部控制。董责险会加剧企业内部控制缺陷产生。而党组织治理下"双向进入"和"交叉任职"能显著抑制董责险的不利影响。机制检验表明，董责险通过损害内部环境、风险评估、控制活动以及内部监督四大内控要素导致企业内部控制缺陷加剧，而"双向进入"和"交叉任职"明显抑制了董责险对这四大要素的不利影响。

8.1.2　董事高管责任保险对企业财务决策的影响

董责险与企业资本结构动态调整。董责险会正向影响企业资本结构动态调整速度，且在资本结构向上调整时更明显。进一步研究发现，在诉讼风险较低以及高管过度自信的企业中，董责险对资本结构动态调整的促进作用受到抑制。

董责险与企业技术创新。认购董责险对企业自主创新存在着促进作用。进一步分析发现，这一现象在违规风险大、产权性质为非国有以及管理层具有贫苦经历的企业中更为明显。

董责险与企业风险承担。引入董责险有助于增加企业风险承担。机制检验结果表明，董责险主要通过激励效应提升企业风险承担，而机会主义效应没有得到支持。且当企业女性高管比率更高、外在诉讼风险程度更大时，董责险对企业风险承担的提升作用更为明显。

董责险与企业差异化战略。董责险的风险对冲效应有助于管理层实施差异化战略，在非国有企业以及诉讼风险较高的企业中，董责险发挥更强的风险兜底作用。进一步分析表明，董责险主要通过激励效应而非"自利效应"影响管理层实施差异化战略，且购买董责险的企业风险承担水平较高、战略进攻性较强以及研发创新较多。

8.1.3　董事高管责任保险对利益相关者决策的影响

董责险与银行信贷决策。与没有购买董责险的公司相比，那些购买董责险的公司会获得银行更为优惠的信贷支持。机制检验发现，董责险通过提高企业超额绩效赢得银行信赖。此外，董责险对非国有企业获取银行信贷支持具有显著效果，说明银行对于非国有企业的担忧持续存在，而董责险的公司治理效应有助于减少银行担忧。

董责险与债券信用评级。企业认购董责险能显著提高企业的债券信用评级，说明董责险的兜底作用和外部监督效应在债券市场上对于提高企业的信用评级具有积极作用。异质性发现，当评级机构有国外背景，即有较高的独立性时，董责险对企业的债券信用评级的提升作用更为明显，这可能是由于评级机构的独立性影响了其评价的客观性。此外，董责险对企业的债券信用评级的治理效果在非国有企业中更为显著。

董责险与事务所审计费用。董责险能够显著增加企业的审计费用，进一步研究表明，当企业市场化程度较低、盈余管理水平较高时这一影响更加明显，说明审计师对是否购买董责险的敏感程度会受到公司外部监督机制的完善程度与公司内部环境质量的高低的影响。

董责险与投资者风险溢价。董责险的引入增加了上市公司的经营风险与财务风险，因此，投资者在进行投资决策时会要求更高的收益以抵消增加的风险，进而提高了投资者的风险溢价。进一步研究表明董责险对投资者风险溢价的影响在非国有企业、市场化程度更低的企业中更为明显。

8.1.4　董事高管责任保险的企业价值效应

董责险与企业股价崩盘风险。企业购买董责险能够有效监督与约束高管的利己行为，进而降低公司未来的股价崩盘风险。企业通过购买董责险向市场释放出积极治理的信号，通过信号理论缓解投资者与企业之间的信息不对称行为，同时购买董责险相当于引入第三方保险公司对高管行为进行监督，进而降低了企业的股价崩盘风险。

董责险与企业价值。整体而言，引入董责险有助于提升上市公司的市值与盈利水平，同时引入董责险激励管理人员认真履职以提高运营效率，最终对企业价值起到正向影响。

8.2　政策启示

基于本书的理论综述及董责险经济后果的系统研究结果，本书拟提出如下政策建议以供实务界及相关监管部门参考：

（1）规范董责险的发展环境，推动董责险相关制度和条款"本土化"，尤其是要加快我国董责险信息披露制度建设的进程，进一步明晰董责险合同条款中关于模糊概念的界定，优化董责险合同具体内容的设计。董责险的理论综述及相关典型案例部分指出，董责险引入我国已有二十余年，但我国上市公司董责险的投保率仍处于较低水平，这与我国的法律环境、文化背景以及董责险合同设计密不可分。因此，监管部门首先要进一步完善我国的民事诉讼制度体系，旨在对企业和管理层起到真正的法律威慑作用，保护投资者合法权益与投资者财富；其次，要推动制定董责险"本土化"的规章制度，提出规范化的董责险信息披露制度，公开中国资本市场中董责险认购信息，为得到更加稳健的、富有中国特色的董责险公司治理理论打下坚实的基础；最后，要加快推进设计更符合我国资本市场的董责险合同，重点攻关对管理层违反勤勉忠实义务的"不当行为"的界定问题，坚决摒弃直译且完全照搬国外的董责险合同内容的行为。可以通过专家交流会、大众意见征集等形式对目前董责险合同中表述模糊生涩且保险责任边界不明的内容进行调整，如关于违反披露义务、忠实与勤勉义务的"不当行为"的模糊界定。

（2）正确认识董责险在中国资本市场中发挥的治理效应，使其成为激励高管积极执业、完善公司治理的有力工具，以及投资者进行投资决策、企业进行财务决策的风向标。基于本书的研究结论，董责险在企业债务融资决策、技术创新投入决策及差异化战略选择决策中能够发挥积极的监督激励效应，而在企业的股权融资决策和并购行为决策中发挥着消极的过度庇护效应。因此，企业应从自身出发，将董责险纳入企业的财务决策考虑范畴，权衡购买董责险的利弊，深入了解董责险在资本市场的治理效应，以推动董责险在中国资本市场下的健康发展；对于监管部门而言，应在强调公司董事高管履行勤勉义务，规范与引导上市公司购买董责险的同时，还要从政策、规范等层面缩小责任保险庇护下的董事、高管获取私人利益的空间，确保董事、高管与投资者利益的一致性。

（3）提高我国上市公司的治理水平，加大对审计服务的投入，在组织结构中引入党组织成员，预防管理层的机会主义行为，为董责险在我国的发展创造良好的企业环境。结合本书在董责险对企业会计行为的影响部分的研究结果，提高公司的治理水平，加大对高质量审计服务的投入，加强企业党组织建设，均能够改善董责险的作用机制，进而抑制企业的盈余管理行为，提高企业的会计稳健性和改善企业的内部控制缺陷。因此，公司股东应着力于企业内部治理机制、治理结构及治理程序等方面的建设，进一步完善企业内部控制体系，重视对高质量审计服务的投入，积极发挥基层党组织功能，这些都将为改善公司的内部治理环境、提高我国上市公司董责险的投保率创造良好的环境。此外，我国监管部门可以考虑进一步健全和完善上市公司治理制度、内部控制制度等在微观企业中的运用机制，以提升上述制度建设在我国资本市场风险管理监督中的效果。

（4）明确类似于银行、券商、会计师事务所、评级机构等中介机构监管上市公司的主体责任，加强对上市公司的监督，提高中介机构的执业水平与现代化治理能力。董责险的引入可能会被视为管理层为其机会主义行径所做的埋伏，提高审计师要求的审计费用以及投资者要求的风险溢价，但同时董责险也可通过发挥监督治理作用提高第三方机构对企业整体的信用评级、获取银行信贷支持。因此，监管层除了直接对目标上市公司进行审核与监管外，还可以强化对金融中介机构质量治理与监督的形式，比如，对中介机构开展的不同渠道业务进行合规化监督，要求各银行、评级机构网上公开对上市公司进行评价的程序与标准，针对评级机构的寻租行为及其与目标公司的合谋行为设立更为严苛的惩戒机制，建立中介机构的信誉评价体系等，这对提高上市公司治理水平能够起到事半功倍的效果。

（5）健全企业的风险管理体系，充分发挥董责险作为一种风险分散工具的功能。企业购买董责险能够分散企业的决策风险，有效降低高管对企业不利消息的隐瞒，进一步降低公司未来的股价崩盘风险，提高企业价值。就企业而言，董责险降低了管理层的履职风险，在企业管理层出现决策失误时，能够为企业的投资者提供一定的赔偿，减少企业面临财富损失，因此，公司应主动为董事及高管人员购入董责险，以发挥董责险的风险分散功能，进一步健全公司风险管理体系的建设；就投资者而言，企业引入董责险能够实现对管理层的外部监督，在缓解企业代理问题的同时，能够为投资者提供更加准确的信息。因此，在进行投资决策时，可以将目标公司是否购买董责险纳入考虑之中，多方助力董责险在我国资本市场中的健康发展。

8.3　研究展望

尽管本书从多个视角对董责险的公司治理效应进行了比较详尽的探讨，但受限于研究条件与笔者能力等，本书还存在需要改进的地方。

（1）从董责险治理效应来看，目前绝大多数研究都存在一个潜在局限性，即基于间接证据来推断董责险的公司治理效应。已有研究主要表现为一方面基于管理层感知到的董责险风险兜底作用来判断其对企业创新的影响（胡国柳等，2019），另一方面基于董责险会诱发管理层道德风险来判断其对审计费用和并购行为的影响（郝照辉和胡国柳，2014；凌士显，2020）。但实际上，探讨董责险公司治理效应一个更直接且符合事实的逻辑是考察董责险如何影响管理层个人的决策行为，进而发挥其在公司治理中的作用，因为董责险的直接作用对象是管理层而并非企业。然而，目前鲜有文章探讨董责险如何影响管理层个人决策行为的"黑箱"，这值得未来进一步借助内部访谈和实地调研案例予以探讨。

（2）董责险衡量体系较为单一。由于当前我国证监会尚未对上市公司认购董责险的情况做出强制性披露要求，导致我们难以获取企业认购董责险的保费、保额等详细信息，多数研究只能采用虚拟变量的形式衡量董责险。虽然这一变量设置能够验证企业认购董责险产生的经济影响，但无法识别其中的边际效应。因此，在董责险相关研究中，变量选取便存在一定的局限性。其次，由于个别企业故意不披露其董责险相关信息，导致数据存在一定的缺失。随着董责险信息披露机制的进一步规范，期待未来的研究中能够进一步完善上述问题。

（3）目前学界对董责险需求动因的关注有限。已有研究大多通过诉讼风险、公司治理水平等相关度量指标来反映董责险的需求动因，认为诉讼风险和公司治理风险是影响上市公司购买保险决策的主要因素；也有极少数的文献检验了企业跨国上市的国际化特征对其需求的影响。但总体上来说，董责险需求影响因素的度量指标不够系统全面，适用性不足。未来的研究可以从微观、中观、宏观等三个层面展开。首先，微观层面包括管理层的特征和公司实体特征，管理层的特征包括高管团队的人力资本异质性和高管个人的学历、职业、政治背景以及投资经营风格；公司实体特征方面，具体可以研究股权结构、董事会结构以及企业现金流等因素对董责险需求的影响。其次，中观层面包括内部的员工视角和外部的客户供应商、产品市场竞争等行业环境。最后，引入宏观层面的法律制度环境、经济和金融发展水平、中小投资者的法律保护机制等国家或区域特征。上述研究工作的开展，将大大改变董责险需求动因研究不够深入的现状。

参考文献

[1] 敖小波，林晚发，李晓慧.内部控制质量与债券信用评级［J］.审计研究，2017（2）：57-64.

[2] 蔡庆丰，吴冠琛，陈熠辉，等.反收购强度与企业人力资本结构演变：基于中国资本市场的实证发现［J］.金融研究，2023（8）：131-148.

[3] 曹琼，卜华，杨玉凤，刘春艳.盈余管理、审计费用与审计意见［J］.审计研究，2013（6）：76-83.

[4] 曹越，辛红霞，孙丽.国有企业实施员工持股计划能否提升内部控制质量？：基于“国企混改”背景［J］.会计研究，2022（11）：118-138.

[5] 陈钦源，马黎珺，伊志宏.分析师跟踪与企业创新绩效：中国的逻辑［J］.南开管理评论，2017（3）：15-27.

[6] 陈险峰，胡珺，胡国柳.董事高管责任保险、权益资本成本与上市公司再融资能力［J］.财经理论与实践，2014，35（1）：39-44，102.

[7] 程新生，谭有超，许垒.公司价值、自愿披露与市场化进程：基于定性信息的披露［J］.金融研究，2011（8）：111-127.

[8] 程子健，张俊瑞.交叉上市、股权性质与企业现金股利政策：基于倾向得分匹配法（PSM）的分析［J］.会计研究，2015（7）：34-41，96.

[9] 池国华，杨金，邹威.高管背景特征对内部控制质量的影响研究：来自中国A股上市公司的经验证据［J］.会计研究，2014（11）：67-74.

[10] 戴亦一，余威，宁博，潘越.民营企业董事长的党员身份与公司财务违规 [J].会计研究，2017（6）：75-81，97.

[11] 杜勇，谢瑾，陈建英.CEO金融背景与实体企业金融化 [J].中国工业经济，2019（5）：136-154.

[12] 杜勇，张欢，陈建英.金融化对实体企业未来主业发展的影响：促进还是抑制 [J].中国工业经济，2017（12）：113-131.

[13] 段军山，庄旭东.金融投资行为与企业技术创新：动机分析与经验证据 [J].中国工业经济，2021（1）：155-173.

[14] 方红星，陈作华.高质量内部控制能有效应对特质风险和系统风险吗？[J].会计研究，2015（4）：70-77.

[15] 方红星，楚有为.公司战略与商业信用融资 [J].南开管理评论，2019（5）：142-154.

[16] 方军雄.所有制、市场化进程与资本配置效率 [J].管理世界，2007（11）：27-35.

[17] 冯来强，孔祥婷，曹慧娟.董事高管责任保险与权益资本成本：来自信息质量渠道的实证研究证据 [J].会计研究，2017（11）：65-71.

[18] 高雷，张杰.产权性质、不良贷款率与审计费用：来自上市商业银行的经验证据 [J].审计研究，2010（2）：77-82.

[19] 郭飞.外汇风险对冲和公司价值：基于中国跨国公司的实证研究 [J].经济研究，2012（9）：18-31.

[20] 郝照辉，胡国柳，胡珺.董事高管责任保险、公司治理与高管私有收益的研究 [J].保险研究，2016（5）：94-108.

[21] 郝照辉，胡国柳.董事高管责任保险、私有收益与公司并购行为的研究 [J].保险研究，2014（12）：78-89.

[22] 何熙琼，尹长萍.企业战略差异度能否影响分析师盈余预测：基于中国证券市场的实证研究 [J].南开管理评论，2018（2）：149-159.

[23] 胡国柳，常启国.董事高管责任保险、党组织治理与企业内部控制缺陷 [J].中国软科学，2022（5）：98-111.

[24] 胡国柳，胡珺.董事高管责任保险与公司绩效：基于中国 A 股上市公司的经验分析 [J].经济评论，2014（5）：136-147.

[25] 胡国柳，胡珺.董事高管责任保险与企业风险承担：理论路径与经验证据 [J].会计研究，2017（5）：32-38，88.

[26] 胡国柳，康岚.董事高管责任保险需求动因及效应研究述评与展望 [J].外国经济与管理，2014（3）：10-19.

[27] 胡国柳，李少华.董事会勤勉、管理者过度自信与企业过度投资 [J].科学决策，2013（1）：1-18.

[28] 胡国柳，李源，赵阳.董事高管责任保险与公司高质量审计服务需求 [J].审计研究，2020（6）：97-105.

[29] 胡国柳，彭远怀.董事高管责任保险与企业财务困境风险：基于 A 股上市公司的经验证据 [J].财经理论与实践，2018（6）：75-82.

[30] 胡国柳，彭远怀.董事高管责任保险与企业债务成本：基于 A 股上市公司的经验证据 [J].金融经济学研究，2017（6）：55-64.

[31] 胡国柳，秦帅.抑制还是助长？董事高管责任保险与企业诉讼风险 [J].商业经济与管理，2016（11）：86-97.

[32] 胡国柳，谭露.董事高管责任保险与信用评级：基于中国 A 股上市公司的经验分析 [J].保险研究，2018（9）：81-92.

[33] 胡国柳，宛晴.董事高管责任保险能否抑制股价崩盘风险：基于中国 A 股上市公司的经验数据 [J].财经理论与实践，2015（6）：38-43.

[34] 胡国柳，王禹.董事高管责任保险与企业差异化战略 [J].商业经济与管理，2019（11）：55-69.

[35] 胡国柳，章翔，曾春华.董事高管责任保险、中小投资者保护与企业技术创新 [J].软科学，2018（7）：89-92，138.

[36] 胡国柳，赵阳，胡珺.D&O 保险、风险容忍与企业自主创新 [J].管理世界，2019（8）：121-135.

[37] 胡国柳，赵阳.公司治理水平、董事高管责任保险与盈余管理 [J].财经理论与实践，2017（2）：74-80.

[38] 胡国柳，周遂.政治关联、过度自信与非效率投资 [J].财经理

论与实践，2012（6）：37-42.

[39] 黄俊威，龚光明.融资融券制度与公司资本结构动态调整：基于"准自然实验"的经验证据 [J].管理世界，2019（10）：64-81.

[40] 江轩宇.税收征管、税收激进与股价崩盘风险 [J].南开管理评论，2013（5）：152-160.

[41] 姜付秀，黄继承.CEO财务经历与资本结构决策 [J].会计研究，2013（5）：27-34，95.

[42] 姜付秀，朱冰，唐凝.CEO和CFO任期交错是否可以降低盈余管理？[J].管理世界，2013（1）：158-167.

[43] 寇宗来，盘宇章，刘学悦.中国的信用评级真的影响发债成本吗？[J].金融研究，2015（10）：81-98.

[44] 赖黎，唐芸茜，夏晓兰，马永强.董事高管责任保险降低了企业风险吗？：基于短贷长投和信贷获取的视角 [J].管理世界，2019（10）：160-171.

[45] 黎文飞，巫岑.产业政策与会计稳健性 [J].会计研究，2019（1）：65-71.

[46] 李春涛，宋敏.中国制造业企业的创新活动：所有制和CEO激励的作用 [J].经济研究，2010（5）：55-67.

[47] 李从刚，许荣.保险治理与公司违规：董事高管责任保险的治理效应研究 [J].金融研究，2020（6）：188-206.

[48] 李琳，张敦力.分析师跟踪、股权结构与内部人交易收益 [J].会计研究，2017（1）：53-60.

[49] 李明辉，刘笑霞，程海艳.党组织参与治理对上市公司避税行为的影响 [J].财经研究，2020（3）：49-64.

[50] 李沁洋，赵阳，胡珺.董事高管责任保险、财务弹性与企业投资效率 [J].浙江工商大学学报，2018（2）：85-98.

[51] 李万福，林斌，宋璐.内部控制在公司投资中的角色：效率促进还是抑制？[J].管理世界，2011（2）：81-99.

[52] 李英，梁日新.董事高管责任保险与审计效率：基于审计延迟的视角 [J].审计研究，2023（1）：149-160.

[53] 凌士显，白锐锋.董事高管责任保险的公司治理作用：基于双重代理成本的视角 [J].财贸经济，2017（12）：95-110.

[54] 刘斌，付景涛，胡国柳.董事高管责任保险、产权与内部控制构建 [J].科研管理，2021（7）：171-178.

[55] 刘贯春，张军，刘媛媛.金融资产配置、宏观经济环境与企业杠杆率 [J].世界经济，2018（1）：148-173.

[56] 刘向强，赵阳，孙健.诉讼风险与董事高管责任保险：基于中国 A 股上市公司的经验证据 [J].商业经济与管理，2017（9）：61-71.

[57] 刘焱，姚海鑫.高管权力、审计委员会专业性与内部控制缺陷 [J].南开管理评论，2014（2）：4-12.

[58] 柳学信，孔晓旭，王凯.国有企业党组织治理与董事会异议：基于上市公司董事会决议投票的证据 [J].管理世界，2020（5）：13，116-133.

[59] 罗进辉，杜兴强.媒体报道、制度环境与股价崩盘风险 [J].会计研究，2014（9）：53-59.

[60] 孟庆斌，李昕宇，张修平.卖空机制、资本市场压力与公司战略选择 [J].中国工业经济，2019（8）：155-173.

[61] 米春蕾，陈超."四大"审计会影响商业银行贷款损失准备吗？[J].审计研究，2018（2）：122-128.

[62] 潘越，潘健平，戴亦一.公司诉讼风险、司法地方保护主义与企业创新 [J].经济研究，2015（3）：131-145.

[63] 青木昌彦、钱颖一.转轨经济中的公司治理结构 [M].北京：中国经济出版社.1995.

[64] 权小峰，吴世农，文芳.管理层权利私有收益与薪酬操纵 [J].经济研究，2010（11）：73-87.

[65] 盛明泉，张春强，王烨.高管股权激励与资本结构动态调整 [J].会计研究，2016（2）：44-50，95.

[66] 盛明泉，张敏，马黎珺，李昊.国有产权、预算软约束与资本结构动态调整 [J].管理世界，2012（3）：151-157.

[67] 孙健，王百强，曹丰，刘向强.公司战略影响盈余管理吗？[J].

管理世界，2016（3）：160 - 169.

[68] 唐清泉，韩宏稳.关联并购与公司价值：会计稳健性的治理作用 [J].南开管理评论，2018（3）：23 - 34.

[69] 唐跃军，左晶晶.所有权性质、大股东治理与公司创新 [J].金融研究，2014（6）：177 - 192.

[70] 万源星，许永斌，许文瀚.加计扣除政策、研发操纵与民营企业自主创新 [J].科研管理，2020（2）：83 - 93.

[71] 王百强，侯粲然，孙健.公司战略对公司经营绩效的影响研究 [J].中国软科学，2018（1）：127 - 137.

[72] 王百强，伍利娜.审计师对采用差异化战略的客户区别对待了吗？[J].审计研究，2017（5）：54 - 61.

[73] 王红建，曹瑜强，杨庆，杨筝.实体企业金融化促进还是抑制了企业创新：基于中国制造业上市公司的经验研究 [J].南开管理评论，2017（1）：155 - 166.

[74] 王化成，张修平，侯粲然，李昕宇.企业战略差异与权益资本成本：基于经营风险和信息不对称的中介效应研究 [J].中国软科学，2017（9）：99 - 113.

[75] 王姝勋，方红艳，荣昭.期权激励会促进公司创新吗？：基于中国上市公司专利产出的证据 [J].金融研究，2017（3）：176 - 191.

[76] 王天韵，祝继高.董事高管责任保险能否促进企业对外直接投资：基于 A 股上市公司的实证研究 [J].外国经济与管理，2024（4）：36 - 51.

[77] 王禹，陆嘉玮，赵洵.债券市场参与者认可董事高管责任保险吗：基于公司债券发行定价的经验证据 [J].会计研究，2023（1）：135 - 148.

[78] 吴锡皓，秦帅，胡国柳.董事高管责任保险、审计意见与银行信贷决策 [J].保险研究，2016（11）：78 - 89.

[79] 吴锡皓，张弛.注册制改革对资本市场定价效率的影响研究：基于 IPO 抑价率的视角 [J].南开管理评论，2024（2）：246 - 258.

[80] 谢德仁，廖珂，郑登津.控股股东股权质押与开发支出会计政策

隐性选择 [J].会计研究，2017（3）：30-38，94.

[81] 辛清泉，李瑞涛，夏立军.证券准入监管与会计政策选择：来自IPO公司研发支出资本化的证据 [J].会计研究，2021（9）：48-64.

[82] 徐寿福，姚禹同.股价信息含量与非金融企业金融化 [J].会计研究，2021（8）：22-37.

[83] 许年行，李哲.高管贫困经历与企业慈善捐赠 [J].经济研究，2016（12）：133-146.

[84] 杨国超，张李娜.产业政策何以更有效？：基于海量媒体报道数据与研发操纵现象的证据 [J].经济学（季刊），2021（6）：2173-2194.

[85] 杨世鉴，甄玉晗，胡国强.关键审计事项披露对内部控制缺陷披露的溢出效应：基于新审计报告准则实施的准自然实验 [J].审计研究，2022（5）：118-128.

[86] 杨小娟，李方晗，赵艺.连锁董事的内部控制溢出效应研究：基于内部控制缺陷的视角 [J].审计研究，2022（3）：117-128.

[87] 叶康涛，董雪雁，崔倚菁.企业战略定位与会计盈余管理行为选择 [J].会计研究，2015（10）：23-29.

[88] 尹律，徐光华，易朝晖.环境敏感性、产品市场竞争和内部控制缺陷认定标准披露质量 [J].会计研究，2017（2）：69-75，97.

[89] 余怒涛，王涵，张华玉，等.连锁股东与企业战略定位：差异化竞争抑或趋同管理 [J].南开管理评论，2024（4）：101-115.

[90] 袁蓉丽，李瑞敬，李百兴.董事高管责任保险与审计费用 [J].审计研究，2018（2）：55-53.

[91] 袁蓉丽，王群，夏圣洁.董事高管责任保险与增发费用 [J].中国软科学，2019（6）：107-117.

[92] 袁蓉丽，文雯，谢志华.董事高管责任保险和财务报表重述 [J].会计研究，2018（5）：21-27.

[93] 赵云辉，张哲，冯泰文，陶克涛.大数据发展、制度环境与政府治理效率 [J].管理世界，2019（11）：119-232.

[94] 甄红线，王三法，王晓洪.公司债特殊条款、债券评级与会计稳

健性 [J].会计研究，2019 (10)：42-49.

[95] 郑登津，闫天一.会计稳健性、审计质量和债务成本 [J].审计研究，2016 (2)：74-81.

[96] 郑登津，谢德仁.非公有制企业党组织与企业捐赠 [J].金融研究，2019 (9)：151-168.

[97] 郑祯，黄妙环，冯艳清，等.客户管理者短视与供应商风险承担——基于文本分析的经验证据 [J].会计研究，2024 (1)：139-151.

[98] 郑志刚，雍红艳，黄继承.员工持股计划的实施动机：激励还是防御 [J].中国工业经济，2021 (3)：118-136.

[99] 周冬华，罗晟哲，赵玉洁.董事高管责任保险与企业创新 [J].科研管理，2022 (4)：201-208.

[100] 周铭山，张倩倩."面子工程"还是"真才实干"?：基于政治晋升激励下的国有企业创新研究 [J].管理世界，2016 (12)：116-132+187-188.

[101] Acemoglu D，Zilibotti F. Was prometheus unbound by chance? Risk diversification，and growth. Journal of Political Economy，1997，105 (4)：709-751.

[102] Adams M，Lin C，Zou H. Chief executive officer incentives，monitoring，and corporate risk management：Evidence from insurance use. Journal of Risk and Insurance，2011，78 (3)：551-582.

[103] Ashraf M，Sunder J. Can shareholders benefit from consumer protection disclosure mandates? Evidence from data breach disclosure laws. Accounting Review，2023，98 (4)：1-32.

[104] Baker T，Griffith S J. How the merits matter：Directors' and officers' insurance and securities settlements. University of Pennsylvania Law Review，2009，157 (3)：755-832.

[105] Bamber L S，Jiang J，Wang I Y. What's my style? The influence of top managers on moluntary corporate financial disclo-

sure. Accounting Review, 2010, 85 (4): 1131 - 1162.

[106] Basu S, Liang Y. Director-liability-reduction laws and conditional conservatism. Journal of Accounting Research, 2019, 57 (4): 889 - 917.

[107] Bellucci A, Borisov A, Giombini G, Zazzaro A. Information asymmetry, external certification, and the cost of bank debt. Journal of Corporate Finance, 2023, 78 (1): 102336.

[108] Bernanke B S. Nobel lecture: Banking, credit, and economic fluctuations. American Economic Review, 2023, 113 (5): 1143 - 1169.

[109] Bernile G, Bhagwat V, Rau P R. What doesn't kill you will only make you more risk-loving: Early-life disasters and CEO behavior. Journal of Finance, 2017, 72 (1): 167 - 206.

[110] Bhagat S, Brickley J A and Coles, J L. Managerial indemnification and liability insurance: The effect on shareholder wealth. Journal of Risk and Insurance, 1987, 54 (4): 721 - 736.

[111] Bhaumik S, Driffield N, Gaur A, et al. Corporate governance and MNE strategies in emerging economies. Journal of World Business, 2019, 54 (4): 234 - 243.

[112] Bonsall S B, Koharki K, Kraft P, Muller K A, Sikochi A. Do rating agencies behave defensively for higher risk issuers? Management Science, 2023, 69 (8): 4864 - 4887.

[113] Boubakri N, Bouslimi L. Directors' and officers' liability insurance and analyst forecast properties. Finance Research Letters, 2016, 19 (11): 22 - 32.

[114] Boyer M M, Stern L H. D&O insurance and IPO performance: What can we learn from insurers?. Journal of Financial Intermediation, 2014, 23 (4): 504 - 540.

[115] Boyer M M, Stern L H. Is corporate governance risk valued? Evidence from directors' and officers' insurance. Journal of Cor-

porate Finance, 2012, 18 (2): 349 - 372.

[116] Boyer M M, Tennyson S. Directors' and officers' liability insurance, corporate risk and risk taking: New panel data evidence on the role of directors' and officers' liability insurance. Journal of Risk and Insurance, 2015, 82 (4): 753 - 791.

[117] Bradley M, Chen D. Corporate governance and the cost of debt: Evidence from director limited liability and indemnification provisions. Journal of Corporate Finance, 2011, 17 (1): 83 - 107.

[118] Brav A, Jiang W, Ma S, et al. How does hedge fund activism reshape corporate innovation? Journal of Financial Economics, 2018, 130 (2): 237 - 264.

[119] Brusov P, Filatova T, Orekhova N, et al. Generalization of the Modigliani-Miller theory for the case of variable profit. Mathematics, 2021, 9 (11): 1286.

[120] Bushee B J, Taylor D J, Zhu C. The dark side of investor conferences: Evidence of managerial opportunism. Accounting Review, 2023, 98 (4): 33 - 54.

[121] Cao Z, Narayanamoorthy G S. Accounting and litigation risk: Evidence from directors' and officers' insurance pricing. Review of Accounting Studies, 2014, 19 (1): 1 - 42.

[122] Chalmers J, Harford D J. Managerial opportunism? Evidence from directors' and officers' insurance purchases. Journal of Finance, 2002, 57 (2): 609 - 636.

[123] Chalmers K, Hay D, Khlif H. Internal control in accounting research: A review. Journal of Accounting Literature, 2019, 42 (1): 80 - 103.

[124] Chang S, Ren Y, Yeh J. The role of information: When is Directors' and Officers' insurance value-added?. Journal of Banking & Finance, 2018, 97 (12): 189 - 197.

[125] Chang X, Fu K, Low A, et al. Non-executive employee stock

options and corporate innovation. Journal of Financial Economics, 2015, 115 (1): 168 - 188.

[126] Chen C J, Lin B W, Lin Y H, et al. Ownership structure, independent board members and innovation performance: A contingency perspective. Journal of Business Research, 2016, 69 (9): 3371 - 3379.

[127] Chen J, Li N, Zhou X. Equity financing incentive and corporate disclosure: New causal evidence from SEO deregulation. Review of Accounting Studies, 2023, 28 (2): 1003 - 1034.

[128] Chen P F, He S, Ma Z, et al. The information role of audit opinions in debt contracting. Journal of Accounting and Economics, 2016, 61 (1): 121 - 144.

[129] Chen Z, Li O Z, Zou H. Directors' and officers' liability insurance and the cost of equity. Journal of Accounting and Economics, 2016, 61 (1): 100 - 120.

[130] Cheng Q, Du F, Wang B Y, et al. Do corporate site visits impact stock prices?. Contemporary Accounting Research, 2019, 36 (1): 359 - 388.

[131] Cheng S. R&D expenditures and CEO compensation. Accounting Review, 2004, 79 (2): 305 - 328.

[132] Chu Y, Tian X, Wang W. Corporate innovation along the supply chain. Management Science, 2019, 65 (6): 2445 - 2466.

[133] Chung H H, Hillegeist S A, Wynn J P. Directors' and officers' legal liability insurance and audit pricing. Journal of Accounting and Public Policy, 2015, 34 (6): 551 - 577.

[134] Chung H H, Wynn J P. Managerial legal liability coverage and earnings conservatism. Journal of Accounting & Economics, 2008, 46 (1): 135 - 153.

[135] Cohen L, Frazzini A, Malloy C J. Hiring cheerleaders: Board appointments of independent directors. Management Science,

2012, 58 (6): 1039 - 1058.

[136] Core J E. On the corporate demand for directors' and officers' insurance. The Journal of Risk and Insurance, 1997, 64 (1): 63 - 87.

[137] David M, Clifford W. Smith, J. On the corporate demand for insurance. Journal of Business, 1982, 55 (2): 281 - 296.

[138] DeChow P M, Sloan R G, Sweeney A P. Detecting earnings management. Accounting Review, 1995, 70 (2): 193 - 225.

[139] Dehaan E, Li J, Watts E M. Retail bond investors and credit ratings. Journal of Accounting and Economics, 2023, 76 (1): 101587.

[140] Devine A, Jolin I, Kok N, et al. How gender diversity shapes cities: Evidence from risk management decisions in REITs. Journal of Business Ethics, 2024, 189 (4): 723 - 741.

[141] Diamond D W. Nobel lecture: Financial intermediaries and financial crises. Journal of Political Economy, 2023, 131 (10): 2597 - 2622.

[142] Donelson D C, Hopkins J J, Yust C G. The cost of disclosure regulation: Evidence from D&O insurance and no meritorious securities litigation. Review of Accounting Studies, 2018, 23 (2):528 - 588.

[143] Duchin R, Gilbert T, Harford J, et al. Precautionary savings with risky assets: When cash is not cash. Journal of Finance, 2017, 72 (2): 793 - 852.

[144] Easton P D. PE ratios, PEG ratios, and estimating the implied expected rate of return on equity capital. Accounting Review, 2004, 79 (1): 73 - 95.

[145] Ederer F, Manso G, Is pay for performance detrimental to innovation? Management Science, 2013, 59 (7): 1496 - 1513.

[146] Ehrlich I, Baker G S. Market insurance, self-insurance, and

self-protection. Journal of Political Economy, 1972, 80 (4): 623 – 648.

[147] Evans J H, Luo S, Nagarajan N J. CEO turnover, financial distress, and contractual innovations. Accounting Review, 2014, 89 (3): 959 – 990.

[148] Floros I V, Sivaramakrishnan K, Zufarov R. Proprietary costs and the equity financing choice. Review of Accounting Studies, 2024, 29 (2): 1276 – 1319.

[149] Galasso A, Simcoe T S, CEO overconfidence and innovation. Management Science, 2011, 57 (8): 1469 – 1484.

[150] Gillan S L, Panasian C A. On lawsuits, corporate governance, and directors' and officers' liability insurance. Journal of Risk and Insurance, 2015, 82 (4): 793 – 822.

[151] Gilson S C, Vetsuypens M R. CEO compensation in financially distressed firms: An empirical analysis. Journal of Finance, 1993, 48 (2): 425 – 458.

[152] Gomez EA. The effect of mandatory disclosure dissemination on information asymmetry among investors: Evidence from the implementation of the EDGAR system. Accounting Review, 2024, 99 (1): 235 – 257.

[153] Griffith S J. Uncovering a gatekeeper: Why the SEC should mandate disclosure of details concerning directors' and officers' liability insurance policies. University of Pennsylvania Law Review, 2006, 154 (1): 1147 – 1208.

[154] Gutierrez M. An economic analysis of corporate directors' fiduciary duties. Rand Journal of Economics, 2003, 34 (3): 516 – 535.

[155] Hao J. Disclosure regulation, cost of capital, and firm values. Journal of Accounting and Economics, 2024, 77 (1): 101605.

[156] Hong Z, Wong S, Shum C, et al. Controlling-minority share-

holder incentive conflicts and directors' and officers' liability insurance: Evidence from China. Journal of Banking and Finance, 2008, 32 (12): 2636 - 2645.

[157] Hong Z. Hedging and firm value: Evidence from property insurance use. Financial Management, 2010, 39 (3): 965 - 995.

[158] Hossain A, Hossain T, Jha A, Mougoué M. Credit ratings and social capital. Journal of Corporate Finance, 2023, 78 (1): 102338.

[159] Hou F, Shen H, Wang P, et al. Signing auditors' cultural background and debt financing costs. International Review of Financial Analysis, 2023, 87 (3): 102617.

[160] Hsu C, Novoselov K E, Wang R. Does accounting conservatism mitigate the shortcomings of CEO overconfidence? Accounting Review, 2017, 92 (6): 77 - 101.

[161] Huang S, Battisti M, Pickernell D. The roles of innovation strategy and founding team diversity in new venture growth. Journal of Business Research, 2023, 158 (4): 113653.

[162] Hwang J H, Kim B. Directors' and officers' liability insurance and firm value. Journal of Risk and Insurance, 2018, 85 (2): 447 - 482.

[163] Ilhan E, Krueger P, Sautner Z, Starks LT. Climate risk disclosure and institutional investors. Review of Financial Studies, 2023, 36 (7): 2617 - 2650.

[164] Ittner C D, Larcker D F, Rajan M V. The choice of performance measures in annual bonus contracts. Accounting Review, 1997, 72 (2): 231 - 255.

[165] Jain T, Zaman R, Harjoto M. Behavioral agency model and corporate social irresponsibility: Uncovering the implication of fairness in CEO compensation. Journal of Management, 2024, 50 (7): 2715 - 2754.

[166] Jensen M C, Meckling W H. Theory of the firm: Managerial behavior, agency costs and ownership structure. Journal of Financial Economics, 1976, 3 (4): 305 - 360.

[167] Jia N, Mao X, Yuan R. Political connections and directors' and officers' liability insurance-Evidence from China. Journal of Corporate Finance, 2019, 58 (5): 353 - 372.

[168] Jia N, Tang X. Directors' and officers' liability insurance, independent director behavior, and governance effect. Journal of Risk and Insurance, 2018, 85 (4): 1013 - 1054.

[169] Jiang F, Kim KA. Corporate governance in China: A survey. Review of Finance, 2020, 24 (4): 733 - 772.

[170] Jin Y. Management risk appetite, internal control and corporate financialization. Finance Research Letters, 2024, 63 (4): 105393.

[171] Kara M C, Mayberry M A, Rane S G. Equity incentives and conforming tax avoidance. Contemporary Accounting Research, 2023, 40 (3): 1909 - 1936.

[172] Khedmati M, Sualihu M A, Yawson A. CEO-director ties and labor investment efficiency. Journal of Corporate Finance, 2020, 65 (6): 101492.

[173] Lafond R, Watts R L. The information role of conservatism. Accounting Review, 2008, 83 (2): 447 - 478.

[174] Lara J, Osma B, Penalva F. Board of directors' characteristics and conditional accounting conservatism: Spanish evidence. European Accounting Review, 2007, 16 (4): 727 - 755.

[175] Li T, Yang T, Zhu J. Directors' and officers' liability insurance: Evidence from independent directors' voting. Journal of Banking & Finance, 2022, 138 (5): 106425.

[176] Li Z, Chen Y, Li Y. Top management abnormal turnover and stock price crash risk: Evidence from China. International Review of Financial Analysis, 2023, 89, 102817.

[177] Lin C, Officer M S, Wang R, et al. Directors' and officers' liability insurance and loan spreads. Journal of Financial Economics, 2013, 110 (1): 37 - 60.

[178] Lin C, Officer M S, Zou H. Directors' and officers' liability insurance and acquisition outcomes. Journal of Financial Economics, 2011, 102 (3): 507 - 525.

[179] Liu J, Ng J, Tang D Y, Zhong R. Withholding bad news in the face of credit default swap trading: Evidence from stock price crash risk. Journal of Financial and Quantitative Analysis, 2024, 59 (2): 557 - 595.

[180] Liu W P, Huang H W. Auditor realignment, voluntary SOX 404 adoption, and internal control material weakness remediation: Further evidence from US-listed foreign firms. International Business Review, 2020, 29 (5): 101712.

[181] Meng Q, Wang S, Zhong, Z. The effect of directors' and officers' liabilities insurance on corporate social responsibility evidence from China. International Review of Financial Analysis, 2024, 93 (2), 103176.

[182] Migliori S, De Massis A, Maturo F, et al. How does family management affect innovation investment propensity? The key role of innovation impulses. Journal of Business Research, 2020, 113 (5): 243 - 256.

[183] Muravyev D, Pearson N D, Pollet J M. Is there a risk premium in the stock lending market? Evidence from equity options. Journal of Finance, 2022, 77 (3): 1787 - 1828.

[184] Narayanan M P. Managerial incentives for short-term results. Journal of Finance, 1985, 40 (5): 1469 - 1484.

[185] O'Sullivan N. Insuring the agents: The role of directors' and officers' insurance in corporate governance. Journal of Risk and Insurance, 1997, 64 (3): 545 - 556.

［186］Pratt J，Stice J D. The effects of client characteristics on auditor litigation risk judgments，required audit evidence，and recommended audit fees. Accounting Review，1994，69（4）：639－656.

［187］Qu S. Litigation risk and corporate philanthropy：A managerial perspective analysis. Finance Research Letters，2024，62：105055.

［188］Ranasinghe T，Yi L，Zhou L. Do auditors charge a client business risk premium? Evidence from audit fees and derivative hedging in the U. S. oil and gas industry. Review of Accounting Studies，2023，28（2）：1107－1139.

［189］Shan L，Tsang A，Zhang X. Transporting audit quality across countries：Returnee CEOs and audit fees. Journal of Business Ethics，2024，192（4）：845－874.

［190］Shi C，Sun Y，Lyu J. D&O insurance，technology independent directors，and R&D investment. International Review of Financial Analysis，2023，89（5）：102868.

［191］Sunder J，Sunder S V，Zhang J. Pilot CEOs and corporate innovation，Journal of Financial Economics，2017，123（1）：209－224.

［192］Tan C，He C，Shi Z，et al. How does CEO demission threat affect corporate risk-taking? Journal of Business Research，2022，139（3）：935－944.

［193］Tang S，He L，Su F，et al. Does directors' and officers' liability insurance improve corporate ESG performance? Evidence from China. International Journal of Finance and Economics，2024，29（3）：3713－3737.

［194］Wang A Y，Young M. Terrorist attacks and investor risk preference：Evidence from mutual fund flows. Journal of Financial Economics，2020，137（2）：491－514.

［195］Wang J，Zhang J，Huang H，et al. Directors' and officers' liability insurance and firm innovation. Economic Modelling，2020，89

(7)：414 - 426.

[196] Wang K, Wu C. Directors' and officers' liability insurance and corporate misconduct: Evidence from China. Applied Economics, 2023, 55 (20): 2349 - 2365.

[197] Wang M, Sun L. Does directors' and officers' liability insurance improve corporate governance of Chinese listed firms? The moderating role of insider ownership. Finance Research Letters. 2023, 51, 103361.

[198] Yuan R, Sun J, Cao F. Directors' and officers' liability insurance and stock price crash risk. Journal of Corporate Finance, 2016, 37 (2): 173 - 192.

[199] Zhang R, Yang R, Huo H. Directors' and officers' liability insurance and minority shareholders' participation in corporate governance. International Journal of Finance and Economics, 2024.

[200] Zou W H. Directors' and officers' liability insurance and loan spreads. Journal of Financial Economics, 2013, 110 (1): 37 - 60.

后　记

　　从 2002 年王石率先认购中国首份董责险至今，不知不觉间已过二十余载。与西方国家超高的董责险投保率不同，该险种在我国资本市场一直不温不火，上市公司投保率长期低于 10％。鉴于董责险在中国的低投保率，以及关于其公司治理角色的争议讨论，我于 2022 年开始筹备写作《董事高管责任保险：理论研究与中国实践》，一是因为本人及团队围绕董责险的公司治理效应问题已耕耘十余载，积累并发表了一些学术研究成果；二是由于新《证券法》实施以及瑞幸咖啡、康美药业财务造假事件的披露，促使董责险业务从"不温不火"到陡然走红，我觉得有必要围绕董责险在中国企业中的治理效应问题进行系统梳理。

　　我与董责险最早结缘于 2010 年，当年获教育部新世纪优秀人才支持计划的资助，拟围绕"政府控制、公司治理与企业并购"开展科学研究。在一次例行的团队组会上，我们与当时在香港中文大学任教的林晨教授不期而遇，他关于董责险与企业并购绩效（directors' and officers' liability insurance and acquisition outcomes）的论文引起了我和团队的关注。我们通过文献查阅，了解到基于西方发达资本市场探讨董责险的公司治理效应的文献已比较丰富，但基于中国制度背景和资本市场的讨论还非常鲜见；通过手工收集中国上市公司购买董责险的情况数据，了解到董责险在中国上市公司的覆盖率不足 5％，而西方发达国家大都超过了 90％。上述巨大差异很快引起了我们的兴趣和思考：是否由于中国资本市场的制度背景、文化土壤与其他国家存在差异，才出现了以上情形？董责险在中国上市公司中的需求动因和治理效应，是否也会与西方资本市场存在较大差异呢？基于这一思考，我和团队很快将研究重点转移到了董责险的需求动因及治理效应上来，这就是我们研究的缘起。

自 2011 年起，我带领团队开始围绕董责险这一主题进行制度背景整理、文献研读、数据收集等工作。2014 年起，我们迎来了研究上的系列突破。陈险峰老师、研究生胡珺和我在《财经理论与实践》2014 年第 1 期上发表了《董事高管责任保险、权益资本成本与上市公司再融资能力》，这是团队在董责险领域的第一篇学术成果；同年 3 月，我和研究生康岚在《外国经济与管理》上发表了国内第一篇董责险相关的综述文献《董事高管责任保险需求动因及效应研究述评与展望》，对董责险的概念、需求动因、影响效应进行了系统全面梳理，对未来研究的总体框架做了初步思考。依托前期研究成果，我于 2015 年申请并获批了国家自然科学基金项目"中国上市公司 D&O 保险需求动因及其治理效应研究"。此后，我和团队长期专注于董责险相关问题的研究，成果先后发表于《管理世界》《会计研究》《审计研究》《中国软科学》《科研管理》等学术期刊。这一项目于 2020 年 4 月顺利通过验收，于 2022 年在国家自然科学基金委员会管理科学部组织的结题项目绩效评估会上被评为"优"。系列成果的取得，记录了我和团队在董责险研究领域的追求与探索。

在董责险研究的十周年之际，我着手进行回顾和总结，并于 2022 年动笔撰写这部著作。2014—2022 年间，我们团队发表了董责险主题相关的论文 47 篇，其中在 CSSCI 来源期刊发表 30 篇；指导 30 位研究生围绕董责险完成学位论文或开展相关话题研究，他们中有 13 位同学继续攻读博士学位，目前 12 位同学已毕业并在湖南大学、西南大学、海南大学、暨南大学、广东工业大学、南京审计大学（按学生毕业入职时间先后排序）等高校就职，并将为我国会计领域的人才培养、科学研究和社会服务等工作做出贡献。

我要感谢所有为本著作提供宝贵修改意见的专家和学者，以及所有参与本书写作的团队成员。感谢我的导师王化成教授为本书出版作序并进行的指导；感谢胡珺、赵阳、宛晴三位作者专业的写作，以及李小倩、姜岩磊、常启国、马栋、任洋虬的数据处理、资料整理和初稿撰写等；感谢王威、王怡舒细致的文稿校对工作，他们的努力和贡献保证了本书的顺利出版。此外，还要感谢我在海南大学和浙江工商大学指导的研究生，他们在课题研究、学术论文写作方面做出了很多贡献；感谢海南大学经济与管理学院的团队成员，他们带领所指导的研究生积极参与到董责险课题研究中，为课题的完成提供了很大的支持和帮助。最后，我要感谢我的家人，他们的理解和支持是我完成这项工作的重要动力。在研究和写作的漫长日子里，他们的鼓励和陪伴是我不断前进的力量。

路漫漫其修远兮，吾将上下而求索。我深知这本著作仍有诸多不足，但我愿意将其视为一个起点，而非终点。未来我将继续践行"中国之制、中国之治、中国之智"，既要实现学科交叉再突破，又要注重贴合我国制度、文化、环境特色，积极开展本土化优秀实践案例的研讨，为构建更加完善的中国企业治理体系贡献自己的力量。

愿这部著作能够成为连接理论与实践、过去与未来的桥梁，对所有致力于公司治理和风险管理的同仁有所启发。

胡国柳
2024 年 8 月